外语教育
探索与研究

Exploration and
Research on Foreign Language Education

（第五辑）

主编　刘晓燕　闫晓露

WUHAN UNIVERSITY PRESS
武汉大学出版社

图书在版编目(CIP)数据

外语教育探索与研究.第五辑/刘晓燕,闫晓露主编.—武汉:武汉大学出版社,2022.11
ISBN 978-7-307-23259-4

Ⅰ.外…　Ⅱ.①刘…　②闫…　Ⅲ.英语—教学研究—高等学校
Ⅳ.H319.3

中国版本图书馆 CIP 数据核字(2022)第 149052 号

责任编辑:罗晓华　　　责任校对:李孟潇　　　版式设计:马　佳

出版发行:**武汉大学出版社**　(430072　武昌　珞珈山)
(电子邮箱:cbs22@whu.edu.cn　网址:www.wdp.com.cn)
印刷:武汉邮科印务有限公司
开本:720×1000　1/16　印张:22.5　字数:322 千字　插页:1
版次:2022 年 11 月第 1 版　2022 年 11 月第 1 次印刷
ISBN 978-7-307-23259-4　　　定价:60.00 元

前　言

　　国别与区域研究是外国语言文学一级学科的新增方向，是针对特定国家或者区域的人文、地理、政治、经济、社会、军事等进行的全面深入研究，本质上是世界性大国专有的天然的全方位交叉学科，是多学科、跨学科交叉融合的综合领域。国别与区域研究在欧美国家已有超百年历史，我国经历四波发展浪潮，现正蓬勃发展。国别与区域研究交叉学科旨在新的形势下积极对接国家发展战略，培养足以解决地域性、超国界性乃至全球性的现实政治、经济、社会、文化和宗教等问题的卓越人才。在外语学科确立的五大方向中，国别与区域研究是当前最快、最大的增长点。它的发展正在为外语学科建设、服务国家战略贡献力量。

　　江汉大学外国语学院积极探索科学系统的国别与区域研究学科体系，确定国别与区域研究方向人才培养目标与培养规格，设置与之配套的课程体系，提高教学质量，丰富教学内涵。与此同时，它将以创新思维、跨学科研究、学术智库一体、以研带教为指导思想，立足新时代的外语学科建设，建设一支以学科交叉融合为导向，以新文科建设为己任的研究团队，并将协调学院各语种系部，服务国家战略需要，培育具有跨学科综合研究思维的新时期外语学科卓越人才，与校内外的国别与区域研究机构和人员积极合作。

　　学习不同国家的语言是非常重要的。外国语学院的学生除了要打好语言基础之外，文化也是另一个重要方面，因为每个国家都有自己独特的文化。比了解文化更进一层的就是进行跨文化交流，建立各个方面的紧密联系，才能带来高质量、全方位的国际交往。由此外国语学院2022年在新的教学大纲中不仅增加了国别与区域研究的相关课程，而且调整了跨文化交际课程的课时量，从而进一步推动了国别与区域研究和外语学科的深度融合。

　　本书是国别与区域研究和外语学科融合的积极探索。其中，"外语教学研究"板块主要涉及项目式教学法在具体教学中的应用研究、文化视域下国内外的中小学教学研究以及江汉大学的各种教学活动和就业现状研究等相关议题；"文学与语言学研究"板块主要涉及具体文学文本的深度解读；"翻译与文化研究"板块涉及文学作品译本研究、翻译学习者行为研究以及日本装修文化和日本电影研究等相关议题；"国别区域研究"板块主要涉及日本和法国两个国家的经济和文化研究等相关议题。

目　录

一、外语教学研究

四、国别区域研究

一、外语教学研究

项目式教学法在日汉互译教学中的应用研究

常　梅①

（江汉大学外国语学院　湖北武汉　430056）

摘要： 传统的翻译教学模式满足不了市场对翻译人才的需求，本文借助立足于构建主义理论的项目式翻译教学法，尝试构建出课堂内和课堂外相结合的实践操作模式。文章通过对项目教学法相关理论的分析，从教学目标分析、教学设计、课堂教学具体实施、教学评价的改革等几个方面探讨了项目式教学法在日汉互译教学中的具体操作策略，希望为高校日汉互译课程的教学改革带来新的理念和运作方式，并对应用型日语人才的培养发挥一定作用。

关键词： 项目式教学法；日汉互译；翻译教学；应用研究

一、课程目标分析

"日汉互译"是为四年制本科日语专业学生开设的一门专业必修课，于大三下学期开设，每周 2 课时，共 32 课时。本课程通过介绍基

---

① 作者简介：常梅，硕士，江汉大学外国语学院日语系讲师，研究方向为日语语言学、日汉翻译。

本翻译理论，加深学生对翻译的理解，并通过对日语和汉语翻译实例的讲解和练习，进行系统的翻译实践训练，培养学生的语言能力和翻译能力。

本课程旨在培养学生运用翻译理论和方法进行日汉、汉日笔译的能力。结合新"国标"与"指南"，制定具体目标如下：（1）掌握翻译的主要理论、方法和质量标准。（2）了解两种语言的篇章特点和文化差异。（3）翻译有一定难度的日汉报刊、书籍中的文章及节录的小说、散文、戏剧等文学原著，速度达到每小时日译汉 500～600 字，汉译日 400～500 字。（4）了解翻译任务流程，能独立或共同承担一般用人单位的日汉、汉日笔译任务。其中，目标（1）（2）为知识目标，聚焦于学习翻译理论、技巧以及当代翻译学研究的主要课题等；（3）（4）为能力目标，重在通过示例分析和笔译实训，让学生根据翻译的标准以及日汉两种语言在词汇、句法、篇章及社会文化等方面的异同，熟练运用各种翻译方法和策略，提高翻译实践能力，毕业后能够顺利走上翻译工作岗位。

随着世界经济全球化的推进，我国对翻译人才的需求不断增加。另外，国家"一带一路"倡议的实施，更是呼唤高素质的应用型翻译人才。再结合本校的办学定位，本课程的目标重点放在（3）（4）两点，即应用、实践能力。

传统翻译教学模式以教师为中心，教师是教学活动的主体，学生处于被动地位；翻译课堂教学中，教师以讲解翻译理论、翻译技巧为主，学生练习为辅，教学中缺乏足够的练习，学习的理论知识不能内化，无法转变为翻译实践能力。学生完成翻译练习后，教师仅在课堂上结合参考译文进行简单点评，缺乏师生互动及学生间的合作交流，不利于发挥学生学习的积极性和主动性。因此，基于传统翻译教学模式的弊端，笔者尝试将项目式教学法融入翻译教学，以期为翻译教学提供借鉴，为应用型日语人才的培养发挥作用。

二、项目式教学法

项目式教学法是基于建构主义教学理论的一种教学方法，主张教师将教学内容隐含在一个或几个有代表性的项目中，以完成项目任务作为教学活动的中心。学生在完成项目的动机驱动下，通过对项目进行分析、讨论，明确任务涉及的知识内容、需要解决的问题，在教师的指导下，通过对教学资源的主动应用，在自主探索和互动写作的学习过程中，找出完成任务的方法，最后通过项目的完成实现意义的建构。

与传统的以讲授为主的教学法相比，项目式教学法在教学目标、教学内容及教学方法等方面存在明显不同。首先，从教学目标来看，传统的教学法强调通过对客观知识的学习发展学生的心智，锻炼学生的品性，而项目式教学强调通过实践提炼出相关理论知识，从而达到发展学生综合职业技能的目的。其次，从教学内容来看，传统教学法多是描述和解释学科理论知识，其教学组织完全是按照知识本身的逻辑进行的，而项目式教学的核心内容是实践知识，按照工作项目来组织技术知识、实践知识。最后，从教学方法来看，传统教学法以教师讲授，学生听讲、理解、记忆为主，而项目式教学的主要方式是"做中学"；教师把教学内容设计成一个个具体的项目，以学生完成项目任务作为教学活动的中心。很明显，和传统的教学法相比，项目式教学法能极大地调动学生的积极性，培养学生的工作技能，强化学生的团队意识。同时，项目式教学也是对学生知识、技能、情感、态度等各方面综合素质的培养，极有利于学生今后的就业及发展。

三、项目式翻译教学设计

(一) 设计思路

基于建构主义的项目式翻译教学以项目为主线，强调真实或模拟真实情境下的学生小组协作学习、对话沟通。

教的方面，教师主要起到引导作用。教师是项目式教学模式的组织者、引导者与咨询者，要做大量准备工作。教师的主要任务有：确定项目内容、任务要求、工作计划，设想在教学过程中可能发生的情况以及学院对项目的承受能力，监控整个项目过程。

学的方面，学生是项目式教学模式的践行者和参与者，是项目式教学模式的主体。学生根据课程的若干个项目要求，以项目小组为单位，分工合作，共同完成具体的项目目标。

(二) 课程教学项目设计

基于翻译公司的翻译流程，结合教学实际情况，将该课程按翻译文体分为八个项目模块，下设若干子项目，并制定详细的目标任务。具体内容以表格形式呈现如下。

项目序号	项目内容	目标任务
1	主题：文学翻译（散文、小说） 子项目： ①翻译理论和策略 ②语篇特点、语言风格 ③翻译重难点 ④提交定稿	①通过实践，了解文学翻译的翻译流程和目标 ②总结相关翻译策略和技巧 ③掌握相关语篇特点和差异 ④反思翻译中的问题点
2	主题：科技翻译 子项目： ①翻译理论和策略 ②语篇特点、语言风格 ③翻译重难点 ④提交定稿	①通过实践，了解科技翻译的翻译流程和目标 ②总结相关翻译策略和技巧 ③掌握相关语篇特点和差异 ④反思翻译中的问题点

项目 序号	项 目 内 容	目 标 任 务
3	主题：商务翻译 子项目： ①翻译理论和策略 ②语篇特点、语言风格 ③翻译重难点 ④提交定稿	①通过实践，了解商务翻译的翻译 　流程和目标 ②总结相关翻译策略和技巧 ③掌握相关语篇特点和差异 ④反思翻译中的问题点
4	主题：新闻翻译 子项目： ①翻译理论和策略 ②语篇特点、语言风格 ③翻译重难点 ④提交定稿	①通过实践，了解新闻翻译的翻译 　流程和目标 ②总结相关翻译策略和技巧 ③掌握相关语篇特点和差异 ④反思翻译中的问题点
5	主题：旅游翻译 子项目： ①翻译理论和策略 ②语篇特点、语言风格 ③翻译重难点 ④提交定稿	①通过实践，了解旅游翻译的翻译 　流程和目标 ②总结相关翻译策略和技巧 ③掌握相关语篇特点和差异 ④反思翻译中的问题点
6	主题：公文翻译 子项目： ①翻译理论和策略 ②语篇特点、语言风格 ③翻译重难点 ④提交定稿	①通过实践，了解公文翻译的翻译 　流程和目标 ②总结相关翻译策略和技巧 ③掌握相关语篇特点和差异 ④反思翻译中的问题点

续表

项目序号	项目内容	目标任务
7	主题：学术论文翻译 子项目： ①翻译理论和策略 ②语篇特点、语言风格 ③翻译重难点 ④提交定稿	①通过实践，了解学术论文翻译的翻译流程和目标 ②总结相关翻译策略和技巧 ③掌握相关语篇特点和差异 ④反思翻译中的问题点
8	主题：广告、说明书翻译 子项目： ①翻译理论和策略 ②语篇特点、语言风格 ③翻译重难点 ④提交定稿	①通过实践，了解广告、说明书翻译的翻译流程和目标 ②总结相关翻译策略和技巧 ③掌握相关语篇特点和差异 ④反思翻译中的问题点

（三）教学组织形式

基于翻译公司的翻译流程，将全班同学分为 5 组，每组 4~5 人。小组长担任项目经理，一人为审校，其他为译员，轮流变换角色。教学过程分为翻译项目执行、项目展示和评价、项目点评和知识讲解、建档备份 4 个阶段。

（四）教学手段

充分利用网络、在线课堂的优势，线上线下结合进行混合式教学。本课程建有在线课堂，翻译理论的学习、项目展示等均可在网络平台上进行。教师、各项目组长、项目组成员均可利用网络的便利性建立独立的交流平台。翻译项目的具体执行主要在课外由各小组独立完成，项目总结、小组互评、教师点评和讲解在课内进行。

四、项目式翻译教学的实施

（一）翻译项目执行

（1）译前：教师发布项目，对翻译项目进行说明，制定项目标准和结项目标；项目经理召开项目组会议，确定本组项目进度、任务分工，选择合适的翻译策略。

（2）译中：译员按要求完成译文后，审校检查并提出修改意见。项目经理监督翻译进度，协助译员解决问题，负责沟通交流，对经过审校的译稿进行编辑、修改、定稿。

（3）译后：项目经理、审校、译员分别作总结。项目经理根据本组项目执行过程及各位组员的个人总结，对团队成员作出评价并撰写小组总结报告；审校对审校过程中遇到的问题以及与译员的沟通情况进行总结和反思；译员对翻译中遇到的问题及解决方法进行文字说明，进行翻译反思，总结翻译技巧和规律。

（二）项目展示和评价

（1）网上展示各组项目成果，课下对比欣赏，互相学习。

（2）课上各小组以 PPT 进行小组汇报，展示亮点，反思不足。

（3）课上讨论，评价出各组和全班最佳译本。

（三）项目点评和知识讲解

教师针对各组译文进行项目点评；将教学任务融入翻译项目，讲解所涉及的翻译理论及翻译技巧；针对翻译项目，总结不同文体或不同领域的译本的翻译特点和规律等。

（四）建档备份

每完成一个项目，各位学生要对自己的工作历程做详细记录，包括翻译的重难点、存在的问题和建议。通过建立档案，指导教师能全面了解学生的实践情况，然后进行针对性辅导，帮助学生解决翻译过程中遇到的困难。

五、考核方式改革

项目实施涉及与课堂外市场的联系，需要调动学生的非智力因素，因此项目课程实施涉及的评价主体及评价维度都呈现出多元性。需改变以知识掌握为目标的单一性评价方式，建立以学生职业能力和综合素养程度为依据，结果性与过程性评价相结合，学生、教师和社会共同参与的多元化评价体系。结果性评价主要侧重对项目式教学效果的最后评价，以期末试卷呈现。过程性评价关注学生的综合素质评定，主要指对学生完成项目过程中的情感、态度、知识、方法、技能和行为作出评价，考察学生成为优秀职业人的潜力，促进学生对项目完成过程进行积极反思，引导学生发现自身优缺点，并加以发扬和改进。具体方案如下：考核包括期末考试和平时成绩。期末考试采用闭卷考试的形式进行。平时成绩主要包括课堂出勤、项目完成过程评价（包括译文评价、发表评价以及小组互评评价）、课堂表现等因素，为百分制。

六、应用价值及推广

项目式翻译教学对当前社会所需求的实践性、应用型翻译人才的培养有一定实效性，符合该课程的人才培养目标。其主要应用及推广价值如下。

（1）学生方面：有利于培养学生自主学习、分析问题、解决问题的能力；有利于培养学生的团队协作和沟通能力，加强职业化训练；有利于增强学生的学习兴趣，提高翻译实践能力；有利于培养学生的批判性思维及创新精神。

（2）教师方面：通过对学生的指导，转变教育理念和教学方式，从单纯的知识传递者变为学生学习的促进者、组织者和指导者。在教学过程中统揽全局，不局限于个别知识点，能够更清楚、更全面地看到每个学生的学习情况，再因材施教。教师在教中学，激发学生兴趣的同时也提高了自身的专业能力、指导能力。

（3）课程建设方面：翻译课程虽说是外国语学院的老牌课程，但长期以来的传统教学方式令这门课程未能焕发该有的活力与生机。通过项目式教学法的实施，可以探索组织形式、活动内容、管理特点、考核评价、支撑条件等的革新，逐步完善和重新整合翻译课程体系，也对即将到来的翻译硕士培养有一定参考价值。

◎ 参考文献

[1] 李丛立，程仲. 高校项目式翻译教学改革探讨 [J]. 岳阳职业技术学院学报，2019（2）：77-80.

[2] 宋朝霞，俞启定. 基于翻转课堂的项目式教学模式研究 [J]. 远程教育杂志，2014（1）：96-104.

[3] 周晓冰. 项目教学法在高校商务日语翻译教学中的应用研究 [J]. 邢台职业技术学院学报，2014（4）：8-10.

[4] 罗美玲. 基于实践项目的翻译教学模式与评价体系研究 [J]. 文山学院学报，2017（4）：81-85.

[5] 罗琼. 应用型翻译人才培养模式下的项目化翻译教学 [J]. 高教学刊，2017（8）：104-105.

[6] 喻旭东. 项目教学法与英语翻译教学研究——基于翻译实训教学的应用 [J]. 黑龙江教育，2017（3）：63-65.

项目驱动式教学法在
"日语阅读" 课程中的应用

张　琳①

（江汉大学外国语学院　湖北武汉　430056）

摘要：为了提高"日语阅读"课程质量，我们有必要对传统的自上而下的教学模式进行改革。以项目为依托、以学生为主体的项目驱动式教学模式不失为一种好的尝试。该教学模式在提高学生的日语运用能力、思辨能力、自主学习能力、合作能力等能力的同时，还切实提高了教学质量。

关键词：日语阅读；项目驱动式教学法；应用

听、说、读、写、译是外语学习中必须掌握的五个基本技能。在信息化高速发展的当下，"读"可以说是获取信息、提高自身修养的一种重要手段，也是提高语言理解能力和表达能力的一个有效的方式。日语专业核心课程分为日语技能课程和专业知识课程。"日语阅读"课程便是日语技能课程中的一门，且跨越第三和第四两个学期，分为"日语阅读Ⅰ"和"日语阅读Ⅱ"。通过该课程的学习，可以培养学生的日语运用能力，即能够理解书面语传递的信息、观点和情感；可以培养学生

① 作者简介：张琳，博士，江汉大学外国语学院日语系讲师，研究方向为中日比较文学和日语教学法研究。

的思辨能力，即培养学生的理性思维、科学判断、敏于探究和阐释的能力。因此，为了更好地增强学生的阅读能力，我们有必要对该课程的教学模式进行重新探讨。

一、"日语阅读"课程教学进行改革的必要性

"日语阅读"课程是面对日语专业大二学生开设的一门专业基础核心课程。本课程旨在培养学生阅读理解日语文本并进行批判性思维的能力。该课程多是以学生做题加教师讲授这样的传统模式进行。传统的教学模式存在如下问题：第一，教师把课本上的知识点直接灌输给学生，学生参与意识低。第二，所学知识不能内化，无法灵活运用所学知识。第三，教学效果不理想。第四，培养不出创新型和研究型人才。《普通高等学校本科日语专业教学指南》指出，通过该课程的学习，学生应能做到"熟练掌握日语语言基础知识并具有一定的日本社会文化知识；熟练运用日语阅读策略；能分辨事实和观点；能根据上下文推断生词词义和隐含意义；能归纳概括段落大意和篇章主旨；能对篇章的文体、语体、结构、修辞、写作手法等进行分析；能对作者的情感、态度、意图进行分析和评价；能对相同或相关主题的不同篇章进行对比分析。"[1](P125)根据《指南》要求，有必要对该课程的教学形式做一番思考和改革，以便切实提高学生的阅读能力、提升教学质量。

二、"日语阅读"课程教学模式改革的研究现状

通过在中国知网上以"日语阅读"为关键词进行全文搜索，我们发现以往学者从以下方面对"日语阅读"课程的改革模式进行了研究。杨园、徐冰在《图式理论视角下任务型阅读教学模式研究》（《外语学刊》，2020）中就日语阅读教学中存在的偏重语言知识讲授和学生主动性较低等问题，提出基于图式理论的任务型日语阅读教学模式，并通过

教学实验对该教学模式的有效性进行了验证。该研究翔实具体，作者认为该教学模式适用于日语阅读教学，有助于提高学生的阅读理解能力及语言逻辑思维能力，且在教学中确定学生阅读能力评价标准的同时，可促进学生自我评价和自我改进能力的提升。徐淑单在《思政因素在日语专业课程中的融入——以日语阅读课为例》（《课程教育研究》，2019）一文中就思政元素如何融入"日语阅读"课程教学的问题进行了研究和探讨。指出日语专业教师在培养日语专业人才的同时，需要深入探索日语专业课程本身的特点和优势所在，进一步挖掘课程中所包含的文化价值。在日语专业教学中结合思政教育，培养学生的文化自觉与自信，使其成为道德、知识、能力和谐发展的新时代的全面人才。吴宏等的《网络教学系统在日语教学中的应用——以〈日语初级阅读〉为例》（《解放军外国语学院学报》，2004）从信息化教学的角度对"日语初级阅读"课程的实施过程进行了研究。课程内容主要包括网络教材、电子教案、讲授教材和相关资源。指出通过这几大模块，学生基本可以自主完成学习、实现教学目标。张文丽的《日语阅读课堂教学新模式探索——学习者使用电子辞典行为的调查分析》（《日语学习与研究》，2015）中对日语阅读课堂上电子辞典的使用情况采取问卷调查和课堂调查相结合的方式进行了调查研究，指出学习者积极评价电子辞典在阅读中的作用，认为其在词汇学习、文章理解方面比起使用单词表进行阅读更具有优势。同时指出学习者在阅读过程中能够有选择地使用电子辞典，这充分体现了学习者的学习自主性。施万里等的《从符号学看日语阅读教学》（《长春理工大学学报》，2009）以皮尔斯的符号学理论为依据，探讨了如何改革日语阅读教学，从而提高学生的日语阅读能力的问题。许蓓蓓的《大数据背景下日语阅读课程混合式教学模式改革探索》（《文教资料》，2018）以大数据为技术，以移动终端蓝墨云班课软件为媒介，采用"线上+线下+线上"三个阶段相结合的混合式教学模式对日语阅读课程改革进行了探索，有效强化了教学效果。米丽萍等的《合作学习在日语阅读教学中的实证研究》（《教育教学论坛》，

2013）从"合作学习"的模式对"日语阅读"课程的教学改革进行探索，指出该模式凸显了学生的主体性地位，提高了学生的学习兴趣和日语阅读综合能力。王丽莉在《日语阅读翻转课堂的教学设计与实践》（《长春师范大学学报》，2020）中从翻转课堂角度对"日语阅读"课程的教学改革进行了探索研究，指出学生积极肯定了这种教学模式，课前的诊断测试有助于提升视频学习的效果，记笔记是自主学习中比较好的学习方式，课中的小组讨论有助于提升学生的高阶思维能力，课后的反思作业有助于巩固知识。高亮等的《日语阅读教学课的生态学模式研究》（《鸡西大学学报》，2017）引入生态学的原理，把"日语阅读"课程教学放在一个完整的教育生态链上进行探索，试图培养学生自然熟练地应用日语的能力。吴晗等在《论语篇分析教学法在大学日语阅读教学中的有效性》（《创新创业理论研究与实践》，2021）中就大学日语阅读教学中导入语篇分析教学法的可行性和有效性进行了探讨，指出该教学法突破了"词法-文法-翻译"传统教学法的局限，有助于提高学生的阅读能力和独立分析篇章的能力，对培养学生的批判性思考能力、调动学生的主观能动性、发挥课堂的最大效益具有重要的理论和实践价值。

通过以上先行研究，我们发现以往学者对"日语阅读"课程教学模式的改革方式的研究进行了不懈的努力，为后来学者的研究打下了坚实的基础。下面，笔者想结合江汉大学日语系学生特点，就"日语阅读"课程的教学模式进行重新探索与思考。

三、项目驱动式教学法在"日语阅读"课程教学中的应用

项目驱动式教学法是指"通过真实的或创设模拟的项目情境，根据项目需求来拟定教学任务，并安排相应教学环节的教学方法。是一种以学生为中心的原则和教育方式，要求学生通过一系列的个人或合作完

成项目任务，以借助他人帮助的手段，利用必要的学习资料，解决现实中的问题，以达到获取知识和技能的最终目的。"[2](P39) 也就是说，任课教师根据课程教学目标，将课程内容设计成若干个具有明确目标任务的独立项目，在教师的指导下，由学生分组合作或独立进行资料收集、方案设计、项目实施及最终评价的课程实施过程。项目式教学法具有以下三方面的特点：第一，以项目为主线进行教学的设计。突破以往满堂灌的教学模式，将课程内容整合成若干个子项目，分项目进行教学。第二，教师为引导，学生为主体。教师布置各个学习项目，设定学习目标，学生需自主分工合作、收集资料和数据，并进行资料的整合与研究，最终以成果的形式进行展示。第三，注重理论与实践相结合。项目式教学需要学生建立一个较完备的理论知识体系，并利用这些理论解决现实问题。下面笔者将具体论述该教学方法在"日语阅读"课程中是如何实施的。

（一）项目总体规划

本课程的教学目标是培养学生阅读理解日语文本并进行批判思维的能力。基于此目标，笔者将本课程的教学内容分为三个项目进行：第一，策略训练。第二，知识学习。第三，能力培养。

第一个项目"策略训练"主要围绕日语专业四级考试以及国际能力考试一级、二级中的阅读理解部分的真题进行，主要训练阅读理解的技巧和方法。该大项分为完型填空、短篇阅读和长篇阅读三个小项目来进行。第二个项目"知识学习"主要是要加强基础知识的训练。该大项分为词汇、文法两个子项目来进行。第三个项目"能力培养"主要训练的是文本语言理解、篇章结构分析以及逻辑思辨与批判性思维能力。该部分主要以报刊上的时事文章为学习对象。该大项分为社会、文化和文学方面的文章三个子项目来进行。为了项目的实施，将班级学生分成若干个小组，以小组为单位，进行组内分工合作完成相应的项目。

（二）项目的具体实施方案

现举出其中一个项目"策略训练"中的子项目具体说明项目是如何实施的。该子项目的内容为 2018 年日语专业四级考试中的长篇阅读理解真题。教师会提前布置学习任务，发到课程 QQ 群，让同学们提前按照规定时间完成，带着问题点来上课。学生发表内容如下：（1）剖析真题文章。（2）总结真题文章内容出现的新出单词和句型。该项目内容所需课时为 2 课时，教学重点为精读文章、理解题目示意、掌握新出单词和句型、了解日式思维方式。具体实施步骤如下：（1）课前阶段。第一，分配任务。教师发布项目任务，发表小组同学根据内容自行进行分工合作。第二，组内讨论。经过组内讨论，将不同分工的内容进行甄别整合。第三，整合发表。组内同学将整合好的资料做成精美 PPT进行课上发表。（2）课中阶段。第一，小组代表就布置的两方面内容进行发表。第二，教师评议以及组内、组际评议。第三，教师就尚存疑问的问题进行讲解和延伸。（3）课后阶段。第一，在学习通中布置课后学习任务，完成另外一篇长篇阅读模拟题。第二，对下次课的项目进行学习、准备。以上便是"日语阅读"课程项目驱动式教学法的整个实施过程。"日语阅读"课程项目驱动式教学法进行了线上线下混合式教学模式的探索。线下完成以上发表内容和讲解内容，线上借助学习通教学平台进行考勤的记载、上课选人回答问题、发布学习任务等。此外，在资源区教师还会上传形式多样的学习资料，丰富学生们的学习。

四、项目驱动式教学法在"日语阅读"课程教学中的功用

第一，以学生为主体，以教师为引导。项目驱动式教学法由教师按照教学要求将课程设计为若干个项目，再由学生以小组为单位按照实际工作的步骤，分工合作，共同完成具体的项目。该教学模式基本上实现

了以学生为本位的教学形态，抛开教师对重点知识的阐释外，学生可以自主地完成各个项目，充分发挥了学生的自主能动性。教师全程以参与者的身份参与学生的学习活动，掌控学生的学习方向，及时发现中途出现的问题，及时给予指导，充当学生的引领者角色。

第二，培养学生的学习能力和解决问题的能力，使所学知识充分内化。项目驱动式教学法使学生带着真实的任务在探索中学习，学生完成任务的过程就是一个自我学习和自我提高的过程。学生在这个过程中，收获的不仅是相关的知识和技能，更重要的是培养了会学与会做的能力，甚至在为人处世方面也得到了锻炼和提高。这样的"做中学"提高了学生的学习能力和解决问题的能力。

第三，培养了学生的合作意识和创新能力。项目驱动式教学法是一个共同合作最终完成项目和任务的过程。在这个过程中，为了各个项目的顺利完成，需要每个组员合理分工、齐心协力、出谋划策。同一学习小组组员之间共同讨论，互相取长补短，最终呈现出一个令人满意的展示发表作品。组际间又可以交流分享经验和意见，在相互交流中迸发出智慧的火花。在学生讨论、交流的过程中，教师适当地加以引导和点拨，可以使学生们的合作、交流更加行之有效。

第四，促进新型的师生关系的建立。传统教学模式中的师主生辅的模式常常表现为一种不平等的主从关系。学生较为被动，且对于知识的吸收不能确保其效率。但是，项目驱动式教学模式把学生变为课堂的主角，把教师变为辅助者、指导人和促进者。这样一来，学生的自主能动性被充分激发，由原来的被动接受教师的传授到现在的主动地搜集资料、查阅文献、制作发表PPT，对于知识的内化起到了质的改变。师生关系变成了一种平等融洽的友好关系。

五、结语

在"日语阅读"课程中引入项目驱动式教学模式是对于该课程教

学形式的一种新的尝试和革新。该教学模式改变了传统的自上而下的教学方式，变为在教师的指导下共同实施一个完整的项目工作而完成学习，实现了理论与实践有机融合，发掘了学生的学习潜能，提高了学生解决实际问题的综合能力，同时也使教学质量得到了很大的提升。

◎ 参考文献

[1] 教育部高等学校外国语言文学类教学指导委员会.普通高等学校本科外国语言文学类教学指南（下）[M].北京：外语教学与研究出版社，2020.

[2] 陈丽萍.基于任务型教学法的英语教学研究与改革[M].中国原子能出版社，2018.

[3] 杨园，徐冰在.图式理论视角下任务型阅读教学模式研究[J].外语学刊，2020（2）.

[4] 徐淑单.思政因素在日语专业课程中的融入——以日语阅读课为例[J].课程教育研究，2019（3）.

[5] 吴宏，等.网络教学系统在日语教学中的应用——以《日语初级阅读》为例[J].解放军外国语学院学报，2004（3）.

[6] 张文丽.日语阅读课堂教学新模式探索——学习者使用电子辞典行为的调查分析[J].日语学习与研究，2015（1）.

[7] 施万里，等.从符号学看日语阅读教学[J].长春理工大学学报，2009（3）.

[8] 许蓓蓓.大数据背景下日语阅读课程混合式教学模式改革探索[J].文教资料，2018（30）.

[9] 米丽萍，等.合作学习在日语阅读教学中的实证研究[J].教育教学论坛，2013（9）.

[10] 王丽莉.日语阅读翻转课堂的教学设计与实践[J].长春师范大学学报，2020（5）.

［11］高亮，等．日语阅读教学课的生态学模式研究［J］．鸡西大学学报，2017（1）.

［12］吴晗，等．论语篇分析教学法在大学日语阅读教学中的有效性［J］．创新创业理论研究与实践，2021，4（6）.

日语能力测试听力理解部分的
提升策略研究

张　琳①

（江汉大学外国语学院　湖北武汉　430056）

摘要：听力能力是外语学生的听、说、读、写、译五种基本能力中的基础。因此，培养学生们的听力能力至关重要。本文从微观和宏观两个方面探讨了日语能力考试中听力理解部分的应对策略，并且探讨了日语能力考试中听力理解新题型对于日语听力教学存在怎样的反拨作用。

关键词：日语能力测试；听力理解；提升策略；日语听力教学；反拨作用

一、有关日语能力测试的研究现状

以"日语能力测试"为关键词在知网上进行检索，我们发现以往学者从以下方面对国内的日语能力测试进行了研究：一是就日语能力测试进行了研究综述。代表论文如下：王洪磊、冷丽敏在《国内日语测试研究的现状分析》（《日语学习与研究》，2017）中，梳理了国内近

---

① 作者简介：张琳，博士，江汉大学外国语学院日语系讲师，研究方向为中日比较文学和日语教学法研究。

35 年的日语测试研究，并以此为分析数据，进行了量化与质性分析。量化分析结果为研究成果数量年度分布不均，但整体呈上升趋势。质性分析结果为国内日语测试研究经历了由介绍测试理论、测试方法到探究测试内部因素、测试与教学的关系、测试评价指标的发展过程。该研究内容具体翔实，为今后学者的研究打下了良好的基础。董洁在《国内日语测试研究述评（2003—2018 年）》（《外语测试与教学》，2019）中指出国内日语测试研究的三个总体特点，即研究数量增长趋势明显，但文献总体数量仍显不足；研究内容关注点全面，但分布不均衡；研究热点从集中趋向分散，但新的领域如日常课程测试、测试主体、测试与计算机技术等方面的研究还需深入。并基于这些特点，提出了对今后的日语测试研究的建议。

二是日语能力测试的改革和教学的关系考量。代表论文如下：杨秀娥、王秋华在《日语测试与日语教学的相互作用关系——由大学日语四级考试和国际日语能力考试谈起》（《西安外国语学院学报》，2005）中对大学日语四级考试和国际日语能力考试进行了分析，根据日语教学的要求提出了一些日语测试改革的意见，以及如何利用测试的反馈信息改进日语教学，并探讨了日语测试与日语教学的相互作用关系。董洁、冷丽敏在《日语专业四级考试听力理解内容效度验证研究——基于文本材料的语言输入特征》（《日语学习与研究》，2020）中以 2005—2016 年的日语专业四级考试听力文本材料的语言输入特征为切入点，对词汇、主题等语料特征以及语速、口语等言者特征做了量化分析，在此基础上对比日语专业《教学大纲》《考试大纲》，做了听力理解的内容效度验证。该内容对于日语听力课程教学的实施具有较大的指导意义。王佳音、孙颖在《日本语能力测试的反拨效应研究》（《解放军外国语学院学报》，2018）一文中通过问卷调查的方式研究了日本语能力测试对我国日语专业学生学习以及专业教学的反拨效应，指出 JLPT 会影响学生的学习内容及学习积极性；也会影响教师的教学内容及授课方法。

三是日语能力测试学习策略研究。李静在《日语能力一级考试改革分析与教学对策——以肇庆学院日语专业为例》(《肇庆学院学报》，2012) 一文中指出，日语能力一级考试的考查重点从之前对知识积累的考查转为对语言实际运用能力的考查，对考生综合能力的要求进一步提升，并结合其校考生的反馈，探讨了新日语能力考试下日语教学方法的进一步优化的模式问题。李红在《国际日语能力考试的特点及应试对策》(《焦作工学院学报 (社会科学版) 》，2004) 一文中对历年日语能力考试的试题进行了分析，并总结出其特点，提出了相应的对策。

四是不同日语能力测试的对比研究。章羽红、邱为平在《日本语能力测试一级考试大纲与我国日语专业八级考试大纲的比较》(《外语教育》，2005) 一文中通过对日本语能力测试一级的考试大纲和我国日语专业八级的考试大纲的比较分析，指出了两种考试在考试目的、适用对象、考试内容等方面的异同，并提出了提高两种考试效度和信度的建议。

通过以上先行研究，我们可以发现以往学者就日语能力测试的研究进行了不懈的努力，为后来学者的研究打下了坚实的基础。通过对先行研究的查阅，笔者发现目前对日语能力测试中听力理解部分的提升策略研究还相对比较少，因此，本文欲就这个问题进行详细探讨。

二、日语能力测试听力理解的题型解析以及微观应对策略

2009 年 12 月日语能力测试的结束意味着新题型改革的势在必行。听力、阅读难度将会大幅度提升。这样的改革无形之中提高了日语能力测试的难度，特别是对于中国考生来说，听力就成了焦点，不夸张地讲："得听力者，得考试。" 本文笔者主要探讨的是日语国际能力考试 1 级的听力理解部分。日语国际能力考试 1 级的听力理解部分由五个大类构成，一是顺序理解题，二是要点理解题，三是概要理解题，四是即时

问答题，五是综合理解题。下面具体加以论述。

第一，顺序理解题。该题型由男女短对话构成，共六道小题。题材涉及校园类、商业类、旅游类、生活类、公司类等。该题型在试题册上印有四个选项，并在听音过程中提前给出问题。该题型比起其他题型来说相对简单，侧重考查的是对于动作、事情顺序的理解。四个选项一般会按照顺序出现在音频中，为听者提供了有效信息。因此，听者做该题型题目前务必提前阅读四个选项的内容，并圈出关键词，为正式听音做好准备。此后，在听音做题的过程中逐个进行排除或选定。这样一来，可以有效提升正确率。

第二，要点理解题。该题型同样是由男女短对话构成，偶尔会出现一个人的独白，共六道小题。题材涉及文化类、校园类、生活类、社会类、公司类等。该题侧重考查的是对于所提问题的回答，即要点理解。该题型与第一个题型相同，也在试题册上印有四个选项，并在听音过程中提前给出问题。但与第一个题型不同的是，该题型的四个选项不再是动作或事情的先后顺序，而是四个事情、四种原因、四种人、四种方法等。虽然四个选项只有一个是正解，但其他三个选项中的信息也不是凭空捏造，而是源自音频信息。因此，该题型的四个选项同样是非常重要的有效信息。在正式听音前，听者也需提前预览信息，圈好关键词，为正式听音做好充分的准备。此外，还有一点非常重要，那就是务必要记好所问问题。这个是必要前提，所问问题不清楚的话，那后面的听音就无从下手了。只有做到这两点才可以有的放矢，达到事半功倍的效果。

第三，概要理解题。该题型的内容由一人独白或者留言构成，共六道小题。题材涉及生活类、职业类、社会类、科技类、文化类、校园类等。该题型的最大特点为试卷上无任何文字，且所问问题不会提前播放。这无疑是该题型的难点所在。听音后，听者需要选择与该段内容内容一致的选项。该题型考查的是听者的概括和归纳能力。在完成该题型题目时，听者切记不要过于纠结于细节，要做到整体把握。对所问问题要边听边有所预测。

第四，即时问答题。该题型是日语国际能力考试改革后增添的新题型。内容源自生活的各个场景。主要考查听者不同语境下的应答能力。该题在试卷上也是无任何文字。难点在于四个选项的差别往往在细微之处，给听者造成干扰。为了提高该题型的得分率，考生必须注意平时学习过程中的积累，要多听多读多背，还可以通过日剧、动漫等方式提高应变能力。

第五，综合理解题。该题型是所有题型中难度最大的一道题。其中第一题和第二题试卷上没有任何文字（包括选项和问题），第三题提供四个选项。相对以上四个题型，该题型内容是长篇的。第一题和第二题是长篇的对话，第三题是长篇的描述加对话的形式。题材涉及生活类、校园类、文化类、社会类等。该题型虽难，但并不是无方法可循的。针对第一题和第二题，会话内容往往会设计四个方面的内容，听者需按照所听顺序做好适当的笔记，并且边听边对所问问题进行预判。第三题一般会问两个问题，而这往往出自对话的两个人的不同选择，所以听音频时要格外注意，并做好笔记。

三、日语能力测试听力理解的宏观应对策略

在本文的第二部分，笔者就日语能力测试1级听力理解的题型解析以及每个题型的应对策略从微观方面进行了论述，下面笔者将从宏观角度探讨如何提升日语能力测试听力理解能力。

第一，模拟考场场景，一气呵成完成听力理解部分的测试，然后再对答案。同学们第一遍听真题的时候，由于太重视分数，往往刚听完一个部分就开始对答案，甚至每听一题就对一题的答案。这样做不仅干扰了正常的做题程序，也使同学们养成了依赖答案的坏习惯，难以达到预期的做题效果。因为在考场中真正的考试是一气呵成的，同学们完全没有休息的机会，更不用说对答案了。因此，第一次听题之时，应该模拟考场的情况，制造考场的气氛，甚至对自己施加一些临考的压力，这样

才能够达到理想的听题效果。

第二，精听复写训练。第一遍听题以后，请同学们对答案，并标记出错误题号。接下来进入一个漫长的细嚼慢咽的精听复写的消化阶段。在这个过程中，同学们应该不厌其烦地对自己所做的每一道真题进行复写练习，无论做的题是对的还是错的。通过这个训练，同学们便可以发现本来没有暴露出来的问题，就会把每一道听力题具化到了词、词组和句子等基本语言单位上来。如此一来，同学们便可以发现自己错在哪里，从非常客观的角度全面审视自己现有的听力水平，并可以及时总结问题点。精听复写训练可以说是提高听力理解部分成绩的关键方法，只有严格落实该方法，才可切实提高听力成绩。反之，如果偷懒省略了这个过程，那就达不到预期的学习效果，提高听力成绩也无从谈起。

第三，整理归纳。精听复写训练之后，同学们就可以开始归纳整理自己在听写中所反映出来的问题了。同学们可以从单词、词组、口语表达方式、场景及其相关语境词、句型结构等方面进行归类，并对错题进行分析总结。通过归纳总结这个过程，同学们可以清晰地发觉自身的薄弱环节所在，也就可以对症下药地逐个击破。

第四，跟读训练。通过寻访我们发现，有的同学虽然可以看懂听力原文，但是却听不懂，这到底是因为什么呢？理论上，这是同学们的视觉和听觉脱钩的原因。也就是说，同学们对于真题的敏感性还没有在听觉这个层次上建立起来。听说本为一家，既然问题是出在"听觉"上，那么最好的方式就是通过纠正语音来解决问题了。我们发现"听力"出现问题的同学一般"口语"也不尽如人意。反之，如果口语水平不俗，那么听力一般也不会差。可见，练习口语和提高听力就是个辩证统一的关系，两者紧密联系、相辅相成。因此，同学们应该踏踏实实地对照听力原文，跟读真题听力音频，注意模仿音频中的语音语调，每套真题读上五遍，再回过头来听题，感觉就完全不一样了。在跟读的过程中，同学们务必要纠正自己不正确的语音语调，最好对比自己的读音和真题读音之间的差别，这样才能够尽快突破语音关，为听力考试打通最后一道关。同学们尤其需要注意在精听复写练习中暴露出的问题单词、语句的纠音问题，强化自己的复习成果。

第五，强化单词和句型的积累。听力是一门综合性的科目，听力问题大多数情况下不仅仅是因为"听力"出现了问题，而是因为词汇量的积累不到位、句型掌握不牢固、语法知识不系统、语言功能掌握不全面、语段语篇理解不透彻等其他"非听力"因素而造成的。因此，这要求同学们从自身具体情况出发，结合各种工具书，针对自己的薄弱环节各个击破。

四、日语能力测试听力理解对于日语听力教学的反拨作用

日语国际能力考试 1 级的听力理解部分新题型的变化对日语听力课程的教学起到了引领的作用。比起老题型，新题型对于知识和能力的考查更加全面，这也就对我们日常听力教学提出了新的要求。具体内容如下：

第一，听力课授课内容的改变。由于日语国际能力考试 1 级的听力理解部分新题型的变化向学习者们提出了更高的要求，因此，我们需要根据这个风向标对日语听力课程的授课内容进行重新思考。就初级听力阶段而言，要从包含了陌生单词、句型的听力素材中提取出重要信息点，对于学习者来说存在难度。此外，过于注重文意的推测，又可能导致不能充分而正确地了解文章结构。因此，初级阶段要培养正确的听力能力，就需要选择在抓要点的同时进行细节听取训练的听力素材。将学习者置身于会话当事人的角度来设定场景内容，再对场景中的重点信息的课题中心问题进行回答。中级听力阶段要将听力素材面进行扩展，应该包含日本社会、经济、文化、生活等诸多方面。每个主题下面的训练应该包括要点听力训练、细节听力训练和口语表达训练等内容，且音频长度要适当增加。高级听力阶段的听力素材要在中级听力的基础上加大

难度和广度，要求内容广泛、词汇量大，可以增加新闻听力、日剧听力等素材，加强实战训练。

第二，听力课授课方法的改变。由于听力课课时有限，这就需要教师合理利用课上时间进行重难点的讲解，而不是面面俱到。这里推荐尝试任务教学法进行教学，具体实施方案如下：首先是布置学习任务。学习内容包括听力内容、新出单词和句型的汇总。同学们自行完成任务，此后教师在课程群里发布问卷调查，收集大家做错的地方以及问题点，以便在课上重点讲解。其次是课上重难点讲解环节。教师就学生普遍存在的问题进行细致的讲解，要求同学们进行精听复写，并帮助同学们分析错误的原因。此外，再进行跟读训练，纠正由于语音问题造成的听力障碍问题。最后是课后复习阶段。教师会根据学生存在的问题布置练习题进行巩固。这个过程同样要求同学们进行精听复写的训练。这样的授课方式可以调动同学们的自主学习能力、提高课堂效率。

第三，注意单词、句型的积累和语音的训练。听力的基础是单词和句型。许多同学之所以听不懂，问题主要出在了单词不会上面。一个单词卡住了，往往会停留在思考这个词的意思上面，而耽误了后续内容的听解。因此，积极积累词汇量是听力训练的基础。此外便是句型。这是理解句子含义的重要依据。句型不会，即便句子里不含新出单词，也不懂句子的意思，所以同学们务必也要熟练掌握句型，勤加练习。最后便是语音了。听说不分家。一般口语好的同学听力也不会差，口语不好的同学听力也会相应地觉得吃力。所以，大家在听音后务必要跟读音频多遍，甚至背诵。只有经过这样的训练，才可以切实提高听力能力。

五、结语

外语教学需要培养学生们的听、说、读、写、译五个方面的能力。其中听力是五个能力中的基础，是培养复合型人才的关键所在。因此，学生们的听力能力的培养就变得至关重要。以上笔者从微观和宏观角度剖析了日语国际能力考试 1 级的应对策略，并就日语能力测试听力理解对于日语听力教学的反拨作用进行了论述。望笔者的研究对相关研究领域的学者和同仁尽微薄之力。

◎ 参考文献

［1］ 王洪磊，冷丽敏.国内日语测试研究的现状分析 ［J］.日语学习与研究，2017（6）.

［2］ 董洁.国内日语测试研究述评（2003—2018 年）［J］.外语测试与教学，2019（3）.

［3］ 杨秀娥，王秋华.日语测试与日语教学的相互作用关系——由大学日语四级考试和国际日语能力考试谈起［J］.西安外国语学院学报，2005（1）.

［4］ 董洁，冷丽敏.日语专业四级考试听力理解内容效度验证研究——基于文本材料的语言输入特征［J］.日语学习与研究，2020（6）.

［5］ 王佳音，孙颖.日本语能力测试的反拨效应研究［J］.解放军外国语学院学报，2018（6）.

［6］ 李静.日语能力一级考试改革分析与教学对策——以肇庆学院日语专业为例［J］.肇庆学院学报，2012（7）.

［7］ 李红.国际日语能力考试的特点及应试对策［J］.焦作工学院学报（社会科学版），2004（7）.

［8］ 章羽红，邱为平.日本语能力测试一级考试大纲与我国日语专业八级考试大纲的比较［J］.外语教育，2005（4）.

文化视域下的高中英语听力教学①

甘　雨②

（江汉大学外国语学院　湖北武汉　430056）

摘要：文化意识是《普通高中英语课程标准（2017 版）》定义的核心能力之一，它包含文化知识、文化理解、跨文化交际意识和能力。而中国高中英语课堂上的文化意识教育比例并不高。本研究对中国高中英语听力教学中外来文化输入与本国文化缺失的问题进行剖析，并从听力材料选择、教师的跨文化意识教育、文化对比、课外文化学习这四大方面，解析出它们对于培养学习者的跨文化交流能力和文化自信的积极意义。

关键词：高中英语听力；文化教学；跨文化交际；文化自信

一、引言

（一）背景

中国高中英语听力课堂中的文化意识教育占比普遍较低，这一方面

---

　　① 本文是江汉大学一般项目"汉英事件名词的特性结构与认知机制研究（项目编号 2021yb123）"的阶段性成果。

　　② 甘雨，江汉大学外国语学院学科教学（英语）专业 2021 级研究生。指导教师：邬忠。

是因为高中英语教师对听力材料选择的忽视；另一方面，高中英语教师本身对外国文化也不熟悉，想在英语课堂上达成文化输入并不容易，因此跨文化教学不能很好地开展，文化知识输入的深度和广度更是不尽如人意。这样的英语教学使得学生无法将语言与文化结合起来，也就无法完全理解西方社会文化，恰如其分地用英语交流自然成了一大难题。

另外，继习近平总书记在全国高校思想政治会议上提出提高学生思想政治素质的明确要求之后，提高文化自信的理念已经广泛应用到当代教学中，所以教育者在英语课堂上进行文化输入时需要对西方传统文化作出客观和理性的分析，并以此为基础，促进学生对中华传统文化的认识，引导学生在内心深处形成构建优秀传统文化的强烈自信。

(二) 研究现状

语言与文化有着什么样的关系？Spair（1921：221）指出："语言有一个环境，它不能脱离文化而存在，不能脱离社会继承下来的传统和信仰。"Kramsch（1993：86）认为："文化语言学习并不是一种可以无视的第五项技能，它可以被认为是附加在口语、听力、阅读和写作教学上的。从一开始，它就总在背景中，随时准备在优秀语言学者最不期待的时刻出现，使他们不安，让他们来之不易的交际能力的局限性变得更明显，并考验他们理解周围世界的能力。"

迄今为止，有关大学英语课堂文化意识教育的研究数量较多，且近些年相关文献数量仍在快速增长。然而有关高中英语课堂文化意识教育的研究却少之又少，其中最具相关性的是胡晓菲（2021）对人教版高中英语教科书中的文化内容选编是否直接影响文化教学的效果的研究，以及蒲佳荔（2012）对新课标环境下高中英语教学是否有必要进行文化导入的研究，她还分析国内外的研究现状和结果，语言、交际和文化的关系，由此讨论出高中英语教学中文化导入的几个原则。她们二人关于高中英语文化导入和文化内容的研究较为全面，但未具体探讨某种类型（听力、口语、阅读、写作、翻译）课堂上的文化意识教学方法，本研究则缩小了研究范围，主要探析如何通过高中英语听力教学对学生进行文化意识教育，由此提高学生的跨文化交际能力和文化自信。

二、提高学生跨文化交际能力与文化自信的策略

王悦智（1997：63-65）提到听力在高中英语教学中起着重要的作用，英语教师应尽最大努力提高学生的英语听力水平，使他们能够顺利地进行交际。本研究将从听力材料选择、教师的跨文化意识教育、文化对比、课外文化学习四个主要方面来论述提高策略。

（一）选择合适的听力材料

听力材料是进行英语听力教学的重要组成部分，它决定着听力练习能否顺利进行，因此教师需仔细选择听力材料，使学生得到适当的听力练习和测试。

1. 选择具有西方文化的听力材料

不同的国家有着不同的文化，选用反映西方不同文化的听力材料让学生进行英语听力练习，能让学生意识到文化的不同，尽可能多地了解到不同国家的不同文化。

例如人教版必修一 Unit 5 Listening and Talking 板块中的材料讲的是美式英语和英式英语的差异导致的理解和交际分歧。其中"pants"在美式英语中表示的是"裤子"，而在英式英语中却表示"内裤"，所以当美国年轻人邀请英国年轻人一起去买"pants"的时候，两人便有了交际误会。

教师在同学们进行这篇听力练习前，可以先向学生介绍美式英语和英式英语存在的一些差异，让学生明白二者的区别不仅在于单词发音和拼写上的不同，更多的是它们背后存在的文化差异，对英语的学习不仅是学习字、词、句抑或语法，更要了解英语国家文化，为进行跨文化交际夯实基础。

2. 选择能提高文化自信的听力材料

英语课程标准（2017）指出基础教育阶段英语课程的任务是"帮助学生了解世界和中西方文化的差异，拓宽视野，培养爱国主义精神，形成健康的人生观"，因此教师在进行听力材料选择时也应明白对于文化的学习不能只以英语国家文化为目标，更要立足于中国文化。

例如人教版必修二 Unit 4 Listening and Talking 板块的材料是以外国游客 Paul 的视角介绍了中国平遥古城这样一个历史景点。Paul 在参观平遥古城时，对一些地方产生了颇多感受，如明清街上人山人海、有美味的特色小吃，走进王家大院如同走进历史等。

学到这一板块时，教师可以对中国建筑物或历史遗迹进行讲解，因为它们也是重要的文化知识，融合的是地理和历史两大文化主题，展现的是一种凝固艺术，更是一个民族的文化自信。丁朝霞（2018：93-94）指出："文化自信，是在全球化和西方多元文化发展的冲击下，抵御外国文化霸权的精神源泉。"在高中英语听力教学中积极宣传中国本土文化，提高同学们对本国文化的认可与自信也是重要的时代课题之一。

（二）增强对教师跨文化意识的教育

尽管听力材料很重要，但英语教师身为英语语言的讲授者，在传授英语文化知识方面也起着重要作用。换句话说，无论听力材料多么完美，如果没有合格的传授者，它们就无法发挥自己的作用。在英语听力教学中，教师是将语言教学与文化教学相结合的桥梁，因此，教师自身的文化知识和意识对于英语听力教学的成功与否至关重要。

普通高中英语教师很少有机会出国或与以英语为母语的人交谈，因此他们应找到自己的方法对外国文化的习俗、道德价值观、社会制度和生活方式等保持一定敏感性。首先是阅读，教师可以多阅读关于西方文化的书籍，弥补他们文化背景知识的不足，提高他们的文化素质，这是进行文化输入的基础。其次，学校也可以邀请国外的教育工作者或学者举办一些关于文化和教学的讲座。他们能够带来新的文化信息，并为英语教师系统地讲解外国文化知识。

此外，在全球化背景下，西方文化的冲击过大，西方节日文化、饮食文化、价值观和人生观已经渗透到生活的方方面面，要在西方文化的浪潮中树立民族文化自信并非一朝一夕之事。而教师更需要不断加强知识储备，树立正确的批判思维（马雷，2019：269）。

（三）对比母语文化与外国文化

教师在英语听力教学中需注重让学生进行母语文化和世界文化的对比学习。Robinson（1985：23）说过："在文化学习中，'已知'是指学习者自己喜欢的输入信息的方法，'未知'是指目标文化喜欢的呈现材料的方式。"换言之，在学习外国文化时，学生自身现有的文化知识将对学习新的外国文化产生影响。因此，现有的文化知识对学生来说很重要，并将影响学生对新知识的学习。

在进行人教版必修三 Unit 1　Listening and Speaking 板块的听力练习前，学生需要先观察几幅图片。这几幅图片分别描绘的是中国元宵节、日本成人节和巴西狂欢嘉年华，然后他们需要将几个短语描述与相应的节日匹配。学生通过这样练习可以对这三个节日的一些习俗有一个大概的了解。而这一板块的听力内容谈论的就是这三个节日的习俗，有了听前练习，学生就更容易理解这一板块的听力材料。

学生对本国的传统节日大多非常熟悉，但如何运用恰当的英语去向外国人介绍中国传统文化对于他们而言却并不容易。所以听力练习中有关中国文化的介绍可以让学生学到恰当的有关中国特色文化的英语表达，这样学生传承并向外传递中国传统文化时也会更加得心应手。

（四）鼓励学生在课外学习文化知识

要培养学生的听力能力，可采用精听和泛听的方式。精听是指每堂课只关注一到两个话题，教师可以监控整个课堂，并根据学生的反应改变教学速度。泛听则要求学生多听、广听。由于听力课的时间有限，学生应该在课外尽可能多地练习听力。在听力课上，教师可以让学生意识到这一点，并给他们一些额外需要完成的任务，以促使他们在课外多听。可以鼓励学生听英语歌曲、讲座，甚至一些儿童童话的录音，这些都能吸引学生，且易于他们理解和消化。教师也可以给他们一些阅读文化知识的任务。通过阅读任务，学生能获得更多的文化背景信息，当他们将这些信息应用到听力练习中时，理解听力材料的内容对于他们而言就更加容易了。

教师还可以将课本上听力材料的内容改编成情景游戏，让学生模仿。例如学到人教版必修四 Unit 4　Body Language 这一部分时，可以让学生扮演文本中的角色，并通过模仿演绎，将中外见面问候的文化差异表现出来，与此同时，让其他同学先观察每个角色见面时表现出来的文化习惯和所说的话等内容，再猜测这是哪个国家的问候方式，进行抢答。进行这样的小游戏，一方面可以增加英语学习的趣味性，加深学生对听力材料的记忆；另一方面，在表演和猜测的活动中，学生可以学习到关于外国人见面问候的地道表达，这样能进一步提高学生的跨文化交际能力。

三、结语

基础教育阶段的学生学习英语，不仅要掌握词汇、语法等，更要清楚其背后蕴涵的文化含义，熟悉英美文化的特点及其特殊的表达方式。同时还应认真了解中国文化，积极促进中国文化与其他文化之间的对话。而如何在英语听力课堂上进行文化教学是教师必须面对和研究的课题。在高中英语听力教学中，可以从听力材料选择、教师的跨文化意识教育、文化对比、课外文化学习这四个方面入手，让学生了解到听力材料背后蕴涵的不同国家的不同文化，增强他们对不同文化的分析与鉴赏能力，进而提高他们的跨文化交际能力和文化自信。

◎ 参考文献

［1］Kramsch, Claire. Context and Culture in Language Teaching ［M］. Oxford：Oxford University Press，1993：86.

［2］Robinson, G. L. N. Cross-cultural Understanding：Processes and Approaches for Foreign Language, English as a Second Language and Bilingual Education ［M］. New York：Pergamon Press，1985：23.

［3］Sapir, E. Language：An Introduction to the Study of Speech ［M］. New York：Harcourt Brace & Company，1921：221.

［4］丁朝霞. 文化自信视域下的大学英语文化教学探索与实践 ［J］. 海外英语，2018（21）：93-94.

［5］胡晓菲. 人教版高中英语教科书中的文化内容研究——基于文化意识的视角 ［D］. 上海：上海师范大学，2021.

［6］教育部. 普通高中英语课程标准（2017 年版）［S］. 北京：人民教育出版社，2017.

［7］马雷. 英语新闻听力教学中批判性思维和文化自信的培养 ［J］. 国际公关，2019（11）：269.

［8］蒲佳荔. 新课标下高中英语教学的文化导入 ［D］. 重庆：重庆师范大学，2012.

［9］王悦智. 文化差异与英语听力教学 ［J］. 外语学刊，1997（4）：63-65.

新加坡中小学教师教育中的
教学实践研究与启示

谌怡然①

（江汉大学外国语学院　湖北武汉　430056）

摘要： 新加坡教师教育的成功，离不开其高质量的教学实践，其教学实践具有鲜明的特色：致力于培养反思型实践教师；实践安排贯穿整个职前教师教育课程；实践各方能够实现深度合作；实践过程易于操作、强调形成性评估等。我国教师教育培养体系中，教育实践仍是薄弱环节。新加坡高效的教育实践模式、专业的教学实践过程、精致的教学实践内容是提高教学实践质量性价比较高的方式，可成为我国教师教育中教学实践改革的突破口。

关键词： 教师教育；教学实践；全过程；形成性教学评估；反思型实践

2019 年，教育部发布《中国教育现代化 2035》，提出振兴教师教育，建设高素质专业化创新型教师队伍。2020 年 9 月，教育部印发《教育类研究生和公费师范生免试认定中小学教师资格改革实施方案》，指出要加强师范生培养过程性考核，根据师范生教师职业能力标准，重

---

① 作者简介：谌怡然，硕士，江汉大学外国语学院英语系讲师，研究方向为英语教学法。

点考核师范生思想品德情况及师德素养、教师教育课程学业成绩、累计不少于一学期的教育实习实践完成情况、专业能力及技能培训情况等。为了保障教师教育的高效实施，提高教师教育质量，需要加强师范生教育实习，强化师范生参与教育实践活动。来自公众与政府的外部问责与内在专业职责共同推动着师资培育机构不断提升教师培养质量，以应对新时代培养卓越教师的挑战。[1]但是，由于缺乏严格的质量控制，教师教育实践还不理想，教育实习的效能和质量备受质疑。[2]我国现行的教师职前教育实习存在着"高师院校与实习学校的合作形式松散，缺乏稳固的实习基地，即使现有的实习学校，也多数并不十分支持新教师的实习"等问题。[3]教育在本质上是实践的，实践是教师专业认同和成长的基础。因此，职前教师教育必须走实践取向之路。[4]在世界经济合作与发展组织（OECD）对全球各国中小学教育水平的调查中，新加坡中小学教育水平排名第一。其务实精神和践行能力在教师教育领域一直被公认为处于优势和领先地位。[5]因此，笔者将对新加坡中小学教师教育中的教学实践模式及内容作深入分析，以期为新时代我国中小学教师教育中的教学实践带来一定启示。

一、教学实践模式

新加坡教学实践采取的是教育部、国立教育学院（NIE）和学校之间的"三方合作伙伴"模式。在教学实习过程中，实习生被称为"实习教师"，具体有三方对他们进行指导和协作：学校协调导师（School Coordinating Mentors），合作教师（Cooperating Teachers）和 NIE 督导（NIE Supervisors）。学校协调导师主要负责学校实习相关事宜的整体管理和协调，监督实习教师与合作教师的工作，以及与 NIE 督导保持密切联系，确保实习工作符合 NIE 的标准和要求；合作教师负责实习教师的具体实习工作的展开，如实习时间分配、助教工作、听课和具体教学指导；而 NIE 督导负责建立 NIE 和实习学校的联系，致力于促进实习教师的专业发展，对整个校本实习进行督导，并对实习教师进行听课、反馈、指导。

新加坡教师的职前教育实施有三种培养方式：教育学士、研究生教育文凭和一般教育文凭。其教学实践具体安排主要包括学校体验、助教、第一次教学实践和第二次教学实践四种形式。其主要教学实践安排如下：教育学士课程设置 2 周的"学校体验"，5 周的"助教"，5 周的"第一次教学实践"和 10 周的"第二次教学实践"；研究生教育文凭（小/中）和一般教育文凭课程都是设置 5 周的"第一次教学实践"和 10 周的"第二次教学实践"（见表 1）。

表 1　　　　　　　　新加坡实习教师教学实践安排[6]

类别	实习内容	周期	时间安排	评分	合作教师听课次数	NIE 督导访问和听课次数
教育学士	学校体验	2 周	二年级第一学期前	满意/不满意	无	无
	助教	5 周	三年级第一学期前	合格/不合格	无（3～5周进行辅助教学）	2 次学校访问
	第一次教学实践	5 周	四年级第一学期前	合格/不合格	4	2 次学校访问 1～2 次听课
	第二次教学实践	10 周	四年级第二学期前	优秀/良好/合格/不合格	6	2 次学校访问 2 次听课
研究生教育文凭（小/中）和一般教育文凭	第一次教学实践	5 周	二年级第一学期前	合格/不合格	2	2 次学校访问 1 次听课
	第二次教学实践	10 周	二年级第二学期	优秀/良好/合格/不合格	6	2 次学校访问 2 次听课

二、教学实践内容

（一）学校体验

学校体验共计两周时间，中小学各体验一周。该实践通常安排在二年级第一学期之前，通过一年级的理论课程学习，此时实习教师已经具备少量教育理论基础。学校体验的主要目标是初步了解中小学校园和课堂，并简单宽泛地了解学习者与教学过程以及理论和实践的融合。

它主要通过简单地观察实际教学，反思第一学年所学的知识，同时为第二学年课程做实践素材积累。该阶段实习教师需要观察并记录所能理解的一切教育活动，具体细化为四个方面的任务：（1）观察课堂并记录与之相关的教育理论（如图1）。（2）观察并记录课堂管理活动。（3）观察并记录信息通信技术（ICT）在教学中的应用。（4）观察并记录教师对学习者的评价。四方面任务均以表格形式提供给实习教师，每个表格前均有本表格意义、目的及要求的清晰说明。每一类任务所要填写的内容均进行分解和细化，较为清晰和明确，对于不易理解部分，进一步提供了填写说明，实习教师可明确自己所要填写内容。除了表格填写之外，实习教师在任务1和任务2中需要记录一些可供后续二年级课程（如"教育心理学Ⅱ"和"中小学教学管理"等）讨论的实践问题。学校体验结束后，实习教师需提供一份3页的体验报告。

该阶段合作教师对实习教师进行全程管理和协助，但并不对他们进行正式考核，更不要求他们进行教学，因此也不需要NIE督导进行指导。该阶段合作教师作为实习教师观察的主要对象，其主要任务是帮助实习教师了解学校及班级基本情况、分享教学大纲/教学计划/课堂活动策划以及指导实习教师的相关观察活动。在两周的学校体验结束后，合作教师需要提交总结性报告给NIE，对所带学生的表现、记录和反思进行评价和打分，并对实习教师进行及时反馈。

新加坡第一周"学校体验"任务1（部分）

项目	对学习者的理解	对学习过程的理解
描述你的观察		
识别相关的教育心理学理论		
反思过去的认知		

列举1~2个你希望能带到"教育心理学Ⅱ"的课堂上讨论的问题

1. ———————————————

2. ———————————————

图1 任务记录表[7]

学校体验是新加坡中小学教师教育中实践的开端，也是理论与实践结合的第一环，对第一学年所学知识和第二学年的教学起着承上启下的作用，践行了理论指导实践、实践检验理论的过程。这一实践过程采取的方式主要包括观察、记录、交流和反思。

（二）助教

助教阶段持续5周时间，该实践安排在三年级第一学期之前，此时学生已具备两年的理论知识和一次实践经验。助教阶段的目标有五方面：（1）培养实习教师的教师职业认同。（2）扩大和丰富他们对真实教与学的理解。（3）了解学习者并能对学习者的需求、兴趣和能力作出合适的判断和应对。（4）提高观察和反思技能。（5）认识到专业规范的重要性。

该阶段，实习教师进一步深入具体教学实践环节，主要通过进一步观察合作教师和其他经验丰富教师的课堂教学和管理，来提高自己对这两方面的理解和认知，同时尝试初步的课堂教学实践。助教阶段实习教师需要完成三方面任务：每周日常助教任务、第 3 周的课堂片段教学以及 4~5 周完整课堂教学。第一方面的每周日常助教任务分为三部分：课堂观摩、记录、总结；与合作教师交流；交流后反思。这五周的助教任务是循序渐进的，其具体内容和侧重点都有所不同：第一周的焦点是了解学习者和课前准备，第二周的焦点是如何进行激励和课堂实施，第三周的焦点是如何创建积极的班级文化，第四周的焦点是课堂中的教学评估和反馈，第五周的焦点是部分课堂教学后的反思。每周的助教任务根据关注焦点首先观察并记录总结自己的初步认知，然后根据初步认知与合作教师进行交流，最后根据交流撰写自己的反思。可以看出，每周重点根据教学过程和实践过程层层递进，强调循序渐进，且关注任务的过程，以帮助实习教师有条不紊地深入教学的每个环节。第二、三方面的任务分别是第 3 周的课堂片段教学和 4~5 周完整课堂教学。此阶段教学实践中的教案必须由实习教师和合作教师共同制定。助教阶段课堂教学是教学实践的一次体验，类似于整个教学实践过程中的学校体验，它仅仅是课堂教学的一次试水，实习教师的具体课堂教学表现不作为助教实习阶段是否合格的正式评判标准。

实习教师提交每周日常助教任务报告给 NIE 督导，NIE 督导会对实习教师每周的反思进行评价和指导。同时，合作教师会根据细化的教学一览表，对实习教师的日常助教任务、专业态度、专业素质和教学过程进行评价和反馈。在助教阶段结束后，NIE 督导会提交一个对实习教师的整体评估并与学校协调导师或者校长作出初步评分。随后实习学校的评估委员会（校长主导）会对结果进行第二次评估，最终确定实习教师的评价。最终评价在决定后会及时反馈给实习教师。助教阶段侧重过程性评价。无论是 NIE 督导还是合作教师，每周均要对实习教师的助教任务和教学表现进行评价和指导，这一过程是即时的。

（三）第一次教学实践

第一次教学实践同样持续 5 周时间，该实践安排在四年级第一学期之前，此时学生已具备三年的理论知识和两次实践经验。该阶段开始注重实习教师独立教学能力的培养，主要目标有五个：（1）应用和实践大学课堂的教学理论。（2）理解和欣赏教师角色的专业性，培养相关专业技能。（3）扩大和丰富他们对真实教与学的理解。（4）进一步理解学习者并能对学习者的需求、兴趣和能力作出合适的判断和应对。（5）培养成为新教师必备的专业态度和品格。

该阶段任务有两个方面：观摩、反思合作教师课堂教学以及课堂教学实战。前 2 周，实习教师以观摩合作教师和反思为主，每周要提交反思日志给 NIE 督导，日志内容主要包括教学准备、教学实施、课堂教学评价和反馈、积极的班级文化四个部分。前 2 周日志内容的四方面组成框架是一样的，但每周每个框架里面的内容是不一样的，且呈递进关系。如教学准备部分，第 1 周实习教师对合作教师的课堂观察在 3 个方面：（1）如何确定课程目标。（2）如何选择教学策略、教学过程和教学资源。（3）如何更新知识。而第 2 周教学准备部分则侧重其他两个方面：（1）如何在有限的时间对教学内容进行安排。（2）如何确保各类学生都能被关注到。同样，在教学实施、课堂教学评价和反馈以及积极的班级文化三个部分，2 周的侧重点也是完全不一样的。后 3 周为课堂教学实战，实习教师会帮助合作教师准备教学计划、教学材料，进行学生管理、课程导学和独立课堂教学等。

该阶段实习教师最少进行 4 次独立课堂教学。这 4 次授课合作教师需要全程听课，NIE 督导会进行 1~2 次全程听课。听课过程中，合作教师和 NIE 督导会根据"形成性教学评估表"，从教学过程与教师专业素质和态度两个部分对实习教师进行反馈。整个环节结束后，NIE 督导和学校会一起对学生进行打分评估，提交总结性报告，并反馈给实习教师。通过形成性和总结性评价相结合，实习教师可以在教学实践过程中逐步清晰认识到自己的优势和短板，从而更好地进行教学。

该阶段除了同样细化的教学评估表和评估说明外，还强调践行两种模式：（1）课堂观察和反馈循环。（2）反思型实践。课堂观察和反馈循环包括三个环节：观察前商讨会，课堂观察，反馈会议。观察前商讨会主要是帮助实习教师准备即将进行的课堂教学。实习教师每一次课堂教学前都要制定详细的教案。合作教师或 NIE 督导通常会在课堂观察前 2~3 天与实习教师针对教案和教学准备进行讨论，提出改进意见和可能遇到的问题。实习教师要在课堂教学前一天确定最终方案，提交合作教师。在课堂观察环节，合作教师或 NIE 督导会对实习教师的课堂教学进行集中系统的观察、录像并进行"不干涉"的数据收集。观察重点主要是教学过程与专业素质和态度，为此 NIE 开发出了一套形成性教学过程与表现评价（APT）工具（见表2）。

表2　　　　　　　　　　形成性教学评估表（APT）

类别	观察重点/评估重点	细　　化
教学过程	教学准备	确定教学目标及教学对象、选择恰当的教学内容、选择合适的教学策略及教学资源、准备核心问题等
	教学实施	导入恰当、激发保持学生兴趣、关注学生需求、教学清晰、语调语速合适、善于发问、注意独立及合作学习、ICT 应用恰当、课程安排合理等
	课堂教学评价和反馈	检查和确定学习者对教学内容的理解、注重对学习者的及时反馈、设置有意义的任务等
	积极的班级文化	建立互动和融洽关系、确定规则和激励措施、创造鼓励和尊重的文化等

续表

类别	观察重点/评估重点	细化
专业素质和态度	以学生为中心的价值观	关心学生、鼓励学生兴趣、对学生保持高期望、尊重学生的不同背景等
	专业能力	良好的专业品格、有毅力、教学灵活、接纳反馈、善于反思、教学活动准时、教学评价及时正确、良好的专业形象等
	专业态度	积极性、易相处、支持学校活动等

评价和观察结束后，合作教师或 NIE 督导必须在同一天与实习教师进行大概 30 分钟的反馈会议，对收集的观察数据进行讨论，重点分析这次课堂教学是否真正帮助学生学习，以及实习教师的优势和不足。而在这个反馈交流中，就要用到"反思型实践框架"来明晰反思过程。反思型实践框架是采用约克巴尔等人的"四步反思法"。[8]（见图 2）通过从描述（What happened?）、分析解释（Why?）、整体意义及应用的探讨（So what?），到对未来行动的影响（Now what?）这四个"Wh"问题，实习教师可以更加细化他们的反思过程，慢慢深入，真正从反思中收获对实践的指导意义。

（四）第二次教学实践

第二次教学实践持续 10 周时间，该实践安排在四年级第二学期之前，此时学生已修完所有的理论学习课程以及具备三次实习经验。该阶段实习教师参与学校各项事务，并且完全独立地进行教学和管理的各个环节，他们将学习如何理论联系实际，并学习不同环境中进行有效教学的技能。主要目标在第一次教学实践的基础上有所增加：（1）学会作出专业的决定。（2）掌握自我反思和自我评估能力。

该阶段任务有两个方面：课堂教学实战和参与学校各项事务。第 1

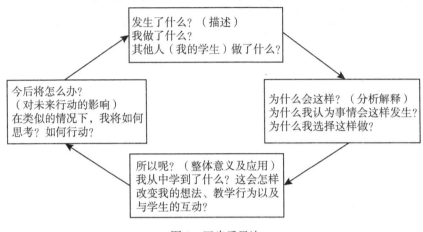

图 2　四步反思法

周主要是教育实践的准备工作，包括确定时间安排、流程、评价标准等，并与 NIE 督导和学校协调导师进行交流和联系。第 1~2 周，实习教师会与学校协调导师进行第 1 次"集中交流"（Focused Conversation），讨论他们在 NIE 目前的学习状况；第 3~6 周，实习教师会与学校协调导师进行第 2 次"集中交流"，讨论教学和管理；第 7 周，NIE 督导和合作教师会对实习教师进行听课和反馈；第 8~9 周，NIE 督导和学校协调导师开始讨论学生最终评价和调整；第 9 周会进行第 3 次"集中交流"，实习教师对整个实习过程进行展示和总结；最后 NIE 督导、校长、学校协调导师以及主要合作教师（如果需要的话）对实习教师进行评估打分，并于第 10 周提交总结性报告；在整个实习环节结束后还会开展实习总结大会，NIE 督导反馈实习结果，学生进行实习总结报告，督导再给予反馈。

该阶段实习教师基本为独立全程教学实践，合作教师至少听课 6次，NIE 督导会进行 2 次全程听课。在这一环节，实践和反思仍是主体。在第 1 次和第 3 次"集中交流"中，实习教师都要对目前学习和实践状况进行总结和反思。第 2 次"集中交流"更是要求实习教师通过"四步反思法"来进行课堂教学反思。而督导在后两次交流时，都会填写"专业实践与探究（PPI）评估报告"来给予实习教师及时的反馈和指导。

这一阶段相对于第一次教学实践有两个特点：（1）独立完成教学实践。无论是 NIE 还是实习学校，NIE 督导和合作教师都更加放手让实习教师进行实践教学，强调实习教师独立完成教学任务。（2）自我教学实践反思。第一次教学实践中的反思大多是在与合作教师交流之后，而第二次教学实践更加强调实习教师自行进行实践性反思过程。

三、总结

总的来看，新加坡教师教育中的教学实践具有全过程、易操作、重反思等鲜明特点。（1）全过程。其教学实践贯穿四年的大学或两年的研究生学习，其一般教学实践最少 15 周，本科长达 22 周。从入学开始，教学实践分布于每一学年，这种教学实践方式可以促进理论与实践的有效融合。每一阶段的理论学习既可以指导下一阶段的教学实践，而进行教学实践后又能对前一阶段的理论学习进行反思，理论和实践循环往复、相互印证，同时每个阶段均有清晰的实践目标和实践任务，整体呈"浸入螺旋式"特征。另外，教学实践贯穿整个培养过程，无论是对实习教师、学校协调导师、合作教师还是 NIE 督导来说，与集中式实习相比，其各自任务均不过于繁重，压力也相对较轻，一定程度上可以提高教师与学生之间的合作质量。（2）易操作。在实践过程中，实习教师、合作教师、学校协调导师及 NIE 督导都有各自任务需要完成。这些任务包括观察记录、反思总结、评估考核等，任务主要以表格填写、日志记录、评价表格、总结报告等方式体现。无论是哪种方式，都有相对应的参考模板、撰写标准、撰写指南等辅助解释材料。如在评估考核中，不论是实习教师的助教任务还是合作教师的评分都有详细的评估依据，且几乎每一个评估表都有相对应的解释说明，如针对反思部分，有专门的"实习教师的反思指南"以及合作教师对实习教师的"反思评估说明"，来帮助双方更具体有效地进行操作。（3）重反思。新加坡教育实践中强调及时反思和反馈，每一阶段学生都要进行各种形式的总结反思，如任务表里的反思部分、每周的反思日志、与学校协调导师和 NIE 督导的"集中交流"等。教学实践的每一个阶段的每个任务，都有不同程度、不同类型、不同方式的反思。实习教师根据相应的辅助解释说明材料和一定的标准和表格，将反思总结下来。教学实践过程一般由观察课堂—简单反思—总结反思—反思交流—指导实践这一过程组成。从助教阶段的简单反思到第一次教学实践的反思交流再到第二次教学实践的独立反思，每一阶段都对反思能力和水平提出了更高的要求。同时提供了一个易操作的反思型实践框架——"四步反思法"，使得实习教师知道怎样反思、反思什么、反思意义及如何开展反思实践。

四、对我国的启示

近年来，教师教育愈来愈受到重视。中共中央、国务院、教育部先后印发了多份相关文件，如《关于加强师范生教育实践的意见》《中共中央关于全面深化新时代教师队伍建设改革的意见》《教师教育振兴行动计划（2018—2022 年）》《教育部关于实施卓越教师培养计划 2.0 的意见》等，在这些文件的指导下，我国教师教育改革持续推进，师范生教育实践不断加强，但其依然是教师培养的薄弱环节。新加坡教师教育的成功离不开其高质量的教学实践，其教学实践值得我们深入学习。（1）从集中实习走向全过程实习。我国教育部、地方教育厅和各高校的相关文件均明确师范生教育实践不得少于 1 个学期，教育实践时长上与新加坡差距不大，但我国的教育实习主要采取集中实习模式（一般在大四上学期）。集中实习模式导致实习教师和合作教师任务繁重，给各方都造成较大压力，从而易导致各方产生抗拒，甚至自我放弃，敷衍完成任务。[9]而新加坡的全过程教学实践，从入学开始，贯穿每一学年，从而分解了实习任务，减轻了各方压力。且每个阶段都有清晰的实习目标和任务，更有利于实习教师实践能力的逐步提升。可见，全过程实习应当是我国师范生教育实践方式的新方向。有地方政府已经先行一步，湖北省教育厅在《省教育厅关于加强师范生教育实践的实施意见》中指出要合理安排教育实践活动：师范院校要建立师范生全过程教育实践模式，将教育实践分阶段、按学年循序渐进实施，逐步促进师范生形成良好的师德素养和职业认同。（2）从形式合作走向深度合作。中国在2014年教育部《关于实施卓越教师培养计划的意见》中明确提出建立高校与地方政府、中小学"三位一体"协同培养新机制。2018年，该计划推出了2.0版本，其中指出要完善全方位协同培养机制，支持建设一批省级政府统筹，高等学校与中小学协同开展培养培训、职前与职后相互衔接的教师教育改革实验区。新加坡教学实践采取的是教育部、国立教育学院（NIE）和学校之间的"三方合作伙伴"模式。合作模式上，两者基本一致，但是合作程度，两者却有差别。新加坡的教学实践中会明确每一类人的工作角色和职责，并通过一系列较为固定的工作任务表、工作日志、教学评估表、总结报告明确每类人各阶段应当完成的工作任务。单位的合作是形式上的合作，方式、制度、机制固然能促进合作的开展，但合作是依靠人来完成的，我们更需要明确教学实践过程中人与人之间的角色定位、所需完成的任务以及如何完成相应的任务。只有共同完成相应的任务，人与人之间的合作才是深度合作。（3）从低效实习走向有效实习。师范生教学实践中都会提出实习前有明确要求、实习中有监督指导、实习后有考核评价，这些都是提高实践教学质量的关键要素。但不可否认的是，我国师范生教学实践质量依然不尽如人意。所以《教育部关于实施卓越教师培养计划2.0的意见》中才会提出要着力提高实践教学质量，注重推进教育实践全过程管理。工欲善其事，必先利其器。新加坡教学实践质量较高的关键在于一套工具、一个理念。一套工具：易操作的实践手册。一个理念：培养"反思型实践者"。影响我国教师教育中教学实践质量的原因有很多，但这一套工具和一个理念可以成为我们提高教学实践质量的突破口。易操作的实践手册涵盖多种教学实践必备工具：观察记录表、反思总结表、教学评价表以及对应的操作指南、操作说明等。与其从其他方面寻求提高教学实践质量的方法，科学的、符合我国国情的、易操作、可评估的实践手册无疑是性价比最高的方式。而一个理念——"反思型实践者"能够最大限度地激发实习教师的内生动力，通过反思—实践这一循环过程促进教师专业成长。

◎ 参考文献

［1］ 王晓芳，周钧，孔祥渊．新加坡师范生公费教育内部质量保障机制探究［J］．外国教育研究，2019，46（8）：97-115.

［2］ 王晓芳，周钧．新加坡师范生教育实习质量保障机制研究［J］．比较教育研究，2019，41（5）：76-82.

［3］ 汪明帅，陈传东．教育实习如何真正走进中小学——以美国和新加坡为分析对象［J］．教育发展研究，2011，33（22）：42-46.

［4］ 李斌辉，张家波．职前教师需要什么样的教育实践［J］．教育发展研究，2017（6）.

［5］ Stewart, V. Singapore Leads the Way in Changing Teacher Education ［J］. Phi Delta Kappan, 2010, 92（2）：92-93.

［6］ National Institute of Education, Singapore ［EB/OL］. ［2020-02-23］. https：//www. nie. edu. sg/teacher-education/practicum/.

［7］ National Institute of Education, Singapore, Practicum Handbook ［EB/OL］. ［2020-02-23］. https：//www. nie. edu. sg/docs/default-source/

td ＿ practicum/practicum/templates-downloads/practicum-handbook/
practicum-handbook-2020. pdf？sfvrsn＝cbb06560_6.

[8] York-Barr, J., Sommers, W. A., Ghere, G. S. & Montie, J. Reflective Practice to Improve Schools：An Action Guide for Educators （2nd ed. ）［M］. Thousand Oaks, California：Corwin Press, 2006.

[9] 陈飞，李广，徐汀潇．"U-G-S"教育实习模式的成效调查与管理回应［J］.教育理论与实践，2016（29）.

《教学指南》背景下"英语语法"课程的教学改革①

刘长庆②

（江汉大学外国语学院　湖北武汉　430056）

摘要：本文基于《教学指南》，从教学目标、教学内容、教学方法等方面对本科英语专业的英语语法课程的教学问题进行阐述和探讨，认为和《教学大纲》相比，《教学指南》规定的英语语法的教学目标和教学内容都提高了要求，因应了新时代要求和发展趋势，为了达成新的教学目标，需要积极探索，创新教育教学方法，采取线上线下混合式教学，可以有效缓解课程的知识普及与拔高性教学的矛盾。

关键词：《教学指南》；英语语法；教学目标；教学内容；混合式教学

引言

对于母语是英语的学生来说，英语语法可以毫不费力自然而然地习

---

①　本文是湖北高校一流本科课程"《英语语法》线上线下混合式一流课程"（鄂教高函［2021］14号）和武汉市教育科学"十三五"规划2017年重点课题"地方院校硕士研究生联合培养模式研究"（武教办［2017］23号，2017A068）的成果。
②　作者简介：刘长庆，博士，江汉大学外国语学院英语系教授，研究方向为语言学、英语教学。

得，但对于中国学生来说，英语是作为外语学习的，由于缺乏自然的英语环境，英语语法需要长期不断地学习才可以掌握。本质上说，语法是语言规则的知识，不是语言本身，尽管学外语离不开学语法，然而语法不是外语学习的目的，而是帮助学习外语的一个有用的工具，但掌握了这个工具，可以大大提高外语学习的效果。所以，英语语法是英语学习中的重要内容，无论是教育部 2000 年颁布的《高等学校英语专业教学大纲》（简称《教学大纲》），还是 2020 年颁布的《普通高等学校本科英语专业教学指南》（以下简称《教学指南》），英语语法都列为本科英语专业的专业必修课程，其重要性不言而喻，无需赘言。

但作为本科英语专业的一门课程，英语语法课又很尴尬，教师不愿意上，学生不愿意学。主要原因有二：一是英语语法课本身比较枯燥，知识点多，分布面广，有规则变化，也有不规则变化，需要大量练习；二是大部分语法点学生在初高中都已经学过了，大学课堂上教师觉得没有什么特别需要讲的，学生也觉得没有什么要学的，不会的自己去理解就好了。为了提高英语语法的教学效果，学界提出了交际法、情景法、任务学习法、沉浸式、纠正性反馈等不同教学方法，但这些方法对于初级英语阶段来说是比较有效的，而对本科英语专业的大学生来说，课堂很热闹，但最终效果并非理性。因此，大学的英语语法教学问题需要进行深入研究。本文根据《教学指南》，从教学目标、教学内容、教学方法等方面对本科英语专业的英语语法课程的教学问题进行阐述和探讨，并提出教学思考。

一、教学目标

所谓目标，指的是通过教学培养学生所取得的资格。教学目标通常聚焦学生在完成规定的教学任务之后应该能做什么，应达到的要求或标准。（Collins & O'Brien，2003：155）它是根据一定社会、经济和文化科学技术发展的要求和受教育者的身心发展规律提出来的，反映了一定社会对受教育者的要求。（王道俊、郭文安，2009：83）就英语语法而言，《教学大纲》规定其教学目标"在于帮助学生重点掌握英语语法的核心项目，提高学生在上下文中恰当运用英语语法的能力和运用英语的准确性，使学生对英语语法有一个比较系统的了解并能借助英语语法知识解决英语学习过程中的有关问题"。具体包括以下方面：教学内容是"英语语法的核心项目"，能力是提高运用"准确性"和"恰当性"，知识是对英语语法比较系统的了解并能借用该知识解决有关问题。反映了当时我国进一步扩大对外开放背景下的经济社会发展对英语人才的要求与教育改革和转型的时期特征，为改革开放和社会主义现代化建设作出了重要贡献。

进入新时代，党和国家坚持对外开放的基本国策，为我国英语教育提供了新的发展机遇，《教学指南》对英语教学也提出了更高要求，对英语语法提出了新的教学目标：

> 旨在帮助学生进一步完善英语语法知识体系，熟练掌握语法知识，提高英语语法知识的综合运用能力。通过课程学习，学生应能熟练掌握英语词法、句法和篇章的基本知识，并能对词、句、篇的语法特征进行分析；综合运用所学的语法知识顺利完成听、说、读、写、译等交际任务。（《教学指南》，2020：18）

具体来说，教学目标的知识要求是"进一步"完善英语语法知识体系并熟练掌握语法知识；能力要求是提高英语语法知识的综合运用能力，顺利完成交际任务。课程内容包括英语词法、句法和篇章的基本知识，它们是实现教学目标的载体。

跟《教学大纲》相比，《教学指南》规定的英语语法教学目标有明显不同。

一是知识方面的规定更加符合我国基础阶段的英语教学的现状。学生在中学阶段已经接触过大部分语法知识，而且为了准备高考不少语法项目在中学的英语课堂上进行了大量练习，学生课下自己也花费了许多时间进行语法学习。由于中学学习语法更多的是应付考试，掌握的语法知识和语法系统比较孤立，缺乏有机互通，所以，对于英语语法知识体系，《教学指南》强调在中学阶段的基础上帮助学生"进一步"加以完善，而不必为了"使学生对英语语法有一个比较系统的了解"，教师在大学课堂上从头到尾把英语语法再讲一遍，这既没有必要，也不现实。

二是提高了能力方面的要求。《教学指南》提出的"提高英语语法知识的综合运用能力"和"综合运用所学的语法知识顺利完成听、说、读、写、译等交际任务"，强调的是"综合运用能力"。什么是"综合运用能力"？按照程晓堂（2008：45）的解释，"综合运用能力"指的是根据语言使用的需要，综合运用语言知识和语言技能来进行真实交际的能力，也就是用英语做事情的能力，包括内在的思维活动和外显的行为（做事情），比如用英语思考问题、用英语进行讨论和辩论等。显然，英语语法知识运用的"准确"性和"恰当"性只是表现综合运用能力的内容之一，尽管是其主要表现。

三是加大了内容方面的难度。《教学指南》明确要求学生应能熟练掌握英语词法、句法和篇章三方面的基本知识，显然比"帮助学生重点掌握英语语法的核心项目"的要求加大了难度。传统语法中的重点项目主要为词法和句法，如与屈折变化有关的名词的数、动词的时态、句子结构等，很少会涉及篇章层面。篇章指的是语言在特定上下文或情景中的使用单位，把篇章纳入语法内容不仅把培养学生语法知识综合运用能力落到了实处，而且能有效帮助学生提高英语交际能力。

二、教学内容

如前所述，《教学指南》明确要求学生应能熟练掌握英语词法、句法和篇章三方面基本知识，这三个方面的基本知识就构成了本科英语专业的英语语法课程的教学内容。也就是说，学生不仅要掌握单词如何工作，以及它们在句子中起什么作用，还要掌握这些句子如何组织成为一个结构上衔接、意义上连贯的整体。具体如下：

（一）词法

语法中的词法主要包括词类和屈折变化。

1. 词类

词类是根据词在句子中的意义、结构和功能，将不同的词划分为不同的类别，如名词、代词、动词、形容词、副词、介词、连词、助动词等。通过理解词类，可以帮助学生更好地理解如何组词成句。根据词的语法功能，词类可以分为封闭词类（closed word）和开放词类（open word）两类。所谓封闭，是指这类词的数量有限、很少增生，如介词、连词、助动词、代词等属于封闭词类，也称作功能词（function word）或虚词。所谓开放，是指这类词的新词不断出现，旧词不断消失或获得新意，包括名词、主动词、形容词和副词，它们承载了一个句子的大部分内容或意义，也称作实义词（content word）或实词。

本课程重点关注名词、动词、形容词、副词、介词等主要词类及其词组。

需要说明的是，关于代词的归类，英语一般将其归为虚词，而汉语一般将其归为实词。

2. 屈折变化

屈折变化是构词法的一部分，是指词汇在形式上发生变化，从而产生新的、特定的语法意义的过程。（Herring，2016：11）传统上，屈折变化分为动词变形（conjugation）和静词变形（declension）。动词变形指的是动词的屈折变化；静词变形指的是名词、代词、形容词和副词的屈折变化。这些屈折变化表现为词缀，屈折词缀表示语法关系，如复数、过去时和领属关系。（Crystal，2008：243）

屈折词缀在现代英语中寥寥可数，它们包括名词复数标记-s/-es，名词属格标记-'s，第三人称动词单数现在时标记-s/-es，动词过去时标记-ed，动词的-ed 分词和-ing 分词的标记-ed、-ing，形容词和副词比较级和最高级标记-er、-est 等。本课程重点关注名词和动词的屈折变化。

(二) 句法

句子是最高层级的语法单位，句法（syntax）是支配人们如何把词语组织起来构造句子的规则和模式，主要讲解基本结构和特殊结构的特点。

哪些属于特殊结构？句子中的成分由于某种特殊原因发生了移位，Gelderen（2010）把这样的句子视为特殊句，如疑问句、感叹句，以及主题化、被动句、分裂句和假分裂句等强调结构等；Chalker（1984）把制造主题的前置（包括引起倒装和不引起倒装的前置）、制造焦点的It-句型和存在句，以及被动句、分裂句和假分裂句、句首副词等看作标记性词序，即特殊结构。被动句通过把句子的语法主语从施事中移开，改变了句子的主题和焦点。分裂句和假分裂句可以把任何句子成分变成焦点。句首副词用在句首对整个句子进行解释，表明说话人对话语的看法或态度。

综合 Gelderen（2010）和 Chalker（1984）的观点，结合 Quirk（1985）和章振邦（2017）的相关论述和教学需要，特殊结构可以主要集中在因强调而引起倒装的前置、被动句、分裂句和假分裂句，以及制造焦点的It-句型和存在句。

基本结构的内容较多，主要可以集中在简单句（即限定小句结构）、并列结构、从属结构、直接引语和间接引语，以及与限定小句有关的主谓一致、基本句型、句子类型。本课程中，"基本句型"指的是按其语法功能划分的小句类型，即 SVC、SV、SVO、SVoO 和 SVOC 等。"句子类型"是指按交际功能划分句子类型，即陈述句、疑问句、祈使句和感叹句。正是这些有限的小句结构雏形，衍生出无限的实际使用的句子。

（三）篇章

篇章也称作语篇（Text），指"一连串意义相关的句子，为达到一定交际目的，而连贯地、合乎逻辑地组织起来的语义单位或语用单位"（章振邦，2017：455）。它可长可短，可大可小；可以是口头的，也可以是书面的；可以是三言两语，也可以是长篇大论。

英语语法的篇章教学，让学生明白为了达到一定的交际目的，句子如何通过各种衔接手段有机地连句成段、连段成篇。恰当地使用过渡性词语，不仅能显示句与句之间的逻辑关系，而且能贯通段落与篇章之间的思想脉络，实现段落和语篇的连贯性和清晰性。

语篇的衔接手段主要有三种：逻辑衔接手段、语法衔接手段和词汇衔接手段。

1. 逻辑衔接手段

逻辑是一种思维和推理方式。逻辑衔接是多样的，包括表示时间关系与空间关系、列举与例证、引申与转折、推论与归纳、原因与结果等逻辑概念的过渡词语，这些过渡词语通常是一些连词（如 and, otherwise）和连接性副词（如 besides, therefore），也可以是一些介词词组（如 in other word, in addition）、非限定分句（如 to sum up）、无动词分句（如 if not）和限定分句（如 what is more）等。

这里重点介绍以下三个方面：

（1）时间关系衔接

即表达事件发生先后时间关系的过渡词语，如：

now, nowadays

when, before, after, while, during

between… and…

in…(year)

since…

later, afterwards, earlier, formerly

from then on

at the turn of the century (decade)

in the first half of the century

in the 1990s, etc.

at birth, in childhood, in infancy, in adolescence, as an adult, in adulthood, in old age, at death

simultaneously, simultaneous with, at the same time as, the former, the latter, previous, previously, prior to, first, second, etc.

in the first place, in the second place, etc.

to begin with, next, then, subsequently, in the next place

in conclusion, finally, lastly, in the end

（丁往道、吴冰，2011：97）

（2）空间或方位关系衔接

即表达描述对象的空间顺序和方位关系的过渡词语。如：

where

in which, to which, from which, etc.

under, over, inside, beside, on top of, etc.

along, through, as far as, etc.

to the left, to the right, to the north, etc.

at the back, in front, in the middle, etc.

（丁往道、吴冰，2011：102）

（3）因果关系衔接

分析原因和结果，要力求理由充足、逻辑性强，可以先给出结果，再分析原因；也可以先叙述原因，再给出或预测结果。表示因果关系的常用过渡语，如：

so, accordingly, as a result

thus, consequently, the result of

hence, the consequence of, result in

59

since, therefore, the effect of

due to, have an effect on, as, owing to

the reason for, for, owe…to

for this reason, because, thanks to

the cause of, because of, out of

It follows that …

so that, such…that, seeing that

so as…to, now that, for fear that

make…possible

make it possible/impossible for…to do

（丁往道、吴冰，2011：110）

逻辑衔接的重要性在于它能表示语言使用者的思路和语篇的意义重心。如果一组意义相关的句子不通过一定的过渡词语（或其他连句手段）合乎逻辑地连接起来，而是简单堆积，就不能构成语篇，不具有语篇所必需的衔接性和连贯性，会给听者或读者造成理解困难。

2. 语法衔接手段

语法衔接也是多样的，比如某些并列连词和连接副词的使用、动词时体形式的搭配、人称一致、代词照应、省略、替代、平行句式等。本课程中重点掌握省略、替代、照应等语法衔接手段。

省略是由于句法规则和词汇特征的需要或者交际的需要而省去某些语项。省略包括名词省略（nominal ellipsis）、动词省略（verbal ellipsis）和小句省略（clausal ellipsis）。

替代是指用一个简单成分来替换另一个成分，包括名词替代（nominal substitution）（如 one, ones, same）、动词替代（verbal substitution）（如 do）、小句替代（clausal substitution）（如 so, not）。

照应是一种语义层次上的关系，可以是外照应（exophoric），也可以是内照应（endophoric）。外照应指语篇外的语义关系，内照应则指语篇内的语义关系。如果是内照应，那么可以是回指（anaphoric），也可以是下指（cataphoric）.

例如学生作文中经常出现人称混乱现象，就是没有遵守语篇对人称照应的要求。叙述一件事，可以用第一人称，也可以用第二或第三人称。但不管用哪种人称，都必须前后保持一致，不能随意变换，这叫做人称一致。人称一致也是一种语篇衔接方式。

3. 词汇衔接手段

连句成篇的词汇衔接主要是指在语篇中通过关键词语的多次重复（repetition）以达到连接上下文的作用，也可通过同义或近义关系、反义关系、上下义关系等不同词汇项的复现（reiteration）达到词汇衔接的目的。如，出现在搭配关系中的词汇 bee… honey, candle…flame…flicker, hair…comb…curl…wave 等就表现出它们的衔接效果。（戴炜华，2007：147-148）

三、教学方法

明确了英语语法的教学内容，如何通过这些内容的教学达成《教学指南》规定的"帮助学生进一步完善英语语法知识体系，熟练掌握语法知识，提高英语语法知识的综合运用能力，顺利完成交际任务"的教学目标？这需要我们根据学生的实际情况，不断创新教育教学方法。

为了实现这个目标，适应新时代的教学要求，英语语法课程采取了线上线下混合式教学，也就是说，我们把课程分为由学生线上自主学习和教师线下课堂教学两部分。以词法、句法、篇章为纲，把"英语语法"课程内容按语法项目整合为若干教学单元，每个单元都有初级目标的内容和高阶目标的内容。记忆和理解等比较初级的目标将在线上的学习中完成，而应用与分析能力、综合运用能力等高阶的目标将在线下课堂中完成，有效缓解了课程的知识普及与拔高性教学的矛盾。

线上教学重在基本知识点，个人学习和小组学习相结合，学生通过反复观看线上知识点，完成作业、开展讨论、及时反馈；教师线上指导和解答，帮助学生理解和熟练掌握。

线下教学是拔高性教学，以问题为导向，师生互动，重在语法知识的系统化和语法知识运用能力的培养上。教师通过理论梳理，引导学生探索知识；通过知识延伸，拓展学生思维。结合语篇、情景化进行教学，引导学生综合运用语法知识在不同的语境下通过语言形式上的衔接和意义上的连贯成功地、有逻辑性地表达自己的思想，在实践中培养语言综合能力。

比如，以名称为线，梳理了名词（代词）的数（number）、人称（person）、格（case）和性（gender）等语法范畴；以动词为线，梳理了动词的时（tense）、体（aspect）、语态（voice）和语气（mood）等语法范畴。再根据需要对每一个语法范畴做更进一步梳理，如时的过去（past）和现在（present），体的进行（progressive）和完成（perfective），语气的直陈（indicative）、祈使（imperative）和虚拟（subjunctive）等。而主谓一致指的就是主语和谓语动词之间在"人称"和"数"的方面的一致关系。通过这样的梳理，可以引导学生把原来孤立的语法知识有机贯通起来，有助于他们进一步完善英语语法知识体系并熟练掌握。

结语

《教学指南》是高等学校英语专业教学指导分委员会为应对新时代英语专业教育面临的挑战，贯彻实施《外国语言文学类教学质量国家标准》而研制的。本文基于《教学指南》，从教学目标、教学内容、教学方法等方面对本科英语专业的英语语法课程的教学问题进行阐述和探讨，认为和《教学大纲》相比，《教学指南》规定的英语语法的教学目标和教学内容都提高了要求，因应了新时代要求和发展趋势，为了达成新的教学目标，英语教师需要积极探索，创新教育教学方法,采取线上线下混合式教学,有效缓解课程教学中知识普及与拔高性教学的矛盾。

◎ 参考文献

［1］Chalker, Sylvia. Current English Grammar ［M］. New York: Macmillan Publishers, 1984.

［2］Crystal, David. A Dictionary of Linguistics and Phonetics（6th Edition）［Z］. Oxford: Blackwell, 2008.

［3］Gelderen, Elly Van. An Introduction to the English Grammar of English（Revised）［M］. Amsterdam: John Benjamins Publishing Company, 2010.

［4］Herring, Peter. Complete English Grammar Rules Examples, Exceptions Everything You Need to Master Proper Grammar ［M］. Ireland: Farlex International, 2016.

［5］Quirk, Randolph, Greenbaum, Sidney, Leech, Geoffrey & Svartvik, Jan. A Comprehensive Grammar of the English Language ［M］. London: Longman, 1985.

［6］Collins, John W. & O'Brien, Nancy P. The Greenwood Dictionary of Education ［M］. Westport: Greenwood Press, 2003.

［7］程晓堂. 论基础教育阶段英语新课程的适用性 ［M］. 课程教材教法, 2008（1）: 44-49.

［8］戴炜华. 新编英汉语言学词典 ［Z］. 上海: 上海外语教育出版社, 2007.

［9］丁往道, 吴冰. 英语写作基础教程 ［M］. 北京: 高等教育出版社, 2011.

［10］高等学校外语专业教学指导委员会英语组. 高等学校英语专业英语教学大纲 ［M］. 北京: 外语教学与研究出版社, 2000.

［11］高等学校英语专业教学指导分委员会. 普通高等学校本科英语专

业教学指南［M］.北京：外语教学与研究出版社，2020.

［12］王道俊，郭文安.教育学［M］.北京：人民教育出版社，2009.

［13］章振邦.新编英语语法教程（学生用书）［M］.上海：上海外语教育出版社，2017.

故事教学法在小学英语教学中的应用

——以五年级英语下册 Lesson 5 Where Is the Gift Shop？为例

林蒙蒙①

(江汉大学外国语学院　湖北武汉　430056)

摘要：儿童的天性决定了他们天生对具有内涵、色彩丰富的故事感兴趣，而故事教学法就是充分利用儿童的这一心理特点，通过漫画故事、动画片故事、讲故事等形式开展教学，将英语中的 Story Time 和 Cartoon Time 结合呈现给学生，唤起学生的英语学习乐趣。笔者以五年级英语下册 Lesson 5 Where Is the Gift Shop？课堂实录为例，阐述故事教学法的优势，并通过具体案例分析故事教学法的实用性。

关键词：英语教学法；故事教学法；小学英语教学

一、前言

英语教育拥有漫长的发展史，从小学一直到大学，英语教育贯穿了学生的整个学习生涯。但是十几年的英语教学并没有取得应有的效果。

---

①　作者简介：林蒙蒙，江汉大学外国语学院学科教学（英语）专业 2020 级研究生。

甚至，英语教学在很长一段时间内走入误区，"哑巴英语""聋子英语"等各种社会负面评价不断涌现。其次，小学生由于其独特的心理特点，天生活泼好动，且注意力无法在超过 45 分钟的时间内集中，加之他们缺少明确的英语学习动机等，这些因素的共同作用，让英语教学发展面临挑战和难题。而在教学法的长久发展历史中，故事教学法是通过讲故事、猜故事情节走向、拓展故事内容等环节，将英语这种语言以一种有趣的方式传授给学生，让学生的英语学习更加系统有序，达到教师预期的学习目标。

二、故事教学法概念界定

首先，《经典教学法 50 例》中指出，故事教学法是指在英语课程教学中，教师以演故事、讲故事等形式为教学手段来完成既定的教学任务和目标。故事教学法的可操作性强，符合小学生的身心发展特点，如活泼好动、思维活跃等。教师在开展小学英语教学时以故事作为教学切入点，用讲、听、说、演、唱的方式来开展教学，既能活跃课堂氛围，将枯燥的英语词汇、语法教学融入学生可理解、易接受的故事中，又能激发学生的学习兴趣和热情，提高教学质量和效率。①

其次，英国教育家 Andrew Wright 指出："Stories are particularly important in the lives of our children; stories help children to understand their world and to share it with others."简而言之，故事教学法是指在英语课程教学中，以讲故事、演故事等灵活可见的方式为手段，达到完成既定的教学目标和任务目的的一种新的英语教学方法，该授课方式具有一定的现实可行性。故事是儿童认识世界的门户，它对孩子的魅力是无穷的。②

---

① 王林锋. "故事中心"英语教学策略研究［D］. 西南大学，2008：56-57.
② 余文森，林高明. 经典教学法 50 例［M］. 福州：福建教育出版社，2010.

三、研究背景

（一）小学英语教学面临困境

儿童的天性决定了他们天生对具有内涵、色彩丰富的故事感兴趣，但是小学生的另一心理特点就是缺乏自律性，注意力难以集中，这让小学英语教学改革多年，却收效甚微。其次，当代小学生没有出国学习英语的本土语言学习环境，然而，英语教学在小学五年级侧重词汇、语法等相对比较枯燥的学习内容，教学方式也相对单一，这些因素都导致小学英语教学陷入困境。

（二）故事教学法符合小学生身心特点

单词是构成一种语言的基本单位，小学生学习单词集中在拼写、读音和含义三个方面。背单词是无数小学生的"噩梦"，如果能够通过一些小故事将这三者联系起来，让小学生避免机械地死记硬背，让他们发现原来枯燥无味的单词学习也能这么有意思，这无疑能够促进他们的英语学习。在故事教学法的实际教学中，教师可以通过故事将所要教授的内容与实际生活结合，让学生参与到教学中。故事教学法相比较其他教学法更加符合小学生的学习心理和身心特点，更适宜于运用在小学英语课堂。

（三）故事教学法在小学英语教学中具有更广的实用性

语言学习能让学生更加正确、规范地运用所学语言表达自己的思想，并且运用所学语言内容与他人进行沟通交流。因此，在这一块的教学中，可以通过引入故事，融入相关知识点，让学生在故事中初步接触了解语法的意义和使用习惯，在有了一定的了解之后，尝试让学生扮演故事中的角色，增加操练语法的机会。其次，故事教学法也能够更快速

67

地获取到学生的学习效果反馈，教师能发现问题和不足之处，能够及时更正。综上所述，我们不难发现故事教学法的独特优势。

四、具体的故事教学法

三文治故事教学法

纪玉华通过多年的研究创立了"三文治故事教学法"。"三文治故事教学法"名称取义于西餐中的三文治（也叫三明治），即用两片面包夹着肉、蛋或奶酪等制成的快餐。在她的文章中对该教学法的形成和发展做了介绍和评析，它是根据儿童爱听故事这一天性，将英文单词、词组、短语、句子进行组合，使之随着故事的发展，由少到多、由短到长、由易到难巧妙地夹杂在故事的讲述过程中。其主张"词在句子中教，句子在篇章中教，篇章围绕故事写，故事围绕兴趣，以理解为前提，理解靠母语来支持，母语是通往英语的桥梁，英语是学习的最终目标"[①]。它的巧妙体现在依靠母语来学习语音和语法，并将故事渗透到教学内容当中，增加了英语学习的趣味性。

五、研究方法与教学案例分析

（一）研究方法：课堂实录

在应用故事教学法对小学英语课堂教学影响研究过程中，笔者对小学五年级英语下册 Lesson 5 Where Is the Gift Shop? 课堂的教学情形进行定向记录，如手机录屏、手机录音等，对课堂教学活动现场做出记录。

———————

① 纪玉华. 从重复和记忆的关系看三文治故事教学法 ［J］. 外语与外语教学，2000（8）.

同时，笔者及时对课堂上学生的实时反馈进行记录。在教学活动结束后，研究者应及时对课堂反馈、学生表现、教学环境等进行文字记录。

（二）教学案例分析

本研究的教学活动分为热身（Warm-up）、新课展示（Presentation）、故事操（Practice）、故事拓展（Follow-up）和课堂评价（Assessment）五个步骤。

教学内容：五年级英语下册 Lesson 5 Where Is the Gift Shop?

1. 热身（Warm-up）

薛老师①组织课堂师生问候，提出 I am very happy to see your smile on your face，然后引导学生 hear and sing a song 开始课前热身。播放英文歌 *Follow Me* 的视频，让学生跟着一起唱。

Follow me，跟我做, follow me, follow me, hands up, hands up.

Follow me, follow me, hands down, hands down.

Follow me, follow me, wave your arms.

Follow me, follow me, bend your knees.

Follow me, follow me, turn left, turn left.

Follow me, follow me, turn right, turn right.

Follow me, follow me, jump up and down.

Follow me, follow me, turn around.

这一部分的主要目的是激发学生的学习兴趣，有助于学生投入新内容的学习。

随后，薛老师暂停几秒与学生产生了以下对话：

T：Do you like singing?

S：Yes.

T：OK. Do you like reading?

---

① 薛老师为教学素材视频"经典教学法 50 例"中的老师。

S：Yes.

T：OK，so today let's enjoy story about Sandy.

2. 新课展示（Presentation）

薛老师用多媒体方式打开四张含有故事性的彩色漫画，引导学生思考并且看向 PPT。随后课堂继续进行，薛老师在播放音频之前提问"What is Sandy doing?"，让学生们根据图片猜测故事的发展走向，然后带着自己的想象听音频。听完音频后，薛老师进行了一系列的提问：

T：What is she doing?

S：She is asking the way.

T：Where is Sandy looking for?

S：Sandy is looking for the gift shop.

T：But，does Sandy know where the gift shop is? No，so what should Sandy do?

S：She asks the man.

在引导学生对 Sandy 的故事产生兴趣之后，薛老师继续引导学生对故事做进一步的猜测"How does Sandy ask?"，停顿几秒，让学生有自己的思考之后，继续播放音频。学生对这个问题进行回答后，薛老师在黑板上板书：Is there a gift shop near here? 这时，薛老师对学生进行了多次提问，持续引起学生对故事的走向有进一步的想象，激起学生的学习兴趣。在学生回答出带有"Go straight"的词组后，拿出印有"Go straight"的卡片让学生进行词组学习。此时，学生的注意力会因此集中到课堂中，提高了学生的学习效率，达到了薛老师所预期的学习效果。最后薛老师根据 PPT 上的动图提问哪一个代表着"Go straight"，并以此引出重点词组"Turn left""Turn right"。

3. 故事操练（Practice）

Step 1：玩游戏

进行了词组学习之后，薛老师鼓励大家进行小游戏。薛老师说出词组后学生立即做出相应动作，做错动作的学生游戏结束，做对动作的学生继续听指令。薛老师在此环节引导学生积极发言，逐渐进入教学情境。

Step 2：个人练习

游戏结束之后，薛老师在 PPT 中展示出了九种代表不同动作的故事图片，九名同学对这些故事图片进行了解释说明。随后，薛老师在 PPT 上展示了现实生活中的卫星地图并让学生了解在现实中该如何表达怎么去某个场地。最后，薛老师在小黑板上展示出自己做的小地图，并要求学生用所学知识回答如何去某地。

Step 3：故事模拟

薛老师让学生听音频，回答问题并进行模仿。薛老师让学生对着 PPT 上的图片以及空白横线进行听音模仿练习。Step 3 既承接了之前环节中学过的词组、句型，也让学生学到了新的句型（例如："Excuse me." "Is there a...near here?" "Can you see...?" "It's next to..."）。学生不仅能够加强单词的听说练习，也能进一步掌握单词的拼写，既有趣味又能激发学生学习的兴趣，寓教于乐。

Step 4：故事表演

首先，薛老师扮演故事中的 "Man" 的角色，并邀请一名男生扮演 "Sandy" 的角色。

S：Excuse me. Is there a gift shop near here?

T：I'm sorry?

S：Where is the gift shop?

T：Oh. The gift shop. Go straight two blocks and turn right, you can find it on your left. Well, let's see. Can you see that white building?

S：Yes, I can.

T：Yeah, it's next to that building.

S：Thanks a lot.

T：You're welcome.

故事表演结束后，薛老师奖励了这名男生一个毛绒娃娃，这对于学生来说是最开心的时刻。学生最感兴趣的莫过于亲身参与，通过表演的形式将故事展现出来，例如在这一个情境下，可以让学生表演问路的场景，结合自己的经历学习运用本情境的词汇，不仅可以使学生深入理解故事，而且学生也可以加入自己的理解和创意，在表演中学习知识。

4. 故事拓展（Follow-up）

通过课堂的学习，将故事的内容进行拓展延伸，发挥学生的想象力和创造力。在课堂的最后薛老师提出了一个问题："If you go to a new city and you don't know the way, what should you do?"将内容延伸到学生的自身情况。鼓励学生想象接下来的故事该如何发展，以培养学生的创造力，使他们能够对所学知识进行再创造。

5. 课堂评价（Assessment）

在日常生活中学生可能会遇到向别人问路或者别人向自己问路的情况，薛老师让学生选择自己的表达方式进行阐述，鼓励学生以编小故事的形式进行课堂表演，然后对学生的表演或者阐述进行分析，表现好的学生可得到适当的奖励。这采用了故事教学法，充分地激起了学生的学习兴趣，达到了预期的学习目标。

六、反思与展望

故事教学法是一种很实用的教学方法，学生对故事教学法反响强烈，易于接受并有很大的积极性和热情。故事教学法具有一定的趣味性，能让学生积极参与，学生与学生之间也具有相互合作的机会，可以达到教师想要达到的教学目标。但是，作为一种教学方法，其教学作用是有限的，任何教学法都有其好处和其局限性，只有将故事教学法与其他教学方法互补运用，才能更好地达到理想的最佳效果，完成教学内容，达成预期的教学目标。

◎ 参考文献

［1］余文森，林高明. 经典教学法 50 例［M］. 福州：福建教育出版社，2010.

［2］王林锋."故事中心"英语教学策略研究［D］. 西南大学，2008：56-57.

［3］兰光英. 故事教学法在幼儿语言教学中的作用［J］. 教育导刊，2018（4）.

［4］纪玉华. 从重复和记忆的关系看三文治故事教学法［J］. 外语与外语教学，2000（8）.

［5］张菁蕊. 浅谈故事教学法在小学英语教学中的应用［J］. 剑南文学，2010（3）：166-167.

［6］傅小平. 三文治故事教学法在小学英语教学中的运用［J］. 湖南经济管理干部学院学报，2006（11）：244-246.

［7］秦丽，刘金花. 新编小学英语教材教法［M］. 郑州：郑州大学出版社，2009.

［8］储冬生. 问题驱动教学，探究生成智慧［J］. 小学数学教师，2017.

［9］Cunningworth，Alan. Choosing Your Coursebook［M］. Shanghai：Shanghai Foreign Language Education Press，2002.

［10］Davies，Paul & Pearse，Eric. Success in English Teaching［M］. Shanghai：Shanghai Foreign Language Education Press，2009.

法语活动在江汉大学学生中的普及程度调查

王若昕　黄秋月　胡　蒙　李徐琦　陈　媛①
（江汉大学外国语学院　湖北武汉　430056）

摘要：武汉每年都会举行许多法语活动，这些活动不仅丰富了大学生的日常生活，也打开了一扇中法文化交流的窗口。经过问卷调查和分析，我们发现：（1）法语活动在江汉大学学生中的普及程度高，但江汉大学学生的参与度较低。（2）江汉大学学生对与法语活动的了解程度高，主要了解渠道为老师、同学的推荐，微信公众号和微博。（3）江汉大学学生对法国文化相关的活动较感兴趣，但此类活动相对较少。基于以上发现，本文给出了针对性的策略和建议，包括调整法语活动的组织开展形式、丰富法语活动的宣传渠道、合理运用硬性指标推广等，希望能对提高法语活动在江汉大学学生中的普及程度提供借鉴与参考。

关键词：法语活动；江汉大学学生；普及程度

一、导言

武汉，一座与法国结缘的城，它与法国的交往最早可以追溯至150

---

①　作者简介：王若昕、黄秋月、胡蒙、李徐琦，江汉大学外国语学院法语专业2019级本科生。指导教师：陈媛，硕士，江汉大学外国语学院法语系副教授，研究方向为法语语言学、对外法语教学。

多年前。而我们与法国文化最早的接触便是法语。武汉这座大学城里一共有八所学校设立了法语专业，培养了一批又一批优秀的法语人才。每年三月的法语活动月，华中地区都会安排不少法语活动，其中大部分是在武汉举办，例如法语诗歌翻译大赛、法语戏剧大赛、法语歌曲大赛等。它们不仅丰富了我们的业余生活，也为我们打开了一扇了解法国文化的窗口。在活动中我们有更多机会认识法国朋友，也能找到兴趣相投的同学。但是，我们发现法语类活动的普及程度在江汉大学学生中并不算高：法语专业的学生本该对此类活动十分敏感，但他们没有表现出对应的积极性；其他专业中也不乏有对法语感兴趣的同学，但他们也并没有对此类活动有着基础或深入的了解。为了探究其原因并给出相应的可行性建议，我们展开了此项调查。

二、研究方法

本调查以法语活动在江汉大学学生中的普及程度为课题，以江汉大学在校大学生为对象，于 2022 年 1 月至 4 月在江汉大学进行了线上不记名问卷调查。设置的问题主要包括三大类型：首先是对法语活动的了解程度及途径，其次是在法语活动中的参与程度及偏好，最后是对推动法语活动普及程度的建议。共回收问卷 70 份，其中有效问卷 70 份，占回收总数的 100%。

三、调查结果

（一）法语活动在江汉大学的普及程度以及学生对法语活动的了解程度

通过数据分析，我们发现江汉大学学生对法语活动的了解程度高达70%，对法语活动的了解程度随着年级的升高和相关知识的积累而不断递增。约 25.71% 的同学认为法语活动在本校学生中的普及程度较高，42.86% 的同学认为法语活动在本校学生中的普及程度一般。综合分析可知，法语活动在江汉大学学生中的普及程度较高，江汉大学学生对法语活动了解度高。

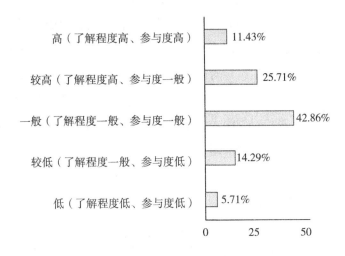

（二）江汉大学学生法语活动的了解渠道以及参与度

62.86% 的学生通过老师或同学的推荐了解法语活动，51.43% 的学生通过微信公众号获得信息，不到 3% 的学生通过其他渠道了解。这说明江汉大学学生主要通过身边的老师及同学、微信公众号和微博来了解法语活动。

（三）江汉大学学生对各类法语活动的兴趣情况

江汉大学学生最青睐的是与法国文化相关的法语活动，其次是竞赛类法语活动，但同学们参加的多数是竞赛类法语活动。由此可知，竞赛类法语活动举办较多，参加过的同学较多。同学们对与法国文化相关的法语活动很感兴趣，但相关法语活动举办得较少。

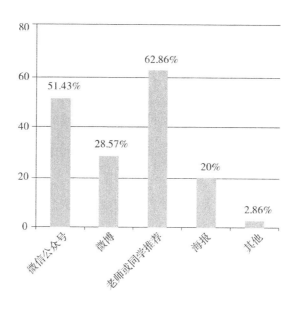

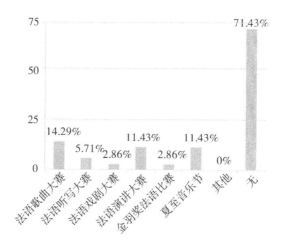

江汉大学学生在各类法语活动中参与率均低于 20%，且有 70% 左右的学生未参加过法语活动。这说明江汉大学学生在法语活动中的总体参与率较低。

四、原因分析

（一）对法语活动在江汉大学学生中的普及程度较高的原因分析

武汉与法国交往历史悠久，早在 150 多年前的洋务运动时期，武汉与法国就有经济活动往来。中华人民共和国成立后，武汉更是被列为中法合作交流的基地城市。因此，武汉这座城市对法语及法国文化有着极强的包容性和接纳性。江汉大学位于武汉，受城市文化影响，同学们对法语活动了解较多。武汉举办的法语活动较多，给同学们提供了相对多的了解法语活动的机会。江汉大学法语系也时常举办有趣的法语活动，推动了法语活动在江汉大学的普及，增加了江汉大学学生对法语活动的了解。

（二）对江汉大学学生在法语活动中的参与率低及学生了解法语活动渠道的分析

首先，江汉大学学生了解法语活动主要是通过老师或同学、微信公众号和微博三种方式。这三种方式很大程度上具有很强的个人性，即对法国、法语等感兴趣或具有相关知识储备的同学会更加容易搜集到法语活动相关信息，一般同学则相对较为困难。也可以认为，法语活动的推广方式还存在一定的局限性，推广力度还不够。其次，江汉大学学生对法语活动参与率低主要是时空因素导致。一些法语活动举办时间较短或与上课时间重合，导致同学们无法参与。还有一些法语活动的举办地距离学校较远，交通上要花费大量时间，降低同学们的参与意愿。

（三）江汉大学学生对各类法语活动的兴趣分析

同学们最感兴趣的是与法国文化相关的活动，而目前此类活动较少，无法满足同学们的需求。此外，竞赛类法语活动众多，却无法满足同学们的兴趣，可能存在宣传不到位、活动形式较单一、奖励机制不够完善、参与感不够强等问题。

五、活动普及对策

法语活动是法语专业学生课外实践和非法语专业学生了解法国文化的重要途径之一。组织各种形式的法语活动可以使法语真正走进江汉大学学生的课余生活，让每个热爱法语和法国文化的同学都参与其中。针对问卷调查中反映出的现象，我们对提高法语活动在江汉大学学生中的普及率提出如下建议：

（一）组织与设计大多数同学都可以参与的活动

从问卷调查结果中可以发现江汉大学学生对法语活动了解率较高，但参与度不高的主要原因是与活动开展有时间或地域冲突，以及新冠肺炎疫情影响，许多在校外开展的法语活动同学们无法参加。因此可以先在校内开展同学们易于参与的活动，如利用江汉大学周四下午的公休时间，利用大多数同学的空闲时间开展法语活动。

（二）多渠道宣传法语活动

调查结果反映法语活动参与率低是由于宣传力度不够，因此，可以运用多种渠道宣传法语活动，如利用微博、微信公众号、QQ空间等社交平台让更多人了解到法语活动。线下宣传方面，在各个教学楼的走廊，以及寝室、食堂等人流量大的地方张贴显眼的海报。此外，法语系学生主要通过老师获悉法语活动，法语系老师平时可以多鼓励同学们参加相关法语活动。

（三）创新法语活动形式

法语活动吸引广大同学参与和活动新颖度密切相关，从问卷结果中可以了解到大多数同学对与法国文化相关的活动更感兴趣，但此类活动开展较少。针对该现象，可以在校内举办配音秀、法国美食鉴赏、法国经典影视点评、法国歌曲大赛、法国音乐剧观赏等相关活动。

（四）加强法语专业老师指导

学校在活动场地、活动条件及活动经费等方面可给予一定支持，同时鼓励法语专业老师积极指导学生开展法语活动，保障活动顺利开展。

（五）合理运用硬性指标推广法语活动开展

法语专业老师可以提出一些硬性要求，如法语系学生每学期需举办一定次数的法语相关活动，并邀请其他专业同学来参加，可将该要求与学分挂钩。2022 年法语文化周设有"每位法语专业学生至少应参加五次不同活动"的要求，活动参与度较前几届有所提高。

六、小结

目前全世界共有 3 亿法语人口，分布在五大洲。每年的中国法语活动月期间，来自法国、瑞士、加拿大、北非等法语国家及地区的驻华使领馆均开展丰富多样的文化活动，带领中国民众领略法语的魅力。在法语活动欣欣向荣之时，许多大型比赛（如：全国法语诗歌翻译大赛、法语歌曲大赛和法语戏剧大赛）更是面向 18 至 25 岁的青年学生展开，这些比赛意在鼓励学生参加法语活动，提高法语普及度。从个人方面来看，学生们借此机会展现自己的艺术才能，同时检测自己的语言技能。从社会方面来看，法语活动的宗旨是推广法语、促进文化及语言多样性发展。本文的研究具有一定的实践意义，希望能为法语活动在学生中的普及提供借鉴作用。

◎ 参考文献

［1］ 法语联盟微信公众号相关推文.

［2］ francophonie. faguowenhua. com.

［3］ cn. ambafrance. org.

［4］ https：//www. sohu. com/a/300220559_693023.

［5］ https：//sanjiaoling. com/2022-mois-de-la-francophonie/.

未来的路该往哪儿走

——一则法语专业毕业生的职业生涯规划案例分析

林　敏①

（江汉大学外国语学院　湖北武汉　430056）

摘要：本文就一则法语专业毕业生职业生涯规划案例进行深度分析。根据职业生涯规划的相关理论及方法，厘清来访者现状，引导来访者对自我和外部工作世界进行探索，在此基础上指导来访者进行人职匹配，学会理性决策和目标制定。旨在为毕业生职业生涯规划指导工作提供参考。

关键词：毕业生；职业生涯规划；分析

　　迈入大四，面临严峻的就业压力，很多同学不清楚自己喜欢什么，能做什么，对未来感到非常迷茫，来访者陶同学就是其中的代表。"职业生涯规划"对于他们来说是陌生的，临近毕业，到了不得不做出决定和行动的时候，才开始思考"生涯"与"规划"这一命题。本文就这则案例进行深度分析，希望能够给处于迷茫的大四学生提供一些思路。

---

　　①　作者简介：林敏，硕士，江汉大学外国语学院辅导员，研究方向为大学生心理健康教育。

一、案例背景

陶同学，男，21岁，江汉大学外国语学院法语专业毕业生。该生自述对未来感到非常迷茫，即将毕业但却不知道未来的路该往哪儿走，为此感到十分焦虑和烦躁，于是主动向笔者寻求帮助。该生在校期间默默无闻，日常表现和学习成绩比较一般。该生自述选择法语专业是父母做主，其实自己并不喜欢这个专业，所以学习上得过且过，认为只要不挂科就行了。大学四年，基本上是一路玩过来的，虽然也参加了团委学生会和一些社团组织，但感觉自己还是一无所获。自身专业不精，能力平平又毫无特长，一转眼就混到了大四。

二、职业生涯规划思路

来访者陶同学正站在人生的十字路口上，即将毕业却不知道未来的路该往哪儿走，对自己的职业规划处于懵懂状态。为破解这个难题，陶同学主动寻求咨询和帮助，说明陶同学已经开始意识到职业规划的重要性和迫切性，生涯规划意识逐渐苏醒。从陶同学的自述得知，其成长过程中所有的关键选择都是由家长把控，属于"被决定"型。也就是说，陶同学没有机会对自我进行探索，更谈不上对自我形成一个全面的认知。同时，陶同学没有实习经历，对外部职业世界也没有进行过专门的信息收集，缺乏相关了解。

基于此，我们在面谈结束后共同确定了以下思路：

（1）进行自我探索，了解自我，在形成一个相对完整的自我认知的基础上进行职业定位。

（2）探索职业世界，锁定目标职业。

（3）进行决策以及求职目标的方案制定和行动指导。

三、职业生涯规划操作实施步骤

（一）探索自我

笔者应用职业生涯规划中的评估手段和相关测试来探索来访者陶同学的性格、兴趣、技能和价值观，帮助他真正地认识自我，知道自己的优势和劣势，了解自己的兴趣所在，最终发掘与自己匹配的职业。

1. 对来访者的性格进行探索

在探索陶同学性格的过程中，考虑到陶同学即将毕业走上社会的情况，笔者对其进行了"MBTI 职业性格测评"，测试结果得到陶同学的性格类型代码为 ISFP，即内向-感觉-情感-知觉，向陶同学解释了这些代码背后的意义之后，与其探讨是否与之相符。陶同学认为大部分还是较相符，自己确实不喜欢与人争论，也不愿意对他人强加己见或价值观，无意于当领导，甘心当一个忠诚的追随者，安于现状，喜欢有自由的空间。同时，笔者向陶同学说明了 ISFP 型适合的职业领域有艺术、商业、服务业领域等，适合的职业种类包括设计师、行政人员等。和他分析了性格和职业之间的关系，并强调性格和职业没有好坏之分，匹配才最重要。最后，再次强调这些测试结果只能作为职业选择的参考值，要全面认识自己，必须反复探索，不能只根据一个测试的结果就去选择。

2. 对来访者的兴趣进行探索

笔者问了陶同学一些问题：有没有什么事情可以让你十分投入？你希望以后自己做什么？以后的工作你希望更多的是与机器、工具等物打交道还是更愿意与人打交道？来访者陶同学回答说："画画还有打游戏的时候感觉自己比较投入；希望做自由度比较高的工作；相较于跟一群人打交道，更喜欢自己一个人或者跟机器一起工作。"通过陶同学对这些问题的回答，笔者对来访者陶同学的兴趣倾向有了一个基本判断，为了验证自己的主观推断和确认陶同学的实际情况，对其进行了"霍兰德职业兴趣测评"，测试结果得到陶同学的职业兴趣代码为 AIR。接着采用通俗易懂的语言向陶同学简要介绍霍兰德职业兴趣理论的相关知识，然后向其具体解释兴趣代码。即：艺术型（A），研究型（I），实际型（R）。陶同学表示这个结果十分符合他的实际想法。

3. 对来访者的技能进行探索

笔者对来访者陶同学进行技能的澄清。在问及"你能干什么？会干什么？"时，陶同学陷入了深度思考中，迟迟没有回答，沉默许久后说："我感觉自己像个废人一样，啥也不会，就会不务正业地上网玩游戏。"基于此，笔者通过让陶同学撰写"个人成就故事"来挖掘他的潜力。陶同学在入学的时候参加了动漫协会，为协会创作了会标卡通形象和协会漫画宣传片，该创作一直沿用至今；陶同学参加过学校组织的大学生创业大赛，他们团队获得了优秀奖的好成绩。陶同学回忆"小时候学过几年绘画，后来家长以影响学习为由，中断了专业绘画的学习，但是自己还是比较喜欢画画的"。就这样通过不断地撰写个人成长过程中的成就故事来澄清其技能，同时在个人成就事件的基础上，引导陶同学总结出自己"有创造力、肯钻研"的优势，增强他的自信心。

4. 对来访者的价值观进行探索

首先，笔者向陶同学澄清职业价值观是指"无论从事什么工作，都会努力在工作中追求的东西"。谈到这个话题时，陶同学表现得十分茫然，一直皱眉思索。为了让陶同学更好地理解职业价值观这个抽象的概念，笔者通过"价值观市场"的互动，对陶同学的职业价值观进行较深入的探索，从测试中发现他无论如何也不愿意放弃的价值观是自由和成就感。陶同学表示，以前总觉得工作就是为了挣钱养活自己，万万没想到自己竟然还期待在工作中获得成就感。感觉到陶同学似乎开始有一些顿悟，笔者向陶同学提问："你对自己的价值观有了新的认知，这些认知会对自己的职业选择和人生产生怎样的影响？如果职业不匹配你的价值观，你会选择妥协还是坚持？"通过这一系列的提问，让陶同学直面内心。最后，向陶同学说明，大学生还处在个人价值观形成的探索期，对价值的取舍和排序是一个很艰难的过程，纠结、犹疑和混乱是正常的。同时向他强调价值观的澄清不是一劳永逸的，还需要在日后的学习与生活中不断探索与反思。

（二）探索职业

来询者陶同学通过自我了解，结合自己的兴趣爱好和当前技能，确定了自己可选择的职业范围，依次是：插画（室内）设计师、游戏用户体验或运营人员、行政管理人员。通过探索得出这些职业可能比较适合自己时，陶同学表现得非常吃惊，这些职业与自己的专业相距甚远，他从来没有想过还可以从事这些职业，但是相较于从事和法语相关的职业来说，陶同学更倾向于去尝试新的选择。笔者告诉陶同学结果虽在意料之外但也在情理之中，专业对口工作并不是绝对的，要根据实际情况进行调整。外部的工作世界是一个大而广的天地，更需要集合自己的优劣势反复去探究和思索才能找到匹配自己的职业。除用职业分类的方法帮助来访者陶同学探索外，笔者还鼓励陶同学通过互联网、书籍、人物访谈等其他方法去探索工作世界，以期获得更有效、更直接、更有益的信息，了解意向职位的要求、具体工作、待遇、升迁、生活、综合优缺点等。

（三）决策和行动

首先，笔者使用"生涯幻游"技术引导来访者陶同学想象十年后的生活，进一步明确陶同学心中的目标。陶同学表示，希望自己十年后能够实现财务自由和时间自由，自己的才华被认可，事业蒸蒸日上，有获得感和幸福感。结束后，引导陶同学完成"生涯决策平衡单"来理性决策，他决策方案的得分分别是插画设计师>游戏用户体验师或运营人员>行政管理人员。最后，依据"剥洋葱"的目标规划法则，引导陶同学设计自己的目标，确定自己不同人生阶段职业生涯发展的目标，帮助陶同学制定了近期目标（1~5年）：在行业内立足；中期目标（5~10年）：在行业内稳定；长期目标（10~20年）：在行业内小有名气。同时提醒陶同学，要学会"回头看"：审视每个阶段目标实现的程度，检验自己在做出规划和行动之后的效果；要"向前看"：及时调整策略以实现下一阶段的目标。

四、结束语

在此次的咨询中，来访者陶同学一方面通过引导厘清了现状，梳理了思路，通过自我探索对自己有了一个较为清晰和全面的认识；另一方面，他也设定了明确的目标和行动计划，开始对未来充满信心。在结束之际，笔者特别提醒陶同学生涯规划是应变之学，需要不断修正以适应当下的发展。

跨文化视角下高中英语教学的策略研究

张　苏①

（江汉大学外国语学院　湖北武汉　430056）

摘要： 英语作为一种国际交流语言，在日常国际交流与合作中发挥着非常重要的作用。由于各国在价值观念、宗教信仰、风俗习惯等方面有着独特的文化认同，对于英语学习者来说，我们学习某种语言也就意味着学习该民族的传统文化。所以不同文化发展差异客观上要求我们现代高中英语课堂教学应从早期的语言技能教育为主向文化交流为主转变，拓宽英语学习渠道，提高教师的跨文化知识能力素养，激发学生的跨文化意识。为了促进不同文化之间的相互理解和学习，英语教学应在尊重不同文化的前提下有目的、有计划地进行跨文化教育。

关键词： 高中英语教学；跨文化交际；跨文化教育

一、引言

我国英语教学中的跨文化教育实践历史悠久，但跨文化教育的理论研究普遍起步较晚，理论基础薄弱。《英语课程标准解读》（2002）对

---

① 作者简介：张苏，硕士，江汉大学外国语学院学科教学（英语）专业研究生。指导教师：焦俊峰，江汉大学外国语学院英语系教授。

英语文化知识的教学有着明确的规定：在英语学习的较高阶段，要通过扩大学生接触异国文化的范围来帮助学生拓宽视野，提高他们对中外文化异同的敏感性和鉴别能力，进而提高他们的跨文化交际能力。在课堂教学实践中，由于高考制度和应试教育思想的影响，英语跨文化教学没有真正落实到课堂上，只是零碎地介绍了相关的英语跨文化知识，同时也缺乏英语民族的语言进行交流的文化发展环境。在高中英语课堂教学中，有必要拓宽学生的文化知识视野，培养他们的跨文化交际意识，提高学生的跨文化交际能力，使学生正确理解语言、文化和交际的关系和作用。为了确保跨境和跨文化交流的准确性和有效性真正融入世界政治、经济、文化、科学技术的全球体系，我们必须加快现代化的步伐，快速学习、赶上世界先进国家，加强与国际社会的科技交流。

英语已成为交流的载体，英语交际者应当具备对异国文化的深刻理解能力，并具备较强的跨文化交际能力。因此在当今高中学生英语课堂教学中进行跨文化教育发展具有非常重要的现实社会意义。将跨文化教育与英语教学相结合，创造出一种切实可行的、能反映中国实际的"跨文化教育"来指导英语教育教学。

二、目前高中英语教学中跨文化教育存在的问题

目前，高中英语教学中存在以下问题，导致学生缺乏跨文化意识。

（一）高中英语教师跨文化教育的意识和跨文化能力比较薄弱

高中英语教师是学生学习和掌握跨文化意识的引导者。英语教师起着沟通连接学生的本土文化与目的语文化的桥梁作用。然而，在现实中许多英语教师对跨文化教育缺乏关注。（刘晶，2006）他们认为英语教学只是传授语言知识，注重语言形式，基本很少注意社会和文化因素，更多地关注学生的正确表达形式或流利地使用语言，而不注意语言的使用，培养学生综合运用语言的能力。英语教师作为语言的讲授者和文化

传播者，如果其本身对于本国传统社会文化发展没有进行充分的认识、理解，没有一个全面的中外文化观，就无法正确把握目的语与母语文化的平衡，也不能在文化教学中培养平等的跨文化交际意识。（邓兆红，2007）因此，学生无法了解语言和文化背景，这不能帮助引导学生了解不同文化之间的差异。我们只有通过对中西方传统文化的教育、对比、参照、传播等才能使中国学生学习掌握目的语与母语文化的共性与差异性，帮助学生树立正确的文化认识，跨文化教育才能最终达到目的。同时，帮助学生了解目的语的文化背景也是英语教师的重要职责之一。英语教师在教学中发挥着沟通文化的"桥梁"作用。（刘玉梅，2007）

（二）学生跨文化意识和交际能力薄弱

一直以来，我国的英语课堂教学内容缺乏研究目的语文化的环境。由于入学考试的压力，学校教育更注重分数的提高而不是学生能力的培养。在教育管理体制和考试制度体制的制约下，学生的英语学习也多是以背诵能力与刷题为主。（王婧方，2017）学生进行英语学习的直接目的主要就是考试得高分，顺利地通过升学考试。事实上，考试的目的起着主导作用。在教学条件方面，教育经费投入与受教育人数的增加和教育发展的需要不相称。学生数量多，综合素质参差不齐，因材施教难度大。同时学生进行学习也只注重书本理论知识的学习，一切以应试为目的，忽视对知识的运用。若要真正地掌握一门语言，就必须了解该语言所处的文化背景。（刘维念，2020）学生缺乏真实英语学习生活环境，无论是学校、家庭还是社会，都难以提供真实的英语交流环境。部分学生英语表达能力较强，但跨文化理解能力较弱。当他们的语言能力提高到一定水平时，文化障碍就更加突出。如交际策略、交际原则、礼貌规则等方面的知识很少。在实际进行交际的过程中，语言失误可以得到对方的谅解，但是网络用语失误、文化的误解却很容易导致贸易摩擦，甚至会造成社会交际失败。（邓兆红，2007）语言学家沃尔夫森曾指出：

"与外国人交流时，语用错误往往比语法错误更严重。因为英语为母语者能够包容在发音、句法方面的错误，但是由于没有意识到社会语言学的相对性，违反英语语用规则被认为是极其不礼貌的。"（"In communicating with foreigners, native speakers tend to be rather tolerant of errors in pronunciation or syntax. In contrast, violations of rules of speaking（pragmatic failure）are often interpreted as bad manners since the native speaker is unlikely to be aware of sociolinguistic relativities."）（Wolson, N. & Judd, E. 1997）.

（三）学生缺乏跨文化交际的直接经验

中国学生对英语国家的知识、时间观念、教材知识三方面的掌握情况比较理想。但社交规约、英语意蕴浓厚的词这两方面掌握率较低。这是因为，对于英语国家浅层次的知识，学生可以在教材和课堂上获取，所以掌握情况不错，但是学生从书本学习到的文化知识都是间接经验，而很少通过直接和西方人交往或者亲自去英美国家旅游等方式获取跨文化交际的直接经验，所以对西方的社会价值观、社交规约、非言语交际行为等方面的理解不到位。（李雨瑶，2016）高中生平时课业繁重或因没有跟西方人交流的渠道和机会，导致他们缺乏跨文化交流的直接经验。

三、跨文化交际意识在高中英语教学中的有效培养策略

为了培养学生的跨文化意识，英语教学必须将跨文化能力与英语能力相结合，让学生在学习语言的过程中不自觉地接受跨文化教育。英语课堂教学的最终目的是培养和提高学生的语言应用发展能力，而交际能力离不开对所学语言国家传统文化的了解，我们学习一种语言，必然要学习这种语言所代表的文化。那么我们就得从以下几个方面讨论如何在

英语课堂教学中培养学生的跨文化交际意识：

（一）提升高中英语教师的跨文化交际教学能力

作为一位英语教师，在英文文化教学中起主导作用。随着新课程标准的颁布，课程改革全面展开，高中教师肩负的责任越来越大，社会对培养学生的跨文化意识的要求越来越高，教师应该首先提高自身的素质尤其是跨文化素养。

1. 教师要加强自身综合文化素质

教学中教师是语言和文化的传播者，应该熟悉语言文化知识和文化特征，尤其是欧美国家的典型传统文化发展背景等相关知识。英语教师应及时更新自己的教育观念，掌握和积累广泛的跨文化知识，培养较强的跨文化意识。我们的教育不仅要培养能用英语表达外国事物和文化的学生，更要培养能用英语表达中国事物和文化的学生，把中国优秀的文化介绍给外国，从而在对外交流中实现均衡发展。（王婧方，2017）因此，在文化和经济全球化的背景下，英语教学不仅要树立"知己"的目标，还要培养"知己"的文化意识。只有这样，我国英语课堂教学才能够真正发展成为传播本国优秀传统社会文化、连接世界的桥梁和纽带。

2. 教师要加强跨文化交际教学的认识

高中英语教师要处理好语言教学和跨文化教学的关系，处理好语言能力培养和跨文化交际能力培养之间的关系。在英语教学中抓好语言知识的同时也要加强对跨文化教学的研究，努力把语言教学和跨文化教学结合，进而推进跨文化教学。（邓兆红，2007）

（二）培养学生正确的跨文化心态

一般来说，一个人学习异国的语言、习俗和社会规则等虽然不易，但并不是不可达到的目标。只要有足够的时间和一定的条件，这件事是可以做到的。但是要真正了解另一个国家的文化和价值观却是极为困难的。

一个人可以在另一种文化中生活很长时间，掌握他们的语言，了解他们的习俗。但是，仍然可能不理解其价值的某些部分。（胡文仲，1998）这就要求我们的教师不仅要帮助学生将从外部世界获得的知识转化为自己的内在知识，还要在实际的教学过程中培养学生理解、欣赏和判断外国文化的能力，并运用自己所学的知识灵活应对跨文化实践中的任何一个问题。(宣继洋，2019）这就表明，要让学生达到对外国文化不仅"知其然"并且"知其所以然"的境界。通过这些教育，学生才能正确理解和看待目的语国家文化，把外国文化中优秀的、对我国发展和社会有用的部分吸收到我们的文化里面，进而发扬中华民族传统思想文化。

另一方面，要帮助学生克服"民族文化"对英语学习的障碍。我们应该让学生提高认识，克服无意的民族主义。因为受本民族传统文化的影响，在接触一些别的文化时，很多人会以自己的文化为实际出发点来判断别的民族文化，有时表现为中国文化上的先入为主或"文化偏见"。有时表现为民族中心主义，认为自己的民族文化是最好的、最先进的、最规范的文化。（王阳，2007）因此教师要使学生提高对外国文化的认识，抛弃偏见，克服民族中心主义，做到心胸宽广、态度开明，对外来文化采取全面、客观的态度。我们不仅应该尊重它们，而且应该努力学习它们、理解它们、适应它们。同时我们也不应以外国文化为标准，从而进行全盘接受，贬低中国的传统文化。我们应该了解和适应外国文化，而不是被同化。我们的教师不但要帮助学生以开放的心态学习和认识欧美发达国家的文化，同时要鼓励学生通过英语了解世界，从而培养正确的国际合作意识和合理的跨文化心态。

（三）拓宽学生语言学习的渠道

教师应让学生在交际中切身体会和感受文化差异，运用跨文化交际知识和策略，提高英语跨文化交际能力。教师可以通过以下手段为学生提供实际交际情境，培养其跨文化的敏锐度和能力。

1. 运用多媒体技术

多媒体技术作为当今最重要的教学手段之一，已经被教育界广泛接受和运用。它以文字、声音、图文并茂的有趣方式为外语教学提供了生动的情境，学生通过置身其中，能够更加直观地体验到利用目的语进行的交际活动。在英语教学中，教师可以利用多媒体设备，让学生观看英语原版电影，如《当幸福来敲门》(*The Pursuit of Happyness*)、《风雨哈佛路》(*Homeless to Harvard：The Liz Murray Story*)、《冰雪奇缘》(*Frozen*)，或者介绍 MOOC (*Massive Open Online Courses*) 上的课程内容让学生学习。(李雨瑶，2016) 这些内容本身就是英语国家文化的剪影，通过多媒体技术，学生能够从中了解到英语国家的历史地理、文学艺术、日常生活、行为规范、价值观等，能够学到许多日常的语言交际方法和表达，加深对东西方文化差异的理解。

2. 组织课内外活动

教师可以通过组织形式多样的活动，创设利于学生体会外国文化的人文环境。学生在这些活动中通过具体的语言实践，学习和体验外国文化，感受文化差异，提高跨文化交际意识，积累跨文化交际知识，提高跨文化交际能力。

四、结语

跨文化意识是以当前英语教学提倡工具性和人文性为前提的，这也是对英语教学现状的反思。尤其是在高中阶段，要使学生在学习英语的同时具有一定的国际视野。本文主要探讨在英语课堂教学中进行跨文化教育的必要性以及正确实施跨文化教育的对策。教师应当注重文化教学，把培养学生的文化意识和跨文化交际能力作为同样重要的教学任务。提升教师自身跨文化素养，激发学生跨文化意识，最大限度地创设英语文化氛围，让学生有更多的机会地进行交流活动，鼓励学生充分利用各种资源和多媒体如网络、电视、电影、报刊等了解更多的英语文化知识。

到目前为止,对于跨文化教育的研究还没有形成一个完整的理论体系,仍然缺乏完整系统的理论进行指导、研究和分析,比较零乱无序,缺乏深度与广度。研究的方式、方法基本是基于教师个人的教学工作经验。虽然跨文化教育理论已经取得了一些成果,但是跨文化教育的实践还很不足。外语教学还不能适应经济发展和社会发展的需要。目前许多学校已经开始重视跨文化教育在英语教学中的作用,但是跨文化教育在英语教学中的具体目标还不够明确。学校进行跨文化教育教学实践仍然以课堂学习和知识传授为主,缺乏系统的、全面的、有明确指导目标的跨文化能力培养社会实践活动。因此,跨文化教育与现实的要求还有很长的距离,要各方合力,在高中英语教学中渗透跨文化意识。

◎ 参考文献

[1] Wolfson, N., & Judd, E. (eds.) Sociolinguistics and Language Acquisition [M]. Rowley, Massachusetts:Newbury, 1997.

[2] 邓兆红. 高中英语课程标准视野下学生跨文化交际能力实证研究 [D]. 武汉:华中师范大学, 2007.

[3] 胡文仲. 跨文化交际学概论 [M]. 北京:外语教学与研究出版社, 1999: 193-195.

[4] 刘晶. 跨文化交际教学研究 [D]. 长春:东北师范大学, 2006.

[5] 刘维念. 浅谈高中英语教学中跨文化意识的培养 [J]. 教学改革与创新, 2020 (12): 94.

[6] 刘玉梅. 外语教学中跨文化教育的缺失研究 [J]. 教学与管理, 2007 (87).

[7] 李雨瑶. 高中生英语跨文化交际能力的现状调查及对策研究 [D]. 海口:海南师范大学, 2016.

[8] 王婧方. 谈析高中英语教学中跨文化意识的培养 [J]. 教育实践与

研究，2017（20）：78.

［9］王阳．大学英语教学中学生跨文化意识培养策略浅析［J］．考试周刊，2007（33）.

［10］肖敏．大学英语教学中的跨文化教育［D］．长沙：湖南师范大学，2009.

［11］宣继洋．跨文化视角下高中英语教学的中西文化导入研究［D］．长春：长春师范大学，2019.

［12］英语课程标准研制组．英语课程标准解读［M］．北京：师范大学出版社，2002：81.

对中国人日语口头表达能力之考察

——以"话语文数与文节数""视点"为中心

曲佳子①

（江汉大学外国语学院　湖北武汉　430056）

摘要：不少研究中指出即使是高级日语学习者，和日语母语话者相比，在口头表达方面仍存在诸多问题。本研究让高级日语学习者和日语母语话者看漫画说故事，并从话语文数与文节数、视点这两个方面进行比较分析，试着总结中国人日语口头表达存在的问题，旨在为学日语的中国人带来帮助，并对日语口语教学带来些许启示。

关键词：storytelling（说故事）；中国人日语口头表达；话语文数；文节数；视点

一、研究背景与目的

对自身经历、兴趣爱好的详细说明，或简洁明了地阐述自己的意见、看法等都是在日常交际交流中非常重要的事情。渡边（1996）指出，留学生在会话这种双方交流和简短的应答中都很流畅明了，但如果

---

① 作者简介：曲佳子，硕士，江汉大学外国语学院日语系教师，研究方向为日语教育。

做总结性阐述或讲述某段经历时，会让人觉得不好理解。庄司（2001）也提到，即使是过了日语能力测试1级、2级的学生，在口头表达能力方面还存在诸多问题的留学生也非少数。高级日语学习者虽然已经积累了丰富的词汇、表达能力以及较高难度的语法，但在口头表达能力方面和日语母语话者相比总觉得哪里不自然，缺少灵活性。因此，我们迫切需要了解日语学习者的口头表达到底存在什么问题，如何提高他们的口头表达能力等。

先行研究中用漫画、画册等作为材料来分析日语学习者和母语话者的谈话的，按照其分析的内容大致可分为"故事的展开""词语选择""文章的接续""视点"四类。前三类已在曲佳子（2013）中阐述，这里只重点介绍与"视点"相关的先行研究。

研究视点的先驱者有久野、松木等。久野（1978）把"视点"比喻成"Camera angle"，将其概念设定为"说话人把照相机摆在哪儿来描述事情"。"Camera angle"是根据说话人把照相机摆在哪儿，便可以摆放在离某人较近的位置，最极端的情况是照相机本身完全进入人的眼中形成"同化"或"自己同一化"，把它命名为"共感度"进行了分析。并论述了在单一句子的共感度关系中不能含有伦理矛盾的"视点一贯性"。松木（1992）主张在语法研究中，必须严格地将"视点"分为"视座"和"注视点"来分析语法现象。他指出像久野（1978）这类观点可被称为"心理上的视点"，用这种把"视座"和"注视点"混在一起的视点观来分析语法现象（以形容词谓语和复合辞句子为例），会产生矛盾。

从"视点"角度进行 storytelling 分析的研究较为盛行，另外还有田代（1995）、渡边（1996）、林美琪（2005）、坂本（2005）、魏志珍（2010）等。

田代（1995）沿用了松木（1992）对"视点"的定义方式，比较分析了中高级日语学习者和日语母语话者对漫画的书面表达。结果表明，双方的"注视点"都是不固定且移动的。而双方的"视座"发现了差异，母语话者主要从主人翁的角度来描述，而日语学习者会发生从主人翁以外其他人物的角度来描述的情况。渡边（1996）同样分为"注视点"和"视座"作了更详细的分析研究。依照渡边分成的三类型来看，母语话者"偏向于某个人物的视点"将近一半人数，占最多，而80%以上中国的日语学习者都是"中立视点"。为了探寻"中立视点"压倒性胜利的原因，渡边也对中国的日语学习者在使用母语时的"视点"进行了研究，其结果显示，母语中"中立视点"的倾向非常强烈，因此推测出中国学习者的日语之所以有较强"中立视点"的原因是来自其母语的影响。林美琪（2005）使用漫画调查了中国台湾各级别日语学习者谈话中的"视点"，得出了两种倾向：（1）随着学习时间的增长，受身表达的习得会有所进展，但授受辅助动词并不会。（2）随着学习年数的增长，展开谈话时会将"视座"固定在某一个人物上。坂本（2005）用十格漫画让日语学习者和母语话者进行漫画故事的口头和笔记描述，将其结果和田代（1995）作了比较。其结果显示，母语话者的"视座"为"仅主人翁"的比例高达7成，而中国学习者仅占1.5%，和田代的研究结果一样是从"复数视座"的角度来描写的。"注视点"也和田代一致，双方都是移动的。另外，就日语等级造成的差异而言，中国学习者日语等级越高，就越能采用与母语话者相近的"视座"来描写。魏志珍（2010）聚焦"视点"中的"视座"，使用中浜他（2006）的判断方法，分成"没有限制自由书写"的A组和"成为特定登场人物的书写"的B组，分别进行了组内和组间的对比分析。其结果显示，A组3群的"视座"的摆放位置类似，都是"固定视座"的比例比"移动视座"和"中立视座"相对要高，但对于是从哪个人物的"视座"进行描写的这一点，还是发现了日语母语话者和中国台湾学习者的差异，他们对于事物的捕捉方式和角度不同。另一方面，B组中，日语母语话者在描写和自己相关的事情时会把"视座"仅放在自己这里，但中国台湾学习者无论是哪个等级，也会把"视座"放在自己以外的人物上。武村（2010）给日语母语话者和中国高级日语学习者布置个人物语和漫画描写的任务，分析其"视点"的差异和个人物语及漫画描写任务中是否存在"视点"的不同，并对先行研究的研究手法进行了再研讨。结果显示，日语母语话者和中国高级日语学习者的"视点"倾向在任何一个任务中都没有发现太大的差异，但在个人物语和漫画描写中存在"视点"差异，个人物语多为"固定视座"和"移动注视点"，而漫画描写中"视座""注视点"均在移动。

如上述研究，基本上是给日语学习者数幅画，让他们顺着画上故事情节的发展用说或写故事的形式来使日语学习者的问题点浮出水面。但现在还没有较全面、综合性的研究。曲佳子（2013）以漫画为题材，让高级日语学习者和日语母语者看漫画说故事，并主要从故事的展开、词语选择、文章的接续这三个方面进行比较分析，总结了中国人日语口语表达存在的部分问题。本研究将沿用这种方式，重点从话语文数与文节数、视点这两个方面进行比较探讨。

二、录音资料的文字化

本研究的所用题材、研究对象等在曲佳子（2013）的研究中已详细阐述，这里只对分析资料的制成进行补充说明。本研究采取完全原貌文字化的方式，订正口误、发音失误等也照原样对录音资料进行了文字化处理。下面是日语母语话者 J-17 的原文：

例［テクストJ-17（女　24　大学院生）］

ある日、お父さんと子供が、木を齧っているビーバーを見つけました。二人はロープを持ってきて、ビーバーを捕まえまし、た。ビーバーは、不機嫌そうな顔で、首と木を、結び付けられて、動けなくされました。ビーバーは、逃げ出すために、自分がくくりつけられている木を、一生懸命齧って、折っていきました。しかし、折れた木は、お父さんが嬉しそうに運び、結局ビーバーは、また新しい木に子供によって、結び付けられるだけで終わ、ってしまいました。このことを繰り返しているうちに、お父さんは家の土台を作り上げることができ、そのうち、こどもと一緒に、藁を使って、壁を作り始め、最終的には、ビーバーが折った木で、家を作り上げてしまいました。しかし、ビーバーは、二人が寝ている隙に、う…二人に、復讐するために、木の柱を、齧って、折ってしまいました。こうして、お父さんと子供が作った家は、壊れてしまい、二人は、びっくりして、目が覚めました。

　　上段日文是将录音资料文字化后加上了标点符号的原文例。顿号表示话语中的短小停顿，句号表示话语的一个段落，也就是被看作句子的部分。较长的停顿、沉默等用"…"表示。另外，话语中的订正口误、吞吞吐吐、词语重复等都按原貌记录。中日双方的录音资料均按照此方式进行了文字化处理。

三、资料的分析方法、结果及原因

(一) 话语文数与文节数

为了探寻量的倾向，本研究计算了话语文数和文节数。句子的数法遵从日本《国语辞典》中的定义，把以句号区分的一部分看作一个句子。文节的数法遵从桥本进吉的定义，把"ネ"尽可能多地放入句中数。看下面 J-10 的原文例。

　　例［テクストJ-10（女　30　会社員）］

　　ある（ネ）｜ところに（ネ）、｜お父さんと（ネ）｜息子が（ネ）｜いました（ネ）。｜っと（ネ）、｜ビーバーが（ネ）｜木を（ネ）｜齧って（ネ）｜いる（ネ）｜ところを（ネ）｜見て（ネ）、｜これは（ネ）｜利用（ネ）｜できると（ネ）｜思って（ネ）、｜ビーバーを（ネ）｜連れて（ネ）｜帰る（ネ）｜ことに（ネ）｜しました（ネ）。｜ビーバーは（ネ）、｜一生懸命（ネ）、｜木を（ネ）

101

｜齧って（ネ）、｜何本も（ネ）｜何本も（ネ）｜木を（ネ）｜齧りました（ネ）。｜お父さんと（ネ）｜息子は（ネ）、｜その（ネ）、｜ビーバーが（ネ）、｜齧った（ネ）｜木を（ネ）｜使って（ネ）、｜家を（ネ）｜作る（ネ）｜ことに（ネ）｜しました（ネ）。｜家は（ネ）｜どんどん（ネ）｜出来上がって（ネ）、｜完成したのですが（ネ）。｜連れて（ネ）｜帰って（ネ）｜きた（ネ）｜ビーバーが（ネ）、｜その（ネ）｜家を（ネ）｜見て（ネ）、｜また（ネ）｜木を（ネ）｜齧り始めました（ネ）。｜木を（ネ）｜齧り始めた（ネ）｜ビーバーは（ネ）、｜ついに（ネ）｜その（ネ）｜家を（ネ）｜壊す（ネ）｜ことと（ネ）｜なって（ネ）｜しまいました（ネ）。｜

数「。」，话语文数为7。

数「｜」，文节数为64。

一个句子中的文节数为9.14。

如上述数法，将所有调查者的话语文数和文节数总结如下表：

母語話者	文数	文節数	一文中の文節数	学習者	文数	文節数	一文中の文節数
J-1	7	56	8.00	C-1	11	89	8.09
J-2	6	81	13.50	C-2	14	89	6.36
J-3	1	37	37.00	C-3	9	81	9.00
J-4	2	15	7.50	C-4	4	47	12.50
J-5	10	118	11.80	C-5	8	71	8.88
J-6	10	147	14.70	C-6	19	174	9.16
J-7	5	43	8.60	C-7	6	99	16.50
J-8	6	59	9.83	C-8	14	111	7.93
J-9	9	85	9.44	C-9	6	44	7.33

续表

母語話者	文数	文節数	一文中の文節数	学習者	文数	文節数	一文中の文節数
J-10	7	64	9.14	C-10	21	161	7.67
J-11	7	43	6.14	C-11	15	121	8.07
J-12	4	43	10.75	C-12	12	101	8.42
J-13	5	50	10.00	C-13	21	204	9.71
J-14	5	55	11.00	C-14	7	63	9.00
J-15	8	87	10.88	C-15	11	102	9.27
J-16	15	147	9.80	C-16	8	133	16.63
J-17	8	95	11.88	C-17	12	87	7.25
J-18	10	108	10.80	C-18	9	106	11.78
J-19	22	217	9.86	C-19	6	66	11.00
J-20	7	67	9.57	C-20	5	80	16.00
J-21	12	96	8.00	C-21	8	80	10.00
J-22	4	50	12.50	C-22	10	72	7.50
J 計	170	1763		C 計	236	2181	
J 平均值	7.73	80.14	10.37	C 平均值	10.73	99.14	9.24
J 中央值	7.33	74.00	10.00	C 中央值	10.00	92.33	9.00

　　在此调查中，得到了话语文数 406 条，含有文节数共计 3944 个。观察此表，就文数和文节数的平均值来看，两者 C 都比 J 多，但就一个句子中的文节数来看，C 比 J 稍短。中央值也有几乎相同的倾向。

　　逐个分析调查协助者，其文数 J 中最少为 1 个句子，C 中最少为 4 个句子，J 比 C 少。从最多数量来看，J 中最多为 22 个句子，C 中最多为 21 个句子，C 更少。另外，文节数中，J 中最少为 15 个文节，最多为 217 个文节，而 C 中最少为 44 个文节，最多 204 个文节。也就是说，最少最多都是 J。就一个句子中的文节数来看，J 中最短为 6.14，最长为37.00，C中最短为6.36，最长为16.63，J的个人差异更大。下面将从上表中分析的结果作如下总结：

（1）就话语文数、文节数来看，中国的日语学习者比日语母语话者要多出很多。

（2）就一个句子中的文节数来看，中国的日语学习者比日语母语话者相比要少，但区别并不明显。

（1）和先行研究结果一致，（2）和先行研究中"学习者一个句子的文节的长度比母语话者短"这一研究结果有所出入，这应该和学习者日语等级的不同有关系。

（二）视点

本研究遵循松木（1992）的研究，将"视点"分为"注视点"和"视座"进行分析。"注视点"的分析方法参考渡边（1996），以下列方法进行：

（1）能动态的句子，把动作主体，视作"注视点"。

（2）被动态的句子，把被动作主体视作"注视点"。

（3）动作主体没有被言语化的句子，以动词为线索决定动作主体，将其视为"注视点"。

用上述方法，将"注视点"分为以下2类。

①从最初到最后都只注目于一个人物的行为→"固定注视点"。

②描写多个人物的行为 →"移动注视点"。

如上，原文最初到最后都只注目一个人物的行为的情况，判断为"固定注视点"，描写多个人物行为的情况判断为"移动注视点"。

下面说明"视座"的分析方法。判断"视座"需要"构文线索"。本研究援用中浜他（2006）、魏志珍（2010）、武村（2010）等的观点，将受身表达、授受表达、使役表达、移动表达、主观表达、感情表达六种表达作为考察对象。（判断视座的构文线索及其实例请参考下表）

受身表达	「~れる／~られる」
	例：ビーバーが、えっと、木に縛り付けられて、【ビーバー】
授受表达	「~（て）くれる、~（て）もらう、~（て）あげる」
	例：親子はたくさんの、木を、ビーバーに、齧ってもらって、とってもらっていました。【親子】
使役表达	「~せる、~させる」
	例：ある日、親子がビーバーを捕まえて、木を削らせました。【親子】
移动表达	「~ていく、~てくる」、「来る」
	例：（お父さんと子供が）ビーバーを捕まえてきて、【お父さんと子供】
主观表达	「思う」、「考える」、「分かる」、「感じる」など
	例：（お父さんと息子が）これは利用できると思って、【お父さんと息子】森の木を切らせて、家を、自分たちの家を作ろうと考えました。【親子】
感情表达	感情形容詞：「嬉しい」、「欲しい」、「悲しい」、「~たい」など 感情動詞：「驚く」、「喜ぶ」、「びっくりする」など
	例：えー、むかし、ある親子が、木材で家を建て、建てたかった。【親子】お父さんと子供はびっくりしました。【お父さんと子供】

　　另外，判断"视座"的步骤如下图所示：

　　如下图，首先确认调查协助者的原文中是否使用了构文线索。如没有，判断为客观描写的"中立视座"。有构文线索且判断视座的位置全为同一人物的情况，判断为全部从同一人物视座描写的"固定视座"。另外，有构文线索且判断视座的位置为多个人物的情况，判断为从多个人物视座描写的"移动视座"。

　　如上述方法，调查了所有原文的"注视点"和"视座"。结果显示，就"注视点"来说，日语母语话者、中国的日语学习者双方所有

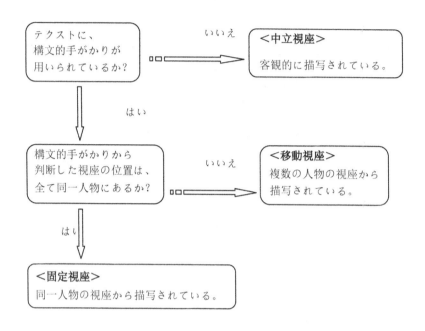

的调查协助者都是移动注视点。"注视点"的人物数总结如下表。

注视点人物数	日语母语话者	中国的日语学习者
親子かビーバー（一点）	0	0
親子とビーバー（二点）	1	7
親子と家（二点）	1	0
親子、ビーバー、家（三点）	17	5
親子、ビーバー、家、木（四点）	3	10

　　如上表，日语母语话者、中国的日语学习者双方的原文中，没有只注目一个人物描写的原文，所有调查协助者的"注视点"均为在多个人物之间移动的"移动注视点"。

　　然而，即便同样是移动，注视点人物数也存在差异。日语母语话者的"注视点"为"父子""海狸"再加上"木屋"，"注视点"为3个人物的多达 17 名。而中国的日语学习者的"注视点"为"父子""海狸""木屋""树" 4 个人物的接近半数,"注视点"为"父子""海狸" 2 个人物的也有 7 名。

武村(2010)提到,"口头和笔记不同,因为没有回到前面的发话重新说和重新审视发话整体的时间,因此会始终描写眼前的事态,这就是与注视点移动相关联的原因"。"注视点"移动的原因考虑是笔记描述和口头描述所造成的影响。

四、总结

本研究以漫画为题材,对中国的日语学习者和日语母语话者的漫画口头描述做了"话语文数与文节数""视点"这两个方面的用法分析,从而讨论中国的日语学习者在说故事这一口头描述方面出现的问题。其结果可概括如下:

(1)话语文数与文节数中,就话语文数来看,中国的日语学习者和日语母语话者相比多出很多,差异较大。然而,就一个句子中的文节数来看,中国的日语学习者和日语母语话者相比稍短,但差异并不明显。与先行研究的"学习者一个句子的文节的长度比母语话者短"的结果不同。这与学习者日语等级水平的差异有关系。

(2)将视点分为"注视点"和"视座"进行分析的结果,日语母语话者、中国的日语学习者双方所有调查协助者的"注视点"都是移动的,但即使是这样,同样存在注视点人物数的差异。日语母语话者的"注视点"为主人翁的"父子""海狸"再加上"木屋"三个人物的最多。与之相比,中国的日语学习者的"注视点"为四个人物的接近半数,"注视点"为主人翁的"父子"和"海狸" 2 个人物的有 7 名。另外,一半的日语母语话者为"移动视座",约 1/3 为"固定视座"。与之相比,约 6 成中国的日语学习者为"固定视座",相比之下固定的倾向较强。

五、对日语口语教育的启示

此次研究主要是利用看漫画讲故事的方式对比中国的日语学习者和日语母语话者口头表达的差异，从中为日语口语教学带来些许启示：（1）教师需有意识地训练高级别的学生组建较为复杂的句子，减少句子总量，增加句子的复杂程度。（2）引导学生在发话中有意识地注意重新审视整个话语内容，着重围绕一个或少量中心描述事态的发展，不要过多地切换视点。

◎ **参考文献**

[1] 渡辺亜子. 中上級日本語学習者の談話展開 [M]. くろしお出版, 1996.

[2] 庄司惠雄. 日本語学習者のストーリー・テリングは語彙選択から見て日本語母語話者とどこが違うか [J]. 群馬大学留学生センター論集, 2001, 1.

[3] 久野暲. 談話の文法 [M]. 大修館書店, 1978.

[4] 松木正恵. 見ることと文法研究 [J]. 明治書院日本語学, 1992, 8.

[5] 田代ひとみ. 中上級日本語学習者の文章表現の問題点 [J]. 日本語教育, 1995, 85.

[6] 林美琪. 中国語を母語とする日本語学習者の談話展開における視点の習得研究-台湾人日本語学習者を対象に- [J]. Sophia Linguistica, 2005, 53.

[7] 坂本勝信. 中国語を母語とする日本語学習者の『視点』の問題を探る [J]. 常葉学園大学研究紀要21号. 2005.

[8] 魏志珍. 事態描写における台湾人日本語学習者と日本語母語話者の視点の比較一視座の置き方に注目して一 [J]. 言葉と文化,

2010，11.

［9］武村美和．日本語母語話者と中国人日本語学習者の談話に見られる視座ーパーソナル・ナラティブと漫画描写の比較ー［J］．広島大学大学院教育学研究科紀要，2010，第二部第59号．

［10］曲佳子．对中国人日语口头表达能力之考察——以与母语读者的比较为视角［J］．湖北社会科学，2013（5）．

［11］中浜優子・栗原由華．日本語の物語構築：視点を判断する構文手がかりの考［J］．言語文化論集．名古屋大学大学院国際言語文化研究科，2006，第27巻第2号．

文化比较视角下的
高级日语课程教学设计探索

张佳梅①

（江汉大学外国语学院　湖北武汉　430056）

摘要：语言与文化具有密不可分的关系，语言既是文化的载体，也是传播文化的工具。在本科日语专业的低年级阶段，主要培养学生综合运用日语语言知识和技能进行语言交际的能力；在高年级阶段，则主要培养学生基于语言综合运用能力的跨文化沟通能力。因此，在高级日语课程的教学设计实践中，通过文化背景的导入，从文化比较的视角，引导学生思考不同文化的异同，在拓宽国际视野和增强文化自信的同时，培养辨证地思考问题的习惯。

关键词：高级日语；教学设计；文化比较

一、引言

新时代的日语专业教育，机遇与挑战并存。日语教育本质上是人文教育，是强化能力、知识与人格塑造相结合的全人教育。不能仅把日语视为一个工具或者一项技能，而忽视了人文社会科学的学科内涵。本科

---

① 作者简介：张佳梅，博士，江汉大学外国语学院日语系副教授。

日语专业的培养目标应分为两个阶段，第一阶段（一、二年级）主要是学日语，培养学生综合运用日语语言知识和技能进行语言交际的能力；第二阶段（三、四年级）主要是用日语学，培养学生基于语言综合运用能力的跨文化沟通能力。要解决好"学日语"和"用日语学"这两个不同阶段的任务，把提高日语语言技能和培养人文素养结合起来，这才是日语专业教育的发展新机遇。在以本科日语专业三、四年级为对象的高级日语课程教学实践中，笔者特别重视文化背景的导入，从文化比较的视角积极探索培养学生跨文化交际能力和思辨能力的路径与方法。

二、教学设计的基本思路

江汉大学日语专业自 2008 年招收第一届学生以来，高级日语课程一直使用上海外语教育出版社出版的《高级日语》配套教材共四册。笔者主要承担《高级日语Ⅰ》和《高级日语Ⅱ》的教学工作，在每一篇课文的教学设计中，基本按照①文化背景—②文章结构—③内容理解—④词汇及语法辨析—⑤练习讲解的流程组织教学活动。文化背景是重点讲解的内容之一，需要学生以小组为单位提前查阅相关资料并在课堂上进行阐述和分享。在对文化背景进行信息收集和课堂分享时，笔者会积极引导学生结合当下的新时代、新形势进行不同文化的比较分析，并发表自己的看法。例如，在有关日本老龄化问题的文章读解中，有意识地结合当下中国老龄化问题以及和日本的比较进行分析。通过这个过程，学生能够更深刻地认识本国文化，也能更全面地理解他国文化。尤其对于日本文化，过高的赞誉和过度的贬低都不是理性的态度，需要引导学生理解日本文化形成的来龙去脉和深层原因，并且辩证地看待不同文化的优缺点。只有将语言和文化有机结合起来，学生才能明白语言背后的文化逻辑，从而不断增加学习日语的兴趣。《普通高等学校本科日语专业教学指南》（以下简称《指南》）强调了跨文化交际能力的重要性，结合高级日语课程的授课内容，能通过语言学习认识世界的多样性，以开放包容的态度对待多元文化现象。

三、教学案例中的文化比较分析

笔者以《高级日语2》为例，主要结合第二、三、十、十二课的文化背景，从文化比较的视角来具体分析日本文化的特点以及不同文化的差异。

案例1：第二课"日语的表情"选自日本评论家板坂元的同名著作，该著作研究了日语表达的特点以及日本人固有的价值观。课文主要围绕日本人不愿"明说（出るところへ出たがらない）"的生活原理展开，首先以"京都的茶泡饭"和"让我考虑一下"为例，来说明日本人在日常生活中的"言不由衷"：明明不希望客人留下来，偏偏要挽留客人"吃碗茶泡饭再走吧"；明明心里打算拒绝别人，口里却要说"让我考虑一下"。然后以"日美纺织品谈判"事件为例，来说明日本人所说的"将妥善处理（善処します）"具有很低的可信度，容易造成别人的误解。接着论证了日本人不愿"明说"的特点不仅体现在语言中，而且导致日本人对政治、宗教敬而远之。最后，作者指出美国也有不愿"明说"的灰色区域，说明无论哪个国家都有灰色区域，只不过在大小或心理感受的强弱上有所不同而已。

"日美纺织品谈判"事件发生在 1969 年 11 月佐藤荣作首相和尼克松总统的会谈上。针对自愿限制纺织品出口美国一事，佐藤荣作首相的答复是"将妥善处理（善処します）"（另一种说法是"将积极地商讨（前向きに検討します）"）。翻译人员将此回答译作"I will do my best"，结果被美国误认为日本对自愿限制出口持积极态度。这其实反映了日本人在与人交往时擅用"客套话（建前）"，避免说"真心话（本音）"的文化心理。在日本一档讨论"「本音 VS 建前」（bilibili）"的节目中，可以了解到日本职场上常用的"将积极地商讨（前向きに検討します）"其实是"客套话"，并不能当真，可能性只有 10% ~ 60%。在其他国家的人们看来，既然用到了"积极（前向き）"二字，可能性至少有80%。通过这个例子，学生明白了如果不了解语言文化背景，极有可能造成外交沟通上的误解。

案例2：第三课"礼节"的作者是三位经济学方面的学者（乔纳森·莱斯、嘉治佐保子、滨矩子），主要分析了日本人在日常生活中处处注重礼节。日本人在采取行动之前，首先会将自己的意思传达给对方，认为这是礼节。他们信奉"客人是上帝"，称呼他人要加尊称或头衔，吃面条要发出声音表示好吃。日本人常通过参加"喝酒聚会（飲み会）"来加深彼此之间的关系，喝酒后无论做什么都能获得宽容。日本人还喜欢送礼，但礼品不能过于个人化，礼品包装比内容更为重要。

以送礼文化为例，在日本一年有两次正式的送礼节日，分别是年中的"中元"和年末的"岁暮"。对日本人来说，这两次送礼就像一种社会义务，送礼对象除了父母长辈等亲人外，还包括对自己有恩或有帮助的朋友以及业务客户等。而西方的节日（如圣诞节）多是向身边较为亲密的人，尤其是家人送礼。而且，比起礼物的内容，日本人更看重的是形式。日本人送礼时一般避免别出心裁、标新立异的礼物，最好是送诸如肥皂、毛巾、洗涤剂、紫菜、面条、食用油、啤酒、水果、蔬菜等。这些礼物虽然不太贵重，但通常会到正规的名品店购买，并附上精致的包装。如果不了解日本人的送礼习惯，其他国家的人们就会觉得日本人很小气，净送些不值钱的东西。

案例3：第十课"日本人气质"的作者和第三课相同，也是那三位经济学方面的学者，主要内容是日本人善于察言观色，区别"客套话"和"真心话"。在日本，要成功就必须善于事先沟通。每个日本人都是集团的一个成员，遇到事情，集团的利益优先。生活在日本人中，处处有他人的眼光。日本人有很强的施恩和报恩心理。

以道歉文化为例，日本人特别注重道歉的形式。公司董事长如果深深地鞠躬表示歉意，然后表明辞职的意向，那么过去的事情就一笔勾销了。周围的人也不会无休止地责问，道歉是为了逃避不依不饶的追究。

总之，道歉不是一种认罪行为，而是逃避罪责、封住他人谴责的一种手段。华东师范大学传播学院副教授潘妮妮在她的专题节目"日本的谢罪文化"中也指出：日本人的仪式化道歉，恰恰是为了减轻要承担的责任，或者说道歉本身等同于尽了责任。道歉就是文化和道德本身，甚至有时候比解决问题还要重要。不同的文化所导致的行为习惯也不同，西方人对罪恶感有很大的压力，即使恶行不被人发现，也会受到罪恶折磨，而日本人缺乏内在的罪恶感，只要不给别人添麻烦就不会产生心理负担。

案例4：第十二课"便装和出门服装"的作者是日本评论家犬养道子，课文首先对比分析了欧洲各国及美国和日本的不同，前者的"郑重"和"平常"近乎是同等水准，没有本质区别，而日本的"便装"和"出门服装"则差别很大，简直判若两人。究其原因，一方面是因为日本人从小就被父母教育"别人会笑话的""不像样子"，另一方面则因为他们特别在意别人的看法。最后作者指出京都人很少在乎他人的评价，京都保持了最具"日本特征"的风貌。

日本人的生活，从精神层面的伦理道德，到日常琐事，还有女性的化妆，几乎无一不是在过多地介意"他人的目光"中进行的。当不能确切地了解自身内在的极限和可能性时，日本人会感到不安，而消除这种不安的最简单有效的方法就是倾听他人的评价。由于十分在意别人的眼光，日本人总是努力和周围的人保持一致，尽量做到不给别人添麻烦。

四、结语

以上四个课文案例都是围绕日本人和日本文化的特性，可以用以下关键词概括：表达暧昧、注重礼节、察言观色、过于在意他人。在查阅和研讨文化背景的过程中，不可避免地会把日本和中国、日本和欧美进行比较，从而理解文化的多样性以及产生不同文化的深层原因。《指南》指出高级日语课程的教学应融语言文学、社会文化、中日及东西方文明比较等于一体，在日语语言能力综合运用的基础上，通过经典题材了解日本及东西方历史和文化，用热门话题反映现代社会的文明与进步。因此，在该课程的教学中，不仅要深入研读文化比较研究的经典著作，还要对不同的文化进行辨证分析，提高跨文化交际能力。

◎ **参考文献**

[1] 吴侃，村木新次郎. 高级日语 1、2 [M]. 上海外语教育出版社，2011.

[2] 佟若瑶. 跨文化交际理论在日语专业高级阶段教育教学中的渗透 [J]. 文化创新比较研究，2017（28）.

[3] 刘樱. 跨文化交际视域下高校日语教学中的文化导入策略 [J]. 文化学刊，2020（5）.

[4] 普通高等学校本科外国语言文学类专业教学指南 [M]. 北京：外语教学与研究出版社，2020.

二、文学与语言学研究

吉本芭娜娜《厨房》中的"治愈"意义

时奕宁　郭　寰　常　梅①

（江汉大学外国语学院　湖北武汉　430056）

摘要：2019 年是日本平成时代的落幕之年，生活在这一时期的日本人经历了种种社会动荡，他们需要人文关怀与心灵慰藉，吉本芭娜娜的小说在此背景之下应运而生。吉本芭娜娜的成名，最为核心的原因在于她将"疗伤"作为整个创作生涯的核心主题，纵观吉本芭娜娜前后三期的所有创作，"创伤—治疗—幸福"这一过程几乎是每部作品中的主人公都会经历的人生旅程。吉本芭娜娜的小说《厨房》从死亡这一角度出发，通过对主人公樱井美影生活片段的叙述，描绘了普通人在日常生活中所经历的苦痛与欢欣。本文以《厨房》为中心，着重探究作者如何通过对"物""人"与"环境"的描绘，使人从无尽的苦痛与折磨中解脱出来，从而走向光明，实现心灵上的"治愈"。而实现身心的"治愈"也正是吉本芭娜娜为使人走出无边的黑暗，不再受苦痛纠缠而创作治愈系小说的社会意义所在。故本文在此基础上试图深入探究吉本芭娜娜创作"治愈系"小说的社会意义，从而对吉本芭娜娜的创作有更深层次的理解。

关键词：吉本芭娜娜；《厨房》；治愈系；空心化

---

①　作者简介：时奕宁、郭寰，江汉大学外国语学院日语系 2019 级本科生。指导教师：常梅，硕士，江汉大学外国语学院日语系教师，研究方向为日语语言学、日汉翻译。

吉本芭娜娜（1964— ），本名吉本真秀子，生于东京，日本大学艺术系毕业。日本当代作家。主要作品有《厨房》《泡沫＊圣所》《哀愁的预感》《鸫》《白河夜船》《N·P》《蜥蜴》及《甘露》等。作为一名出生于 20 世纪 60 年代的作家，吉本芭娜娜疗伤文学的独特性主要体现在她的作品紧紧贴合日本后现代状态。以日本后现代状态为背景，书写日本青年的创伤经历以及他们走向治愈、获得幸福的方式成为吉本芭娜娜的创作重点。在日本后现代文化语境下成长起来的吉本芭娜娜深知高速发展的社会节奏引起了人们的精神变化，造成了难以愈合的心灵创伤。由此，吉本芭娜娜笔下的"伤"多是日本后现代状态下的时代创伤，这些创伤经历造成了主人公的精神困境，具体包括死亡阴影、家庭解体与失落故乡，这些创伤的呈现都与日本后现代状态密不可分。面对时代创伤，吉本芭娜娜的治疗是富有层次的，具体包括创伤初始阶段的治疗与创伤愈合阶段的治疗两个层面。

一、《厨房》中的治愈性

（一）"治愈系"的表现手法

治愈分为两个部分：第一种是逃避社会，游离族群以疗伤；另一种则是自我认同，回归群体以获得治愈。前者是主人公创伤之初的应对方式，它们本质上都是对完整自我的背弃、对他者关系的否定、对现实生活的逃离，因此无法从根源上获得治愈；同时，这些治疗方式往往有着对应的时代背景与社会现实，体现出吉本芭娜娜对日本现状的思考。后者是吉本芭娜娜提出的抚平伤痛、实现治愈的最终方案，在现实生活中唯有通过自我回归与他者关系的重建才能从根源上获得治愈。吉本芭娜娜笔下的人物经历这两个层次的治疗，最终走向幸福。

吉本芭娜娜认为情绪都是相通的，即使语言不同、文化背景不一样，遇到的问题也千差万别，但是产生的情绪很多时候都是一样的，情绪就像是人们之间的"通用语言",为了让更多的人能够获得"治愈",吉本芭娜娜进行了多种感官的描写,并且还引入"意象",利用意象的朦胧性与典型性来展现共通的情绪。同时,简单轻快的语言也更能帮助读者进行阅读体验。通过对吉本芭娜娜治愈性理念、主题与艺术特征的分析,我们能够清晰地看到吉本芭娜娜内心关于"治愈"的执著,"治愈"特征不仅显示了作家对现代人们生存状态的关心,也为当代日本文学增添了一抹温情。

(二)《厨房》中"治愈系"的体现与意义

文中几乎每一处的描写都离不开厨房。美影第一次去田边家的时候首先看见的沙发在与厨房相连的客厅里;进屋后拒绝雄一参观洗手间的邀请,转而认真打量厨房;出于对厨房的信任,美影住进了田边家;第一次借住,夜里吧嗒吧嗒光着脚再一次去看了厨房;连厨房里的惠里子,都比前一天来得清雅。

厨房对于传统女性来说是舒适、安全并且自主的。我们在电影里也经常可以看到,比起在客厅或任何其他地方,厨房成了不再象征女性的责任的地方,或者在男性控制下得以短暂休憩的角落。它有了更重要的意义,还原了它最初最本真的意义,即一种积极的家庭观,充实且和谐。

在厨房中,部分人找到了生命的活力和生存的勇气。厨房里叮叮当当的声音,凝聚成了一段最初关于家庭的回忆。这最原始的声音给我们的是出于对生活的热爱而自我站立的勇气。而这正是面临怎样的绝境都决不可被放弃的。

"梦中的厨房。我会拥有好多,好多;在心中,在现实,在旅途。在我生存的所有地方,一定会有好多厨房,一人独有,两人同有,大家共有。"

文章最后这一段,无疑更加鲜明地表明了作者给予厨房的意义。

不是指厨房这一具体的事物,而是一种精神的支柱,一种重新站立的力量，一种在所有绝境里都能看见的光明，一种在最孤独的时候也能得以救赎的，对生活的向往。

二、吉本芭娜娜《厨房》中的"治愈"意义

（一）日本泡沫经济下产生的"治愈系"

日本受佛教"无常"思想影响，同时因为其地理位置特殊，常受台风、海啸、地震等自然灾害侵扰，"生命短暂、生活无常"的观念根深蒂固。但正因为"生活无常"，所以快乐和痛苦都是无法预测的，"无常"的观念在人们经受痛苦生活时，反而提供了积极的意义——痛苦是短暂的。这种积极的无常观在吉本芭娜娜的治愈系文学中起着重要的作用。

20世纪80年代末到90年代初，日本泡沫经济破裂，楼市股市崩塌、公司裁员降薪、家庭妻离子散……许多人受不了生活的压力抑郁自杀，但事实证明这种偏激的方式并不能让人达到真正的解脱，反而让整个社会氛围变得更加低迷、阴沉。此时"治愈系文学"这种更加温和稳定的疗愈手段逐渐成为人们的追求。

"治愈系文学"为生活在后现代状态下，精神颓废、心灵迷茫的青年一代所设计，是通过平和的语调讲述悲伤遭遇的情节，使读者纾解躁郁心情、缓解压力的文学作品。作品中虽然含有大量死亡的因素，但它强调时空的发展性，正如"风雨过后总会有彩虹"，悲伤总会过去，新的生活总会展开。吉本芭娜娜就是以这样的积极无常的理念，用她温柔的文字治愈着每一个痛苦无助的人。

（二）"治愈系文学"带来的启示

吉本芭娜娜的"治愈系文学"以细腻温暖的笔触展现了日本青年在后现代状态下的不稳定感，反映了他们在时代变迁过程中心理与生活

现实的变化。她笔下的角色往往在经历创伤后，通过多种渠道的疗愈，达到个人与社会、个人与自我的和解，最终获得幸福。吉本芭娜娜将"疗愈"作为文学创作的核心，认为只要能在阅读过程中汲取到慰藉心灵的力量，洗涤读者心中阴影的文学便是好文学。

在物质经济高度发展但个体幸福感比较匮乏的当代社会利用文学的"疗愈性"来慰藉人们疲惫的心灵或成为当下作家的追求。

◎ 参考文献

[1] 吉本芭娜娜. 厨房 [M]. 上海：上海译文出版社，2009.

[2] 周异夫. 吉本芭娜娜文学的孤独主题与社会意义 [J]. 日语学习与研究，2004：64-65.

[3] 张明. 浅谈日本的"二世作家" [J]. 安徽文学（下半月），2012（11）：11-12.

[4] 苗苗. 关于《厨房》中的"厨房" [D]. 上海：东华大学，2008：5-6.

[5] 孙于蓝. 吉本芭娜娜——疗伤小说中的异类家庭 [D]. 武汉：华中师范大学，2008：64-67.

[6] 刘畅. 神秘介质与吉本芭娜娜的小说风格 [D]. 长春：东北师范大学，2010：5-6.

[7] 刘金芳. 梦境与现实 [D]. 石家庄：河北师范大学，2011：3-5.

女性的讴歌

——从太宰治的《斜阳》到津岛佑子的《宠儿》

卢家玉　胡婷婷　郭　寰　马　乐①

（江汉大学外国语学院　湖北武汉　430056）

摘要： 太宰治作为战后日本无赖派文学的代表作家，代表作品多反映当时日本社会的动乱与颓废，以及旧阶级在面对旧社会秩序瓦解之下的百态，其中不仅有大量鲜活的女性角色，并且有《斜阳》这种以女性作为主角的代表作。其女津岛佑子受 20 世纪五六十年代西方女性主义思想风潮的影响，其作品多是对"母性"的思考、肯定和赞扬，与当时日本社会女性作家"反母性"形成了鲜明对比。本文通过分析比较太宰治和津岛佑子的作品，尝试探讨其中女性形象的联系和发展。太宰治的《斜阳》与津岛佑子的《宠儿》这两部代表作中的女主人公都追求自由恋爱，最终以"母性"为觉醒来挣脱传统束缚、捍卫自由。而津岛佑子的作品则在女性恋爱觉醒上更进一步描述和思考了男女的两性关系和婚恋观，继承和发展了太宰治作品中塑造的女性形象，是女性对自我存在、自我认同探索的进步。

关键词： 女性；太宰治；津岛佑子；《斜阳》；《宠儿》

---

① 作者简介：卢家玉、胡婷婷、郭寰，江汉大学外国语学院日语专业 2019级本科生。指导教师：马乐，硕士，江汉大学外国语学院日语系副教授，研究方向为日本文学、日本文化。

太宰治（1909—1948），日本无赖派文学代表作家。代表作有《斜阳》《人间失格》《逆行》等。战后佳作《斜阳》发表后深深打动了当时精神世界摇摇欲坠的日本民众，同时在日本文坛上也获得很高评价。它以女性视角展开，描写了日本战后社会发生巨大改变，没落贵族阶级渴望新生活却无法适应、绝望崩溃最终选择死亡的悲剧。

津岛佑子（1947—2016），日本近代女性文学作家。代表作有《宠儿》《光的领域》《跑山的女人》等。她毕业于白百合女子大学英国文学专业，受其父太宰治以及自身经历的影响创作了一系列女性主义作品。1969年以短篇小说《安魂曲——为了狗和大人》为契机步入文坛，并获得泉镜花文学奖、伊藤整文学奖、川端康成文学奖等诸多奖项。1978年出版的《宠儿》是其创作早期的长篇代表作，获得当年日本第十七届女流文学奖，是日本女性文学的重要代表作之一。津岛佑子幼时丧父，少年时偏爱的兄长因病去世，近中年时儿子发病去世，又与丈夫离婚。其家庭生活一直处于"无男性"的背景下，因此作品题材也常以亡父亡兄的家庭为主。本文试图从太宰治与津岛佑子父女俩的代表作中探寻女性形象的异同，阐述津岛佑子在女性文学创作上对太宰治的继承和发展。

一、《斜阳》及女性形象"和子"

（一）作品主旨与背景

《斜阳》是描写"二战"后日本没落贵族家族的中篇小说。主人公和子经历了父亲去世、离婚、母亲病逝、弟弟自杀种种苦难，最终决定生下所爱之人的孩子，抗争社会道德的桎梏，顽强地活下去。作品发表于"二战"后日本混乱的社会，战败致使通货膨胀、就业困难、粮食短缺；天皇的地位由神转变为了人，水深火热的社会环境给人们带来身体与精神上的双重折磨。面对死气沉沉、萎靡不振的社会，以太宰治为代表的无赖派主张恢复人野兽般的本能，彻底暴露鄙俗的本性，以堕落的自由反抗现存的社会秩序。太宰治进行创作时已经对社会、对自身绝望，《斜阳》中的人物大多被残酷的现实抛弃，一股空虚、颓废之气，但他把生存的火种撒在了女主人公和子身上。和子的堕落并不是在欲望中无意识地沉沦，而是用自己的生存方式对社会提出反抗；不是对人生的不负责，而是企图以个人的意志打破社会成见的枷锁。

和子的行为虽与传统观念相悖，但她出于本能的爱情观正体现了20世纪日本女性自我意识的独立与觉醒。她的抗争代表了太宰治本人意志的延续。正如斜阳之后是黎明一样，斜阳在象征没落的同时，也代表着自由、思想解放的明日即将到来。

（二）艺术手法及女性形象

《斜阳》采用女性独白体，主要以女性视角展开，辅以日记、遗书等形式，拓宽了读者的视角，使故事更加全面、情节更加饱满。和子的"道德革命"情节使用了象征、对比的手法搭建了前后矛盾的效果，塑造了独立、鲜明的当代日本女性形象。

太宰治通过描述和子的感情经历来塑造她的女性形象。和子的婚姻生活并不顺利，因受到猜忌与丈夫离婚；她得知细田是画家，便立即在脑海中构建出与细田在一起的生活，直白地表达自己对细田的倾慕；最后，仅仅因为自己需要一个精神支柱，就主观上对只有一面之缘的上原产生了浓烈的"爱慕之情"……和子在感情生活中表现得单纯、热烈，每一步路都是出于自己的选择，始终坚定地追寻她理想中的爱情。这也是她最后生下所爱之人的孩子，完成"道德革命"的原因。

二、《宠儿》及女性形象"高子"

（一）作品主旨

《宠儿》是一部以探讨"母性"为主题，讲述主人公高子摆脱传统意义上的"母性"并最终实现独立意义的"母性"回归的故事。高子与丈夫离婚,独自一人抚养女儿,在女儿快上初中时,高子的身体出现了怀孕的症状,她陷入了假想怀孕的状态,由此展开了一个回忆性的故事。津岛佑子通过描写高子身上母性和女性的矛盾表现了女性的自我意识和主体意识的不断提高,即强调了女性的自尊、自强、追求独立的勇敢的意志。

(二)艺术手法及女性形象

高子与母亲以及姐姐承子的形象形成了强烈的对比。高子的母亲一边对出轨的父亲刻意回避,一边又拘泥于血缘关系每年都带子女去扫墓,独自一人抚养孩子的母亲放弃了自我的欲望;姐姐承子是典型的日本传统母亲形象,作为一个家庭主妇牺牲自我,无条件地照顾家庭;而高子想要摆脱传统母亲形象的拘束,不刻意回避父亲存在的同时,对女儿的照顾非常散漫,关心不多,反而勇敢地去追求自我的满足,在经过假想怀孕时一系列的挣扎与徘徊后重新回归到有独立意义的母性意识。

小说中主要描述了高子的自我与母亲角色之间的矛盾,她面对女儿夏野子和假想怀孕的"宠儿"时表现的是一位母亲的形象,而面对畑中、土居等男性时则体现出自我。这部作品带有强烈的女性意识,弱化男性形象,以女性的独立与自强为主题,构建以女性为主体的家庭模式来赞扬母性的伟大。津岛佑子第一次将"假想怀孕"写入文学作品而备受各界的关注。与同时代女性主义作家所不同,她赞扬、肯定女性的"母性"与"生育性",认为女性之所以伟大是在于其孕育的生理机能,而在本作品中津岛佑子是想通过"假想怀孕"赞扬女性的孕育性,并且充分肯定女性所具有的母性。

主人公高子的生活经历和津岛佑子的亲身经历高度重合。高子年幼时失去父亲,残疾的兄长十几岁时因病去世,孕育的第一个孩子不幸夭折,结婚之后又离异,独自养育孩子……这些经历不妨说是津岛佑子真实经历的映射,现实生活中的经历让津岛佑子对男性产生不信任以及在作品中弱化了父亲的存在与影响，凸显女性的伟大以及自强，同时津岛佑子也借《宠儿》中高子的故事表达了自己对父亲和兄长的怀念。

高子勇敢地追求独立，离婚时没有迟疑，被求婚时也断然拒绝，一边对性积极寻求与享受，一边又不愿被婚姻制度束缚，想与男性建立自由的关系，拒绝男性扮演主体的角色，她宁可让孩子父亲缺位也不向传统的婚姻模式低头。脱离于婚姻束缚的单身母亲独自承担孕育、养育女儿的重任，她看起来孤苦无助，偶尔会感到不安和孤独，但内心无比地坚强。她面对传统社会对女性的要求，勇敢地反抗，摆脱道德的桎梏，追求自身的女性独立。在"假想怀孕"后，心中又充满对新生命的渴望，唤醒了作为母亲的责任感，最终实现独立意义的"母性"回归。

三、女主角"和子"和"高子"的异同

（一）相同点

两位女主人公所做的选择都是对传统道德和思想的挑战，和子选择不受旧道德约束，勇敢追求自己的爱情，并且对未来的新生活充满了希望。高子选择不依靠男人，勇敢、自由、独立地生活下去。两人都试图打破传统的思想枷锁，争取自己想要的生活，不断追求与寻找自己的道路，体现了 20 世纪战后以及受西方女性主义影响的女性内心，以及与现实日本社会旧道德做斗争的思想活动。

（二）不同点

《斜阳》采用的是第一人称的视角，着重描写和子的内心挣扎和感受；《宠儿》则是采用第三人称视角，整体描写事件的发展历程。因历史时代的限制，太宰治塑造的和子用勇敢追求爱情的行动和决心来对抗旧道德的约束，且对新生活充满希望，对即将到来的孩子满怀憧憬，表明自己要好好抚养。而津岛佑子描写了高子内心的挣扎，她不断追求真正的亲密感情，但却又不愿受婚姻的约束。她的这种矛盾心理正体现了新时代日本女性的坚强独立，追求自由自主。其中"假想怀孕"是《宠儿》这部作品中的一大亮点，与当时批判"母性""反母性"的日本文学作家大庭美奈子、河野多惠子、三枝和子等作品内容相比大相径庭；津岛佑子赞扬、肯定"母性"是女性实现自我价值的途径之一。高子虽然对于自己"非合法"的母亲身份感到些许犹豫，但对自由的渴望还是战胜了世人和社会的有色眼光。对比和子，高子的形象相对更加丰满，高子不仅在爱情上有自己的主见，而且在思想上更加深刻。这其实也是女性在思想上认识自己的进一步发展和成熟的表现。这也体现出津岛佑子在一定程度上对太宰治《斜阳》的女性形象更进一步的发展和更深刻的剖析。

四、总述

太宰治在其代表作《斜阳》里细腻地塑造了"和子"这一女性形象，她性格开朗、勇敢果断，给人留下深刻印象。而津岛佑子的《宠儿》中女主角"高子"试图冲破旧道德的枷锁，她不想依靠任何男性，勇敢地追求独立与自由。这一女性形象与津岛佑子自身颇为相似，津岛佑子曾回忆说："我一岁时父亲去世，12岁时作为玩伴的哥哥也去世了，他有智力障碍，母亲辛苦养育哥哥，最后却徒留悲伤。后来我也经历了儿子夭折的痛苦……我认为人之生即伴随着死亡。"① 《宠儿》中津岛佑子表达了对父亲和哥哥的怀念：女主人公高子的智障哥哥因患肺炎死去，"高子第一次体会到强烈的丧失感。哥哥和父亲不会再从阴暗的森林中回来了"②。因此《宠儿》有着强烈的私小说色彩，但同时又

① 长安. 太宰治的两个作家女儿 [J]. 书城，2021（11）：71-78.
② 津岛佑子. 宠儿 [M]. 讲谈社，2000：195.

有真实与虚幻的交织。《宠儿》中女性形象的自我矛盾也深刻体现了津岛佑子对母性以及两性关系问题的思考和认识，是女性对自我存在、自我认同探索的一种方式。

2016 年，津岛佑子因肺癌溘然长逝，享年 68 岁。纵观她的一生，幼年缺失父爱，加之哥哥的残疾、孩子的夭折，还有与丈夫的离异，可以说是一个生活失意者。然而性格刚强的津岛佑子通过自己的文学创作，表达了身为女性不惧磨难、不向生活屈服的意志，彰显了她自尊、自强、独立的一面。津岛佑子不仅在文学上对父亲太宰治有继承和发展，在性格方面也受到了其父笔下追求独立自主的女性的思想影响。

◎ **参考文献**

[1] 王先科，林巧英，章小叶 . 津岛佑子小说《宠儿》中的女性形象 [J]. 郑州航空工业管理学院学报（社会科学版），2015，34（4）.

[2] 王先科 . 试论津岛佑子《宠儿》中的"母性"回归 [J]. 长春工程学院学报（社会科学版），2015，16（14）.

[3] 钟一沁，李先瑞 . 讴歌女性的伟大——津岛佑子的文学世界 [J]. 世界文化，2019（12）.

[4] 杨希 . 津岛佑子小说中的女性意识 [J]. 黑龙江教育学院学报，2008，27（9）.

[5] 何芳宇 . 探析太宰治后期作品中的女性形象 [D]. 上海：上海交通大学，2016.

[6] 蓝春敏 . 论太宰治的女性独白体 [D]. 青岛：中国海洋大学，2011.

[7] 孟德林 . 浅析太宰治《斜阳》中和子的情感世界 [J]. 遵义师范学院学报，2017，19（3）：78-82.

[8] 罗冠宇 .《斜阳》和子形象初探 [C]. 第二十九届荆楚学术研讨交流会论文集，2019：89-91.

［9］郑昕．浅谈太宰治《斜阳》中的反抗精神［J］．新纪实，2021
　　（19）：10-12.

［10］太宰治．斜阳［M］．角川书店，2009.

［11］津岛佑子．宠儿［M］．讲谈社，2000.

雪国之绝唱与子夜的呐喊：
川端康成与茅盾文学观的比较研究

陈晓璇　张　琳①

（江汉大学外国语学院　湖北武汉　430056）

摘要：文学是时代的镜子，处于同一时代背景的川端康成和茅盾却形成了大相径庭的文学观。川端康成的唯美虚无，茅盾的革命现实，两位大家的文学观是受多方面因素影响塑造而成的。本文将以川端康成的唯美主义代表作《雪国》和茅盾的都市现实小说《子夜》为例，通过对两人文学作品的赏析来探究川端康成和茅盾文学观的差异和造成两人文学观差异的原因。

关键词：川端康成；茅盾；唯美；现实；文学观

川端康成作为日本文学界的泰斗级人物，是新感觉派作家。他深受佛教思想和虚无主义的影响，善于用意识流写法描绘其笔下人物的内心世界，往往在虚幻、哀愁和颓废的基调上，以病态、诗意、孤独、衰老、死亡来反映空虚的心理、细腻的感情和忧郁的生活，追求一种颓废的至美，以达到一种空灵虚无的艺术之境。反观茅盾，作为中国现代作家，他的作品则是紧跟时事，具有鲜明的时事性、纪实性和传记性的特

---

① 作者简介：陈晓璇，江汉大学外国语学院日语专业2019级本科生。指导教师：张琳，博士，江汉大学外国语学院日语系讲师。

征，作品来源于现实的同时也反映并揭露现实。子夜时分，窗外一团漆黑什么也看不见，正如书名《子夜》，最黑暗的子夜时分，黎明即将到来，而黎明怎么到来？在当时的中国，革命是不可避免的，历史的车轮是滚滚向前的。

中日两国的文学作品因受不同文化的影响，审美是存在一定差异的。但正所谓"文学是时代的反映"，文学无法脱离时代而独立存在，以此为契机，笔者不由得对同一时代形成迥异文学观的川端康成和茅盾产生浓厚的研究兴趣。川端康成悲哀的笔触和象征性的语言到底描绘了怎样一个"世外桃源"？茅盾针砭时弊，所谓子夜时分又有着怎样划时代的意义？从两人特点鲜明的文学作品中又能感受到两位大家文学观怎样的差异？中日文学又有哪些不同？下文将以《雪国》和《子夜》为中心，从表现形式、写作根据和文学思想三个方面来浅谈川端康成和茅盾文学观的差异。

一、唯美与现实

从表现形式上来看，川端康成文学观中的唯美主义体现在其描写语言清新秀丽，作品人物颇具理想色彩；茅盾文学观里的现实主义则体现在他重视社会背景，要求作品反映时代，他的作品往往是带有鲜明的时代感的。

川端康成的小说大多是写男女主人公的恋爱生活，他笔下的人物会弱化相关社会关系，留下几个主要人物，显得笔墨洗练，人物性格和感情变化也更加丰富。代表作《雪国》中虽然出场有岛村、行男、驹子、叶子等一系列人物，但其实只着重描写了岛村、驹子、叶子之间的关系，行男等相关人物只是侧面提及，作为暗线推动情节发展。认为一切都是徒劳的岛村、感性固执的驹子、圣洁虚幻的叶子，川端康成在塑造人物、探索人性的同时，又将其自身对美的感悟融入其中。以《雪国》为例，他自始至终将日本古典传统的自然美和人物形象巧妙融合在了一起。这一点在川端康成对小说中女性人物驹子和叶子的刻画中多有体现。人物丰满而又充满理想色彩的构建是由众多唯美意境营造烘托而成，而丰富的意象又在小说中呈现出了情景交融、虚实相生的诗意空间。小说中不难发现，川端康成非常善于运用镜子和雪这两个意象来表现一种纯洁和虚幻的美。《雪国》开章描写的岛村初遇叶子的场景。"当他无意识地用这个手指在窗玻璃上画道道时，不知怎的，上面竟清晰地映出一只女人的眼睛。……玻璃上只映出姑娘一只眼睛，她反而显得更加美了。"[1](P5)车窗外的昏黄暮色和车厢内明晰的灯光交相辉映，如梦幻光影，窗内窗外，镜面内外，就好像电影里的叠影一般。人物是一种透明的幻像，窗外快速移动的景物则是在夜幕茫茫中实在的暗流，两者消融在一起，共同搭建出了一个超脱人世的象征世界。川端康成在《雪国》中利用镜像交叠真实与幻象，在作品的表现形式上别出心裁，营造出了一种若即若离、似有似无的虚无感。又通过"雪"这一意象贯穿始终，无论是早春的残雪、深秋的初雪还是严冬的暴雪，这个洁白无瑕的美的存在必然会消融。川端康成正是用这种浪漫唯美的表现形式来表达他的文学作品中所特有的哀伤和终极的虚无。

和川端康成的唯美不同，茅盾的现实体现在其创作题材的现实性和叙事风格的时代性。《子夜》是茅盾在关注现实的基础上写就的一部都市题材作品，直接记录概括了20世纪30年代春夏间在上海发生的经济和政治斗争，反映了国民党反动派统治下半殖民地半封建的中国社会现实。《子夜》开篇就交代了这一现实背景："这时候——这天堂般五月的傍晚，有辆一九三零年式的雪铁笼汽车像闪电一般驶过了外白渡桥，向西转弯，一直沿北苏州路去了。"[2](P1)其次，在人物关系方面，不同于川端康成的精简，茅盾追求宏大而严谨的布局，在小说中喜欢采用能够体现时代性的网状结构形式："此时指挥交通的灯光换了绿色，吴老太爷的车子便又向前进。冲开了各色各样车辆的海，冲开了红红绿绿的耀着肉光的男人女人的海，向前进！机械的骚音，汽车的臭屁，和女人身上的香气，霓虹电管的赤光——一切梦魇似的都市的精怪，毫无怜悯地压到吴老太爷朽弱的心灵上，直到他只有目眩，只有耳鸣，只有头晕！直到他的刺激过度的神经想要爆裂似的发痛，直到他的狂跳不歇的心脏不能再跳动！"[2](P8)小说的序曲部分，茅盾花了大量笔墨来写吴老太爷进城：发疯的汽车、高耸入云的摩天建筑、排山倒海扑到眼前又忽而不见的路灯杆……这些充满了物欲刺激的现代光影和声色对吴老太爷产生了极大的冲击，也为后文吴老太爷之死埋下了伏笔。茅盾在塑造人物时是注重刻画人物身上的时代特性的，如果说他笔下的吴荪甫等人是中国文学史上从未塑造过的民族资本家的典型，那吴老太爷、冯云卿、曾沧海等人则是逐渐淹没于时代洪流的封建典型。新旧之争，时代更迭，茅盾在描写个体的命运沉浮之余，借助宏大的人物关系网络重现了时代背景。典型环境中塑造典型人物，历史背景烘托人物特点，反之，人物塑造又映射了现实环境。人的命运和社会与时代是联系在一起的，《子夜》结局吴荪甫们的失败也暗示了唯有他们的失败，才能找到真正适合中国的道路。《子夜》的问世引导了更广大的人民群众关注社会现实，具有开化民智的现实意义。

二、意识流与现代性

从写作根据上来看，如果说川端康成是通过对意识流的创造性运用打破了时空的界限，自我构建出了雪国这样一个虚空世界，那茅盾则是执著于人的解放和对现代都市全景的理性剖析。

到创作《雪国》这一时期，川端康成已经完成了对意识流技巧的创造性运用，从这一倾心力作中足以见得其超高的艺术造诣和追求。文学之前，意识流最初是源自心理学的，美国机能主义心理学家先驱詹姆斯创造这个词用于表现意识的流动特性，个体的经验意识是一个统一的整体，但是意识的内容是不断变化的，从来不会静止不动。意识流文学作为现代主义文学的重要分支，这一概念最先是由梅·辛克莱在1918年评论小说《旅程》时引入文学界的。学术界一般认为意识流是象征主义文学在小说领域的体现，由于其技巧独特、成就很高，因此通常把意识流文学当成一个独立的文学流派来看待。在 20 世纪 20 年代前后，意识流文学传到日本，以川端康成为代表的作家开始对这种文学形式进行了大胆尝试。自此之后，川端康成的文学创作经历了尝试、模仿、创造性运用和自觉运用四个阶段。代表作《雪国》是川端康成对意识流技巧进行创造性运用而创作完成的，作品巧妙运用了自由联想、幻觉、内心独白、象征等意识流技巧，避免了故事的平铺直叙，使得人物形象更加饱满。"你走后，我要正经过日子了。"[1](p114) 驹子对岛村说的这句话是她对未来的展望。而面对火灾，"岛村忽然想起了几年前自己到这个温泉浴场同驹子相会，在火车上山野的灯光映在叶子脸上时的情景，心房又扑扑地跳动起来。仿佛在这一瞬间，火光也照亮了他同驹子共同度过的岁月"[1](p118)。又是岛村在回忆过去。小说最后火灾这一场景在现实中插入了过去和未来，在极短的时间内打破了时空限制，使读者脱离现实，穿梭于过去和未来之间，这正是意识流的典型表现手法。

对于现代性这一概念，卡林内斯库在《现代性的五种面具》[3] 中，追究现代性观念起源于基督教的末世教义的世界观。现代性发展的第二阶段认为现代性是指启蒙时代以来的新的世界体系生成的时代。这一时代具有一种持续进步的、合目的性的、不可逆转的发展的时间观念。这种进化的、进步的、不可逆转的时间观为人们提供了一个看待历史与现实的方式，而且把人们自己的生存与奋斗的意义统统纳入这个时间的轨道、时代的位置和未来的目标之中。作为新文化运动、五四运动先驱之一，茅盾将自身的政治倾向融入其文学创作中，借文学来展现自己的个人思考和民族意识。吴老太爷的晕厥引发众人议论时，张素素询问李玉亭对当时社会的看法，李玉亭是这样回答的："这倒难以说定。可是你只要看看这儿的小客厅，就得了解答。这里面有一位金融界的大亨，又有一位工业界的巨头；这小客厅就是中国社会的缩影。"[2](P19) 茅盾借小说人物之口表现了其自身对时局的思考，这一思考是具有启蒙现代性的。作为我国一部杰出的现实主义长篇小说，《子夜》的启蒙现代性对于人的解放的追求主要体现在茅盾主张新文学表现的对象不再局限于制度化的人，而是具有时代性的、有自主意识的人。《子夜》里的人物是时代性的，既有吴老太爷一辈封建守旧之人，也有吴荪甫等解放思想、自我探寻出路的新时代领袖。然而当时的资产阶级其自身就存在局限性，吴荪甫这一人物作为 20 世纪 30 年代中国民族资本家的典型，在当时中国错综复杂的阶级斗争和社会关系中，不仅需要面对帝国主义的压迫和封建主义的束缚，还要努力克服民族资产阶级本身在政治经济上的软弱性。茅盾通过以吴荪甫为代表的民族资产阶级的最终破产告诉读者一个事实——中国不能走资本主义道路，只有无产阶级领导的工农群众的革命，才是中国真正的希望。

三、艺术与人生

从文学思想上来看，川端康成注重感官体验和审美，为艺术而创造；茅盾看重事实真相，为人生而写作。川端康成的"新感觉派"主张以纯粹的个人感官感觉为出发点，依靠直觉来把握事物的特点，代表作《雪国》延续日本古典文学传统，落笔男女恋情来表现人生无常、万事皆空、灭我为无、无中生有的虚无思想。反观茅盾，强烈的时代色彩和鲜明的意识形态性是其创作的特色，其代表作《子夜》生动描绘了 20 世纪 30 年代国内经济斗争、阶级斗争的现实，为意识形态化的历史观念提供了鲜明的、形象化的历史图景。

《雪国》是川端康成在获得诺贝尔文学奖时被提及的三部代表作之一，诺贝尔文学奖颁奖词是这样评价的："川端康成极为欣赏纤细的美，喜爱用那种笔端常带悲哀，兼具象征性的语言来表现自然界的生命和人的宿命。"小说中，川端康成将自己的文学思想投射在人物身上，岛村多次感慨"徒劳"正好反映了他的虚无主义思想——开头岛村初遇叶子，"只觉得姑娘好像漂浮在流逝的暮景之中"[1](P7)。叶子的美是梦幻的，这种虚幻的美深深吸引着岛村。"待岛村站稳了脚跟，抬头望

137

去，银河好像哗啦一声，向他的心坎上倾泻了下来。"[1](P119)结局叶子之死，大火和银河交错显现，虚与实、真与幻的交错之间，一切都归于了徒劳。

《子夜》是五四运动以来无产阶级革命文学运动中最早出现的一部长篇小说，茅盾以马克思列宁主义为指导思想，站在时代的高度运用革命现实主义的创作方法，深刻反映了20世纪30年代初中国广阔的社会生活，成功塑造了吴荪甫这一民族资产阶级的典型形象。除去文学作品中所展现出来的鲜明的时代性，作为坚定的无产阶级革命主义者，茅盾个人在政治上的倾向又给《子夜》增添了强烈的革命色彩。正如王若飞评价的一样："从茅盾先生的创作历程中，我们可以看到中国社会的大变动，也可以看到中国人民解放运动的起落消长。茅盾先生的最大成功之处，正是他的创作反映了中国大时代的动态，而且更重要的是他创作的中心内容，与中国人民解放运动是相联系着的。"[9]《子夜》将茅盾的革命现实主义的文学思想很好地诠释了出来。

四、川端康成与茅盾文学观存在差异的原因

川端康成和茅盾文学观的差异可以从个人原因和社会原因两个方面加以概括。

从个人角度来看，川端康成和茅盾从小的生活环境和经历截然不同。川端康成自幼命运多舛，至亲接连病故造成了他感伤和孤独忧郁的性格，这种内心的痛苦和悲哀成了后来川端康成的文学底色。可能是幼年经历了很多生死离别，川端康成文学观里比较特别的是，他认为死亡是最高的艺术，是美的一种表现，因而在他的作品中死亡往往被描绘成了绝美的意境。此外，川端康成自幼开始阅读的日本古典文学作品大多带有佛教的无常思想，这对其文学观的形成也造成了潜移默化的影响，他文学观中的虚无思想就与禅宗意识有相当大的关联。茅盾出生于一个思想颇为新颖的家庭里，使得他从小就能够接受新式教育，而且父母对

他追求远大理想抱负也是十分鼓励支持的。受父母言传身教的影响，茅盾从小就心怀天下，十二岁就写出了"大丈夫当以天下为己任"。后来，作为新文化运动的先驱、中国革命文艺的奠基人之一，受自身政治立场的影响，茅盾形成了革命现实主义的文学思想。

再从社会层面来看，首先是中日两国审美观的差异——中国文化中的审美注重"风骨"，相较于情绪而言更注重抒发意志，更加注重理性表达，针砭时弊，语言节奏相对轻快。而日本文化中审美更注重"物哀"，偏向于细腻刻画人物内心的情绪和感受，注重感性抒情。其次是时代发展背景的差异，川端康成创作《雪国》的20世纪30年代正是日本社会各方面矛盾逐渐尖锐的时期，大环境的消极影响下内心的失意、没落、压抑和悲哀更加滋长了他的虚无思想。陶力在《从〈雪国〉看川端康成的虚无思想》一文中认为，川端康成是一位具有东方传统虚无思想的作家，其代表作《雪国》则集中体现了这种虚无思想。川端康成的作品蕴藏着从封建立场出发的对现实社会的否定态度，浸透了根深蒂固的复古的思想情绪。它迎合了军国主义分子所宣扬的国粹主义，是一种对历史必然性的反动。川端康成对东方传统虚无思想及受影响的古典文学的继承，大多局限于消极意义上。借传统虚无之貌，显现实绝望之神，它所反映的，正是资本主义日趋没落、其精神文明日见崩溃的现实。[10]而茅盾当时所处的国内环境，学术思想非常活跃，受新思潮影响，知识分子如饥似渴地吸收外国传来的各种新东西，国内迅速出现了外国的各种思想和学说。茅盾受时代使命的驱使，在众多学说中选择了马克思主义，这直接给茅盾的写作风格增添了浓烈的革命色彩。

五、结语

综上所述，以《雪国》和《子夜》为中心的研究发现，川端康成和茅盾的文学观具有鲜明的差异。两人虽同处一个时代，但是由于不同国家和不同经历的限制，形成了迥异的文学观。在笔者看来，川端康成是用优美的笔触表达其内心的消极，他另辟蹊径，用文字搭建了属于自己的"桃花源"。茅盾则是相信熬过了最黑暗的子夜时分，黎明的曙光就在眼前，正如罗曼·罗兰所说："世界上只有一种真正的英雄主义，就是看清生活的真相后，依然热爱生活。"本文对川端康成和茅盾文学观的比较研究尚不全面，希望日后能有更加深入的研究和学习。

◎ 参考文献

［1］川端康成. 雪国［M］. 叶渭渠，译. 海口：南海出版公司，2013.

［2］茅盾. 子夜［M］. 南京：译林出版社，2015.

［3］马泰·卡林内斯库. 现代性的五种面具［M］. 北京：商务印书馆，2015.

［4］唐文元. 浅析川端康成《雪国》中的虚无之美［J］. 赤峰学院学报（汉文哲学社会科学版），2017（5）：109-111.

［5］袁静文. 川端康成的审美意识在《雪国》中的体现［J］. 外语研究，2004（2）：76-79.

［6］罗清清. 论川端康成文学创作中的"观"照［D］. 广州：广东外语外贸大学，2021.

［7］张辉. 启蒙与审美：《子夜》的现代性张力［J］. 中国现代文学研究丛刊，2021（9）：215-224.

［8］雷曙光. 时代的镜子——评茅盾长篇小说《子夜》［J］. 教育理论与实践，2017（21）：2.

［9］王若飞. 中国文艺界的光荣，中国知识分子的光荣——祝茅盾先生五十寿日［N］. 新华日报，1945.

［10］陶力. 从《雪国》看川端康成的虚无思想［J］. 外国文学研究，1983.

论樋口一叶作品中的浪漫主义

刘雨奇　张远志　张　琳①

（江汉大学外国语学院　湖北武汉　430056）

摘要： 在日本央行发行的 5000 日元纸币上有一位女性作家的头像，她就是樋口一叶。樋口一叶一生虽然短暂，但却给明治文学带来巨大影响并延伸至明治社会本身的思考。本文以樋口一叶作品中的浪漫主义的流变为线索考察樋口一叶浪漫主义文学的发展过程及其特征。

关键词： 樋口一叶；浪漫主义；流变

樋口一叶（1872—1896）展现的，是一位幼时富裕、后期维持生计、不断负债并过着艰难生活的女性形象。樋口一叶以惊人速度进行的文学创作而闻名。在她生命最后的短短 1 年零 2 个月的时间里，发表了《青梅竹马》《行云》《十三夜》《岔路》等小说。樋口一叶因患肺结核去世，年仅 24 岁。经历过富裕和沦落的人生，在这样的矛盾环境下，身为女性，以学习的姿态面对文学，是日本文学界少有的存在。本文将聚焦樋口一叶早、中、后期文学作品中的浪漫主义色彩。樋口一叶在日本具有重要影响力，成为了日本央行发行的 5000 日元纸币正面的人物。作为日本近代批判现实主义文学早期开拓者之一，人们更多关注樋口一

---

①　作者简介：刘雨奇、张远志，江汉大学外国语学院日语专业 2019 级本科生。指导教师：张琳，博士，江汉大学外国语学院日语系讲师。

叶作品中的现实主义色彩，而容易忽视贯穿其一生创作的浪漫主义。并且在日本文坛，樋口一叶作为浪漫主义文学双璧其一本身不可忽视。本文将以关注度较少的浪漫主义为切入点，结合不同时期的作品深入剖析其中的浪漫主义表达，充分显现浪漫主义文学的特点。通过展现这一特点，体现樋口一叶在日本近代浪漫主义文学中的独特性，以揭示浪漫主义在人类文学历史乃至思潮发展、碰撞上的作用，充分表露人类文明进步史的文学特质。

一、浪漫主义思潮的诞生

浪漫主义思潮兴起于英法，兴盛于德国。"浪漫主义的重要性在于它是近代规模最大的一场运动，改变了西方世界的生活和思想。它是发生在西方意识领域里最伟大的一次转折。发生在 19、20 世纪历史进程中的其他转折都不及浪漫主义重要，而且它们都受到浪漫主义深刻的影响。"[1](P8)浪漫主义思潮给文学艺术领域带来深刻变革。"浪漫主义文学理论在 18 世纪最后五六年间的发展无疑促进了欧洲，尤其是德国在 19 世纪头几十年的浪漫主义运动的形成，从而参与到从启蒙运动和古典派学说到浪漫主义的伟大时代变革中去。"[2](P299)由此可见，浪漫主义思潮深刻影响了当时欧洲社会的各个层面，并扩大体现在人类文明历史进程、社会、文化乃至思想等进步过程中。与古希腊先贤亚里士多德等推崇理性的古典主义相比，浪漫主义尊重自由感性的感情表现和多样的审美风格。浪漫主义作为对古典主义的反思而兴起。古典主义是以古希腊、罗马的古典作品为规范，以普遍理性为基础的美学形式。古典主义以构筑完美为目标，遵循值得学习的规范和法则，而浪漫主义艺术家们敢于否定美的等级制度和死板的规则约束，主张自由的创造活动。在浪漫主义时代，文学、绘画、音乐、戏剧等广泛领域的艺术家们互相影响，汇聚而成了浪漫主义思潮。浪漫主义者崇拜自然，追求"回归自然"，以自然的名义崇拜自由、力量、爱情等，向往非现实的世界。也就是说，对现实采取否定的态度，追求梦幻般的精神世界。创作作品中的主人公们追求纯粹的爱情和理想的精神，以及富于怪异、幻想的故事性融合在"浪漫主义"的艺术运动中。这就是浪漫主义在欧洲的起源和兴起。

日本的浪漫主义出现在明治20年代以后。从德国留学归国的森鸥外的《舞姬》被认为是日本浪漫主义的第一部作品。其特征是，随着个人主义、自由主义思想的发展，以从封建体制中解放和确立自我为目标。日本浪漫主义思潮结合自身特点，关键点如下：追求自我解放，恋爱至上，空想的唯美，幻想和神秘以及自然的永远性。这些特点在日本浪漫主义文学中，尤其是以樋口一叶为代表的作品中体现得淋漓尽致。同时有学者认为："日本浪漫主义的兴起，在一定意义上标志着日本古典时代的终结。也是日本文学界后来的自然主义、现代主义等一系列文学思潮共生共存、各领风骚的新局面的开拓者。"[3](P85)

二、早期作品中的浪漫主义

樋口一叶的作品根据创作风格来划分，可大致分为三个阶段，即早期、中期、后期三个部分。第一阶段是明治26年2月发表的《晓月夜》之前的作品，作品受古典文学以及同时代前辈作家的影响很大，具有较强传统性；第二阶段是从《雪日》（明治26年3月）到《暗夜》（明治27年7月至11月）发表的时期，这一时期是樋口一叶创作风格形成的过渡期。第三阶段是樋口一叶在《文学界》上发表《大年夜》开始，约1年半内所发表的后期作品，也是其生命的最终时刻交织点，包括《行云》《浊流》《空蝉》《十三夜》《青梅竹马》等，是其创作风格的成熟期。

樋口一叶早期作品中始终围绕着爱情这个主题。学者研究认为："樋口一叶作品在其创作早期就受到《伊势物语》中青梅竹马式的恋爱的影响，并贯穿于全部创作，这是她浪漫风格形成的基础。"[4](P110) 樋口一叶早期作品《暗樱》体现了古典主义和浪漫主义的双重美。"生怕凉风吹动了头上的簪花，祈愿她能平安活到龟鹤之年，于是起名千代，寸草亲心可见于此。"[5](P1)从用词中可以看出细腻、温柔、体贴，加上作品中不时出现华丽色彩的景物描写，体现出其浪漫风格。其中，樋口一叶还使用或大量化用日本古典经典《古今和歌集》中诗句，引用"旃檀出叶就芬芳"[5](P1)等来抒写场景画面。这样的表现手法反映了当时的时代特征，即日本正处于刚开始接受西方文化冲击、古典主义文学和浪漫主义文学互相融合碰撞的过程中。樋口一叶正好处在这一关口；她自身生活条件尚且充足，暂无经济顾虑和透察底层社会现象的必要实践。作品的结尾，简单几笔交代了错过的遗憾："阿良哥哥。千代气若游丝。什么？良之助回头。明天，我再跟你说对不起。"[5](P7)"小院无风，檐上落樱飘摇。夕阳的余晖中，晚钟响起。"[5](P7)檐上却见樱花纷纷飘落，漫天夕照的晚钟幽幽催人悲伤。结尾笔触显露真情，纤细的感情十分特别。全文浪漫气息十足，樋口一叶掌握的经典又使全文蕴涵了古典美。另一部作品《晓月夜》与《暗樱》表现的全文色彩大致相同，浪漫主义色彩大同小异。从浪漫主义文学观来看，樋口一叶早期作品严格意义来讲不能算作纯粹的浪漫主义作品，《暗樱》等早期作品中大量化用了日本古典文学作品中的诗歌，《伊势物语》《古今和歌集》充沛了樋口一叶早期文学作品的古典美，同时以樋口一叶描写的浪漫氛围为衬托。可以说，樋口一叶长期学习古典文学，深受古典审美的熏陶。对半井桃水的爱慕之情成为她心中的伤痕，这段单恋一直持续到最后。这段无法燃烧的恋情，让樋口一叶压抑了自我，也让她的小说呈现出虚无的美感。剖析本阶段樋口一叶浪漫主义的表现手法，其主要借鉴古典作品和同时代前辈的手法来表现，通过日本经典著作的表现手法的学习模仿和演变而成，樋口一叶私塾学习经历和日本古典文学造成了强烈的影响，个体的浪漫主义多元性结构特征不是非常明显，且没有多少个人的创造。

三、中期作品中的浪漫主义

樋口一叶在与《文学界》接触和交流中接受了《文学界》浪漫主义的文学理念，把自己的亲身体验记为素材，写下了具有自传性质的小说《雪日》并发表在《文学界》上。樋口一叶浪漫主义小说的第一作《雪日》描写主人公阿珠与东京来的一位教师邂逅，产生了恋情。"悔不当初，万事已成定局，浮世间不会有终了的时候，我还为薄情寡义的男子坚守贞洁，保全名节，诚如紫式部和歌中的那句——纷纷细雪如愁思霏霏落下，愁更愁。无辜的白雪今日又来装饰我家的残垣，感时雪落，我多么怀念往昔啊。"[5](P103)故事结尾阿珠虽然觉醒和获得了解放，但她并不感到喜悦，内心反而后悔自私自利。随着樋口一叶自主意识的觉醒，她对日本社会新旧矛盾处理等问题有了自我见解，体现了近代浪漫主义的文学精神和恋爱观。此外，《雪日》与早期作品不同的最大特点，就是采用第一人称回想形式推动情节发展，这与日本历史上非常重要的一种文学体裁——"私小说"存在关联。

日本有强调主张情感为根基的文学传统，强调以个人感情为主的"真实"精神。明治时期出现了独特的小说体裁"私小说"，即"以第一人称叙述"，并"以自己生活体验为题材的自叙体小说"。《雪日》中不乏针对"我"的心理描写："我懵懂的心总觉得惴惴不安。忽然看见天空有白色的东西霏霏下落，要下雪了，想必姨母一定很冷吧，我靠在暖炉边思忖着。"[5](P102)《雪日》就像一部爱情斗争回想录。就这样，樋口一叶描写的少男少女执著于感情的斗争，充分表达了作者热烈追求原始的内涵和朴素人性的浪漫主义情怀。

明治26年后，樋口一叶创作的个性逐渐显露，浪漫性得到更大程度的发挥，直到《大年夜》的发表，可以看作这一创作风格的过渡期。平铺直叙的《大年夜》写出了市井生活的苦不堪言。小说中这样写道："穷人因为穷，总要受冤枉，有口难辩，人家一定取笑说，这是穷人要惯的把戏吧。嗳,多难受呀,怎么办哪!"[6](P42)很容易发现,小说描绘的场景人物就是樋口一叶同时期的自己。小说结尾却以幽默结束,阿峰并不是依靠自己掌握了命运。底层社会现状在樋口一叶笔下看似调侃,实则同情。从浪漫主义文学观点来看,这是樋口一叶浪漫主义情调最浓郁的一段时期。总之,《雪日》描写了少女的感情奋斗史,营造出樋口一叶不懈追求朴实人性的浪漫主义情怀,而《大年夜》继承和发展了《雪日》所表达的浪漫情怀。不过,《大年夜》更为突出地关注了人们的真实心理活动,即"人情"。《大年夜》可以说初次沾染了写实主义色彩。这个阶段,樋口一叶的浪漫主义处于鼎盛时期,完成了从模仿借鉴到自我改变与创造的转化,这也与其自身阅历逐渐增长,世事变故带来的成熟密不可分。

四、后期作品中的浪漫主义

樋口一叶后期作品中,首先需要面对以下问题:何为写实主义?如何解释浪漫主义、写实主义和自然主义的区别?在明治维新以前的日本文学里,流行着"惩恶扬善"这一主题。随着明治维新、日本人向西方学习文化,人们开始以更切合现实的作品为目标,这就是"写实主义"。写实主义作品习惯将平民作为主人公,生动表现喜怒哀乐和各种欲望。写实主义进一步发展,产生的是"自然主义"。自然主义是在写实主义的要素上,加入环境和社会等现实性来执笔的,结果是以贫困、暴力、歧视等为主题的自传性作品多了起来。另外,与写实主义相似却略有不同的是"浪漫主义"。浪漫主义以封建制度解放为主题,这种文学风格习惯细致描写个人的情感,其中充斥了许多恋爱和神秘题材的作品。正是这样,樋口一叶用浪漫主义的叙事手法,架起了后期通向现实主义的桥梁。『小泉八雲東大講義録』(ラフカディオ・ハーン)中提到一点极为重要,那就是能够发现自己的文学才能朝什么方向发展。如果觉得能凭借想象力而不是观察力进行更好的创作,就一定要尝试写浪漫主义的作品。但是，如果觉得运用感觉，通过观察、比较能做得更好，就应该采用写实主义的手法。这关系到自我选择的文学道路。可以说，樋口一叶因为现实生活的无奈，无形中倒逼自己，更加多地联系起了文学与生活，使得樋口一叶文学真正凸显出其自身价值和魅力所在。

樋口一叶于明治28年（1895年）发表了《十三夜》。樋口一叶因为家中贫困不堪，本人也不得不在贫民窟住了一段时间。这是《十三夜》的创作背景，却给她极大的文学现实性质转变。樋口一叶《十三夜》中"那么一个聪明能干的人，如今完全变了样子。听说他得到我出嫁的消息后，就突然变得自暴自弃起来，整天在外游荡"[7](P43)预料了结局。小说结尾"一个向东，一个向南。马路两边的垂柳在月影下悠悠飘动，黑漆木屐的声音好似无力。村田的二层陋屋，原田的深宅大院，都有人各自体味着辛酸的滋味"[7](P47)。千代和阿关再也没有相遇。短短几年间，早期、后期手法大相径庭。虽然后期《十三夜》与早期《暗樱》相比写作手法和内容有很大差异，但是主线都围绕了爱情而铺陈细节，并且以悲剧结尾，千代和阿关最终沦落于爱情的自我吞噬。樋口一叶用浪漫的写作手法，表现出现实批判的意愿，这种思想对于当时的女性来说是超出时代标准的。《十三夜》扉页写着"我是为了抚慰世间女性的疾苦和失望而降生到这世上的"[5](P1)。从这超乎时代标准的醒悟可见一斑。樋口一叶代表作《青梅竹马》描写了即将进入青春期的孩子成长为大人的过程。但是，樋口一叶的这部作品描绘的不仅仅是青涩的少男少女的故事，而是长大后的残酷。《青梅竹马》很容易使人再次联想到《十三夜》中的阿关。爱情在樋口一叶的笔下是艰辛的，是一种奢侈，真实存在又触不可及。"带一抹红色的友禅染碎布寄托了情思，以楚楚可怜的姿态，无用地停留在格子门外。"[8](P49)作者巧妙设计，没有实质性的爱情发生，双方却在心中萌生爱意，平添微妙朦胧，故事就此落幕。

《青梅竹马》重点描绘了主人公的感情纠葛，对深重的封建制度予以了有力的抨击。与此同时，在表现技巧上，巧妙地使用日本传统女性文学的"和文体"，语言朴实无华。值得一提的是，《青梅竹马》在形式上沿袭了古典主义的语言风格，但在思想内涵上又兼具以后出现的浪漫主义文学的特征，可以说是跨日本古典主义与浪漫主义的杰作。文末一个霜降的早晨凄凉忧郁，结尾"此恨绵绵。莫非是亡者的魂灵吗？拖曳着长长的光芒，掠过那个叫寺院山的小土丘。据说有人亲眼见过"[8](P51)。可以看出，作品视野明显向社会扩展，文体表现也出现新的变化，写实手法由此确立。作者以坚定的信念明确把握对象，标志着樋口一叶的文学创作向写实主义的转变。尽管如此，樋口一叶文学创作的浪漫并没有消失，其主题仍然是以抒情的笔调描写恋爱与情感，写作风格在倾向写实的基础上，超出恋爱本身而走向广阔的社会。

樋口一叶擅长在小说中抒发情感，用这种笔调去展示人物命运。这也使她的小说披上了一层浓厚的抒情色彩。同时，樋口一叶喜欢运用经典，从日本古典文学中发掘辞藻，表达构思。这种构思添加了几分神秘，同时渲染景物的色彩，平添传统文化场景，巧妙描绘了故事线叙述和观赏性。森鸥外在《栅草纸》中高度赞扬樋口一叶，赠与其"真正的诗人"的称号。无论是创作风格还是创作背景，樋口一叶作品中的浪漫主义表现与日本同时期浪漫主义文学既大同小异，也将自身追求发挥得淋漓尽致。樋口一叶深刻影响了日本浪漫主义文学。她的浪漫主义恋爱观，诸如"少男""少女"的内心独白无不体现、映射出宝贵的自我独白。北村透谷、田边花圃等同时代浪漫主义文学作家也给樋口一叶带来诸多影响，樋口一叶在浪漫主义表达上偏重写实的、古典的浪漫主义，她的所有作品几乎都具备浪漫性，表现出难能可贵的近代性。她关注场景的发生，仔细观察世界。她拥有的浪漫主义憧憬逐渐影响社会，在贫富差异等社会尖锐问题上赢得广泛讨论，深刻影响了日本文坛和日本社会，她被日本文坛誉为"明治紫式部"。

需要指出，《十三夜》文末结尾在无可奈何的宿命面前，两位主人公回味昔日的美好时光，没有告别。从此，一个在村田家开的小店二楼上，一个在原田公馆的深院里，他们只有在悲哀中追忆往事，作品至此戛然而止；《青梅竹马》文末结尾，看似得到了爱情却又无法享受，樋口一叶想要表达的心理十分微妙又耐人寻味。可以看出，两个作品结尾无不体现浪漫主义空想的唯美、幻想和神秘。与此同时，尽管樋口一叶的"私小说"也有种种局限，但是这种局限和不足来源于当时日本社会整体的遗憾和樋口一叶仓促的人生。本阶段作为樋口一叶生命和文学的绝唱，大放异彩。颠沛流离的生活和对社会的洞察结成了硕果，樋口一叶浪漫主义的纯粹变成写实和倾向现实的描述。"一叶的奇迹14月"成为樋口一叶一生绽放光芒的时刻，成为我们解读明治文学，尤其是解读日本浪漫主义文学乃至日本近代文学不可忽视的重要组成部分。

结语

樋口一叶作品的构成可以说是深刻的现实体现、独特的浪漫主义写实文风和文学构思相结合。纵观作者短暂的一生，其浪漫主义的流变原因与时间串联，作者一生的经历与其创作紧密联系。早期作品中作者仅仅沉浸在自我追求的浪漫和想象中，寻觅对日本古代经典的寻章摘句。作者单单凭借少女诠释自己的爱情。中期作品中作者逐步摒弃单纯的爱情，追求部分的真实。而后期作品完全相反，这个时期的作者家贫凄凉，现实的黑暗改变了早期的爱情观念。作者通过浪漫主义基调批判现实，书写不纯粹的爱情抒发情感。樋口一叶浪漫主义流变的特点也与作者自身命运息息相关。值得注意的是，樋口一叶作品中始终围绕浪漫主义文风，尽管前后风格相去甚远，但作者坚持以绵密的情感为主要基调来进行创作，从先前的纯粹浪漫向以批判现实为媒介抒写现实的浪漫逐步过渡。总之，樋口一叶作品中的浪漫主义历经自我和岁月洗礼，不断变革和完善，丰富和发展了更深层次的浪漫主义文学表达方式，以浪漫主义的手法推动现实的醒悟，深刻揭露了日本明治时期的人情世故，是日本明治文学和日本近代浪漫主义文学不可或缺的组成部分。

◎ **参考文献**

[1] 以赛亚·伯林. 浪漫主义的根源 [M]. 吕梁, 洪丽娟, 孙易, 译. 南京: 译林出版社, 2011.

[2] 恩斯特·贝勒尔. 德国浪漫主义文学理论 [M]. 李棠佳, 穆雷, 译. 南京: 南京大学出版社, 2017.

[3] 肖霞. 日本浪漫主义文学的发展及特征 [J]. 外国文学, 2003 (4): 85-90.

[4] 肖霞. 论樋口一叶的浪漫主义文学创作 [J]. 山东大学学报, 2005 (1): 109-114.

[5] 樋口一叶. 十三夜（暗樱）（雪日）[M]. 林文月, 译. 南京: 译林出版社, 2011.

[6] 林岚. 樋口一叶与《大年夜》 [J]. 东北师范大学学报, 1993 (4): 41-43.

[7] 樋口一叶. 十三夜 [M]. 杨栩茜, 译. 北京: 现代出版社, 2019.

[8] 樋口一叶. 青梅竹马 [M]. 杨栩茜, 译. 北京: 现代出版社, 2019.

从文化角度看《牡丹亭》和《罗密欧与朱丽叶》人物形象与戏剧冲突的差异①

杨佳咪②

（江汉大学外国语学院　湖北武汉　430056）

摘要：16世纪，东西方诞生出了当时最伟大的两位戏剧大师——汤显祖和莎士比亚，他们各自的作品分别代表着东西方戏剧的特征。汤显祖代表作《牡丹亭》与莎士比亚名作《罗密欧与朱丽叶》创作时间虽然只相差三年，但是这两部名剧在赞美男女爱情自由、渴望个性解放、冲击封建伦理上面都有些许共同特征。本文将这两部作品纳入东西方文化的视野相互比较，旨在通过对人物形象和戏剧冲突进行对比发现异同。在人物形象方面，同在杜丽娘和朱丽叶皆是为了爱情去打破世俗之见；异在前者最后屈服于封建礼制的束缚，后者可以完全依靠自身的力量去追求爱情。在戏剧冲突方面，同在二者是因为爱情与世俗之间的矛盾而引起的冲突；异在《牡丹亭》的结局暗含对封建礼制的屈服，而《罗密欧与朱丽叶》的结局暗含着人文主义爱情理想的最终胜利。

关键词：《牡丹亭》；《罗密欧与朱丽叶》；戏剧冲突

---

① 本文是江汉大学一般项目"汉英事件名词的特征结构与认知机制研究（项目编号2021yb123）"的阶段性成果。

② 作者简介：杨佳咪，江汉大学外国语学院学科教学（英语）专业2021级研究生。指导教师：邬忠。

一、引言

（一）两部作品的背景

16 世纪时，东方与西方两个最杰出的剧作家——汤显祖和莎士比亚分别完成了世界文学历史上不朽的戏剧——经典戏剧《牡丹亭》和爱情戏剧《罗密欧与朱丽叶》。虽然这两部戏剧的时间差只有三年，但各自代表着东西方戏剧文化的辉煌成就。

400 多年来，这两部杰作经久不衰，至今仍在舞台上表演。两部剧作在人物形象和戏剧冲突等方面有许多共同点。通过对这两部戏剧的比较分析，我们可以进一步了解汤显祖戏剧与莎士比亚戏剧的异同，也有助于我们探讨东西方古典戏剧的特点和规律。它们超越了时间和空间的限制，成为中西文化和艺术的象征之一。《牡丹亭》和《罗密欧与朱丽叶》代表着整个明清时期的戏剧和莎士比亚的戏剧，展示了当时那个时代的重大社会问题，呈现了人们追求自由爱情与封建势力之间的冲突。

（二）研究现状

两部作品在抨击封建专制、歌颂爱情自由等方面具有共同的文化特征。多年来，学术界一直把《牡丹亭》和《罗密欧与朱丽叶》作为比较研究的热点。对这两部作品的比较研究可以从多个层面、多个角度进行：胡慧从两部作品的矛盾中心与处理方式的异同来进行对比（胡慧，2018）；李建军从杜丽娘与朱丽叶的爱情悲剧进行分析（李建军，2016）；李欢从两部作品的背景和悲剧的结局进行对比（李欢，2012），而本文旨在避免单一的文本解读，力求充分展现两部作品中杜丽娘与朱丽叶人物形象之异同与戏剧结构冲突之异同。

二、朱丽叶与杜丽娘人物形象之异同

两部作品的女主人公都是冲破封建枷锁，追求美好爱情理想的化身。在《牡丹亭》中，杜丽娘是一位典型的中国传统美人。她出身名门，从小就接受严格的封建教育，行为举止不能有一丝出格。在学府里，她似乎总带着一副温柔的面孔，对繁冗的封建礼教也保持着尊重。然而，沉重的思想枷锁慢慢地让这个大家闺秀在本该无忧无虑的年纪变得越来越抑郁，最终引发了她对周围一切的怀疑和不满。在亭下与柳梦梅一见后，两人私定终身，彻底唤醒了她对爱情的向往与迷恋。最终，她在梦中得到了柳梦梅的爱。但当她醒来后，急切地想把梦境转为现实，"寻梦"正是她反抗性格的进一步发展。杜丽娘之所以愿意选择自我终结，是因为她的梦想没有实现。但她的死只是她爱情的另一个开始，她的游魂还在和柳梦梅继续相会，继续过着以前梦中的美满生活。这时，杜丽娘已经完全不限于满足人鬼之恋，她要求柳梦梅掘墓，让她复生。为情人死去，也为情人而再生；为理想而牺牲，也为理想而复活。她最后又回到了现实世界，和柳梦梅成就了姻缘。

在《罗密欧与朱丽叶》中，朱丽叶是文艺复兴时期人文主义者理想的新女性形象。她美丽而纯洁，善良而温柔，忠诚而倔强。14岁以前，她在父母的保护下生活得无忧无虑。她像"小绵羊"一样温顺，像"小鸟"一样快乐。然而，一旦真爱降临，她就陷入了命运的诡计——她爱上了她的仇家。在花园里幽会后，她既开心又难过。她不顾家庭世仇的禁忌，勇敢地接受了罗密欧的爱，并秘密地与罗密欧举行了婚礼，这体现了她的叛逆精神。罗密欧被放逐后，她的勇气和智慧更加淋漓尽致地展现出来。面对父母的逼婚，她一方面假装让步；另一方面，她转向牧师寻求帮助。对于无比虔诚的真爱，让她接受可能不再醒来的考验。她毫不犹豫地拿着神父给她的"毒药"，当她从"死亡"中醒来时，第一件事就是去找她的丈夫，但当她听说罗密欧已经死了，她拒绝了牧师的帮助，然后在爱人的身边自杀了。可以说，她就像一株出淤泥而不染的水莲，对于爱情奋不顾身，保持自己的纯粹与热烈。

从上面的阐述中，我们可以看到杜丽娘和朱丽叶其实有很多共同点。她们生来高贵、美丽、聪明，都有一个两心相悦的爱人。更重要的是，她们有着同样强烈的抵抗精神和为爱情自由而战的决心。当她们的爱不能得到家庭和社会的认可时，能为其舍命战斗，最终赢得了世人的认可。然而，在中西方文化背景差异的影响下，这两位女性形象还是有一定的不同的。

朱丽叶是一个有着强烈的人文理想、自由爱情观的女性，这在她身上表现得很突出。她生于资产阶级权力登上历史舞台的文艺复兴时代背景下，公共的社交活动让年轻男女之间可以很好地进行交流，所以她可以自由地和罗密欧跳舞，谈论爱情和婚姻，甚至她可以在别人的帮助下秘密结婚。在这种相对自由的社会环境下，朱丽叶早已摆脱了家族思想的束缚，她是文艺复兴时期的缩影，是自由的象征。

相比之下，中国传统的封建礼教观念对杜丽娘的影响很大。在她出生之时，中国已经产生了资本主义思想的萌芽，但是强大的封建伦理和儒家思想仍然牢牢地禁锢着明朝社会，新思想处于被压抑和不敢公开的状态。因此，儒家的封建礼教深深地烙印在杜丽娘的心中。游园之后，由于梦境而产生的对爱情的不可言说的渴望，都是她自身矛盾和弱点的表现。成为鬼魂后，杜丽娘摆脱了种种顾忌，找到了梦中情人和她的婚姻。虽然杜丽娘对爱情的渴望与朱丽叶相似，但杜丽娘死而复生后，她还是遵循父母的吩咐和媒人的说媒为自己和柳梦梅牵线搭桥，她对于封建礼制依旧有一定的依赖，不能像朱丽叶一样彻底与家族条规决裂。

三、戏剧冲突之异同

戏剧冲突是戏剧艺术的基本特征和灵魂，是一种审视戏剧独特的视角。不存在没有冲突的戏剧，所有伟大的悲剧都必须包含不同形式的冲突。法国戏剧理论家 Jean Boulogne 说："戏剧是人们在与限制力量进行斗争时的意志表达。"（Jean Boulogne，1956）我们每个人都站在舞台上，与命运抗争，与社会法律抗争，与自己抗争。可见，戏剧冲突是一种特殊的艺术形式，它表现的是人与人之间的矛盾关系和人的内在矛盾，是人与自然、社会和自身斗争的结果。《牡丹亭》的基本冲突是爱情与礼仪的冲突、是杜丽娘对爱情的渴望与中国封建礼教的冲突、婚姻自由与封建礼教的冲突。从冲突的体现来看，杜丽娘作为一个受过良好教育的大家闺秀，比历史上其他反抗封建礼教的女性受到的束缚更严重。不仅她本人与现实世界存在冲突，她的爱情也受到封建礼教的压抑。虽然她有一个梦中情人，但她却不敢去追求。她认为这是不道德的，在社会层次上看是不允许的。所以她渴望爱情，但却不能如愿以偿。最后，杜丽娘化为鬼魂，以另一种方式来追求理想。

如果说杜丽娘是爱情与礼仪冲突的化身，那么《罗密欧与朱丽叶》的悲剧则是爱情与世仇斗争的结果。罗密欧和朱丽叶相处非常融洽，他们之间没有冲突，但是他们的爱情是建立在宿仇的基础上的，这样巨大的冲突有其必然性。Lawrence 说："冲突是一种更大的力量，我们无法对抗，也无法打破我们最初的计划。"（Lawrence，1983）这种力量是任何人都无法抗拒的，是残忍的封建家族势力与代表人道主义爱情理想之间不可避免的冲突，在这种情况下，悲剧是不可避免的。通过《罗密欧与朱丽叶》的爱情悲剧，莎士比亚试图表现出人文主义爱情的理想以及这种理想的必然胜利。深深相爱的罗密欧和朱丽叶最终成为赎罪的羔羊，他们的死使两个世仇的家族和解了。

相比之下，从某种意义上来说，《罗密欧与朱丽叶》既可以看作一部乐观的悲剧，也可以看作一部喜剧，而汤显祖则通过杜丽娘追求爱情的情节来表达对封建礼教的不满。杜丽娘将自己的爱情理想置于一个理想化、虚幻的世界中。她因爱而死，也因爱而与梦中情人结婚。在追求爱情的过程中遇到了美丽的梦，梦境中的温暖与现实的冷峻形成了对比，从这个意义上说，《牡丹亭》可以说是一部悲喜剧。

四、结论

总而言之，通过对《牡丹亭》和《罗密欧与朱丽叶》的比较，我们可以得出这样的结论：对于两部作品中的女主人公，杜丽娘为爱而生，为爱而死，但最终还是不能完全脱离封建礼制，从某种意义上说，她并没有最终脱离世俗的束缚，而对于朱丽叶来说，她敢于为了爱情放弃整个家族，为爱人放弃自己的生命，她是真正的人文主义的象征——自由、勇敢、热烈。在戏剧结构冲突上，同在二者是因为爱情与世俗之间的矛盾而引起的冲突，异在《牡丹亭》的结局暗含对封建礼制的屈服，而《罗密欧与朱丽叶》的结局暗含人文主义爱情理想的最终胜利。从某种意义上来说，《牡丹亭》是一部爱情悲剧，而《罗密欧与朱丽叶》是一部爱情喜剧。

我们可以得出，即使是在不同的文化背景和阶层中，人们对爱情的追求和对美好事物的追求是不变的。然而，由于各个方面的差异，表达方式有所不同。朱丽叶大胆奔放的爱情和杜丽娘细心深沉的爱情，都是为了心爱之人而抵抗世俗观点，而这些都在鼓励人们去追求爱情、赞美自由。希望通过对两部作品的比较研究，我们可以进一步了解中西方文化，从而促进相关领域的跨文化研究。

◎ **参考文献**

[1] Arturo Leyva Pizano. Speaking Without Words: Luhrmann's Adaptation of *Romeo and Juliet* [J]. Interdisciplinary Literary Studies, 2020, 21 (4).

[2] Duan Junhui. Begetting the New: The Marrow of Originality as

Discovered from the Making of Shakespeare's *Romeo and Juliet*: Part 2. Creation Demystified [J]. Journal of Aesthetic Education, 2020, 54 (2).

[3] (明) 汤显祖. 牡丹亭 [M]. 北京: 人民文学出版社, 1963.

[4] [英] 莎士比亚. 莎士比亚全集 [M]. 北京: 人民文学出版社, 1994.

[5] 胡慧. 教材里的中西爱情书写对比——以《牡丹亭》和《罗密欧与朱丽叶》为例 [J]. 语文建设, 2018 (21): 46-48.

[6] 李欢. 中西文化互观下的《牡丹亭》与《罗密欧与朱丽叶》 [D]. 长沙: 湖南师范大学, 2012.

[7] 李建军. 并世双星灿大空——论《牡丹亭》与《罗密欧与朱丽叶》 [J]. 兰州学刊, 2016 (8): 5-24.

[8] 邵慧婷, 段俊晖.《罗密欧与朱丽叶》和《牡丹亭》的诗性美学对比研究 [J]. 外国语文, 2020, 36 (2): 71-78.

乔叟对中世纪"世俗婚姻"的超越与突破

——以《学士的故事》为例

张俊丽①

（江汉大学外国语学院　湖北武汉　430056）

摘要： 法国历史学家乔治·杜比（Georges Duby）将中世纪欧洲的婚姻分为"世俗社会模式"和"教会模式"，这两种模式一起作用和影响着欧洲中世纪的婚姻直至 16 世纪中期。其中，"世俗社会模式"其规则和习俗主要来自世俗罗马法，具有有夫权的特色，"教会模式"则是基督教会通过几个世纪的修订与完善发展而来。本文将以《学士的故事》为例，重点探讨中世纪欧洲世俗婚姻的特色，及乔叟对其思想的超越与突破。这种超越与突破体现在：真诚赞美女性，发掘女性自身所具备的美德，还原女性身份，肯定女性特质；肯定妇女在家庭中的地位和价值，鼓励女性打破婚姻中父权、夫权的桎梏。

关键词： 世俗社会模式；世俗婚姻；中世纪婚姻；有夫权特色

一、前言

法国历史学家乔治·杜比（Georges Duby）将欧洲中世纪的婚姻分

---

① 作者简介：江汉大学外国语学院大学英语系讲师，研究方向为比较文学。

为"世俗社会模式"和"教会模式",这两种模式一起作用和影响着欧洲中世纪的婚姻直到 16 世纪中期。其中,"世俗社会模式"的规则与习俗具有有夫权的特色,"教会模式"则是基督教会通过几个世纪的修订与完善发展而来。

本文将以乔叟的《坎特伯雷故事集·学士的故事》为例,着重探讨乔叟对中世纪欧洲流行的"世俗婚姻"思想的超越与突破,这也是对文艺复兴时期人文主义女性观的超越与突破,进一步打破了中世纪流行的"厌女"思想。

二、世俗婚姻的特色:以《学士的故事》为例

欧洲中世纪的世俗婚姻受世俗罗马法的影响较为深远,正如历史学家 C.N.L. 布鲁克所说,其规则和习俗"好像十分自然地来自罗马法"①,具有有夫权特色。这一婚姻模式在《学士的故事》中表现得尤为鲜明,它主要有以下四个方面的特色:

(一) 一夫一妻制,具有有夫权特色

世俗罗马法认为:婚姻是一夫一妻的终身结合,神事和人事的共同关系,其目的是为了继血统、承祭祀,因此法律禁止独身。优秀的国君沃尔特因为独身,没有继统的子嗣而引起大臣的担忧。在与格里泽尔达结婚之后 4 年,儿子出生,臣民"全都唱起了圣歌,来颂扬神明"②,庆贺继承血统和爵位的男性子嗣的诞生。

古罗马早期,流行的婚姻方式是与夫权相伴产生,因此在古罗马的《十二铜表法》中将其确认为"有夫权婚姻"。在有夫权婚姻制下,夫

① C.N.L. 布鲁克. 中世纪的婚姻思想 [M]. 牛津:牛津大学出版社,1989:39.
② [英] 乔叟. 坎特伯雷故事 [M]. 黄杲炘,译. 上海:上海译文出版社,2013:562.

权是父权的基础。丈夫对妻子、子女和一定数量的奴隶有生杀予夺的权利，妻子和子女都是丈夫的所有物和所有财产，可以任意杀戮和买卖。在沃尔特两次杀子和休妻再娶的试探中，我们不难发现：沃尔特对子女和妻子格里泽尔达都握有绝对的生杀予夺权利。血统不纯即可为杀子的借口，出身不高即可为休妻的理由。作为妻子的格里泽尔达在面对沃尔特杀子试探的行为时，说："孩子和我本都是属于你，你手中握有我们的生杀之权，按你的心思做，我们心甘情愿。"① "你是我们的主人，用不到问我，按你的心意去处理你的东西。"② 两次杀子试探，格里泽尔达都表现得顺从、谦卑，毫无怨言，这并不是说格里泽尔达是一个不合格的母亲。从文中沃尔特 "清楚地知道，除了爱他，妻子最爱的便是女儿和儿子"，以及母子重逢之后，格里泽尔达两次昏厥的反应中，我们可以知道：格里泽尔达爱自己的孩子。在这里，格里泽尔达以一个 "不合适"（unbecoming）③ 的母亲形象出现，建构起了一个有夫权婚姻制下理想、合格的妻子形象。

为了婚姻的稳定，世俗罗马法一方面极力渲染夫妇之道，要求妻子忠贞于自己的丈夫；另一方面，又放开对男性的束缚，允许、鼓励其占有更多女性。两次杀子试探之后，沃尔特以佯装休妻再娶的方式来试探妻子。对此，格里泽尔达说："多年来我始终是你忠实发妻。"④ "如果还改嫁，天主也不会赞成。"⑤ 反观沃尔特，他对格里泽尔达说："来

---

① ［英］乔叟. 坎特伯雷故事 ［M］. 黄杲炘，译. 上海：上海译文出版社，2013：556.

② ［英］乔叟. 坎特伯雷故事 ［M］. 黄杲炘，译. 上海：上海译文出版社，2013：563.

③ 张亚婷.《坎特伯雷故事》中 "不合适" 的母亲 ［J］. 国外文学，2013（2）.

④ ［英］乔叟. 坎特伯雷故事 ［M］. 黄杲炘，译. 上海：上海译文出版社，2013：572.

⑤ ［英］乔叟. 坎特伯雷故事 ［M］. 黄杲炘，译. 上海：上海译文出版社，2013：572.

同我成亲的新娘已经上路。"① 这表明：在未正式提出休妻之前，新妇已经选好。虽然只是为了试妻，但也表明：沃尔特本人对妻子还未休掉就立马物色新妇的行为，丝毫不觉得有何不妥。忠诚于伴侣这一规定和道德规范只严格限制妻子，对丈夫则表现得极为宽容。而文本中，不同阶层的人们对这一事件的反应也充满展现了当时社会对这种"世俗婚姻"的接受与认同。首先，沃尔特停妻再娶，假托已取得了教皇的同意，说明当时的基督教会也认可这种单方面停妻再娶的行为。其次，民众在见到所谓的新妇后，纷纷称赞沃尔特聪明能干。对沃尔特没有任何正当理由的杀子休妻，除了部分有心肝的人对格里泽尔达表达怜悯同情之外，没人谴责他的不忠与残忍行为。这些都彰显了这一时期的世俗婚姻对夫权的维护与宽容。

(二) 夫妻财产法律关系上：保护夫方财产，维护夫权

在古罗马的有夫权婚姻制下，妻方从原家庭带走的财产为"嫁资"，是为分担婚姻和家庭的费用而交付于夫方的。对于这部分财产，妻子不得在法律上提起返还所有权之诉。

在《学士的故事》中，对于格里泽尔达的嫁奁，沃尔特在佯装休妻后说："都可以带回去，算是我的恩赐。"② 若有嫁奁，此时在法律上已成为夫方所有的财产。如果归还属于夫方恩赏；如不归还，妻子则不得在法律上提起返还要求。对于夫方的财产，妻方则无权占有。在文中格里泽尔达只恳求沃尔特赏她一件内衣算作补偿，以免像"爬虫般赤裸"③。

<hr>

① [英]乔叟. 坎特伯雷故事 [M]. 黄杲炘，译. 上海：上海译文出版社，2013：571.
② [英]乔叟. 坎特伯雷故事 [M]. 黄杲炘，译. 上海：上海译文出版社，2013：571.
③ [英]乔叟. 坎特伯雷故事 [M]. 黄杲炘，译. 上海：上海译文出版社，2013：574.

因此，从夫妻财产的法律关系上看，《学士的故事》也充分彰显了世俗罗马法中的有夫权婚姻模式的特色，充分保护夫方财产、充分维护夫权，完全漠视妻方财产和权益。

(三) 婚姻的订立与解除上：漠视女性权利

在世俗罗马法的有夫权婚姻中，婚姻的订立是由双方的家长或监护人合意，用要式口约的方式预先约定，将女子人身所有权和财产转移给男方，女方本人在这一过程中几乎没有选择权。这种对女性权利的漠视，在《学士的故事》中也有展现。

在婚姻的订立上，沃尔特向格里泽尔达的父亲求婚，格里泽尔达的父亲直接答应了这门婚事，没有询问格里泽尔达的意见。虽然沃尔特也曾向格里泽尔达询问过她对这桩婚姻的意见，但他说：我本人和令尊都同意这门婚事，并说"你大概也会同意"①，要求格里泽尔达立即立个誓愿忠诚于他。在此婚姻订立的过程中，格里泽尔达遵从父命，没有犹豫地完成了个人人身所有权的转移，从父亲的女儿转换成为丈夫的妻子。

在婚姻的解除上，有夫权婚姻模式中的女性是无权提出与丈夫离婚的。而丈夫有权提出离婚，但需要一定的正当理由，如妻子与人通奸或无子嗣。然而，这一制度对男性依然保留了最大的宽容。在沃尔特两次杀子试探之后，沃尔特以门第、血统、子嗣等为由，假托教皇同意另娶，提出休妻。在提出休妻的同时，沃尔特说新娘已经上路。而妻子格里泽尔达则立即告别，光着头脚急走回父亲家。从这些描述中，我们可以看出：在婚姻的解除上，妻子依然没有任何选择权，只能被动地听命于自己的丈夫。并且，自始至终，我们没有看到任何法律或道德表现出

---

① [英] 乔叟. 坎特伯雷故事 [M]. 黄杲炘，译. 上海：上海译文出版社，2013：549.

对妻子权益的维护，一切皆以父命和夫命为从。

无论婚姻的订立还是解除，沃尔特和格里泽尔达的婚姻都充分体现了世俗罗马法有夫权婚姻制的特色。在这一过程中，女性被视为物体，在父亲与丈夫之间进行所有权的移交和转移，没有任何选择的自由和决定的权利。

(四) 婚内女性的行为规范与责任：以夫为中心，严格恪守妇道

对中世纪婚内女性的行为规范与责任，从 14 世纪末巴黎富商哥德门写给其妻的教诲书中可窥见一斑。该书分作三部分：第一部分谈到了宗教和道德的责任，告诫其妻应如何做早祷和忏悔，应对丈夫爱恋、谦恭、服从、关怀、体贴、有耐心。第二部分是家务管理，教导其妻子应如何管理仆人、果园、耕地、牲畜及烹饪等。第三部分教导妻子如何培养兴趣、爱好。在这篇教诲书中，我们见到的是：奴隶般顺从的妻子，善理家务的主妇，受仆人爱戴的女主人和具有教养的太太。她活动的天地就是家庭，极少涉于贵族宴会，也鲜少与外人接触。

这一行为规范，在《学士的故事》中也有鲜明的展现。婚后的格里泽尔达慎言淑行，井井有条地处理家务，伺候丈夫。在需要她且对社会公益有所帮助时，她会出现，处世入情入理、公正无私。格里泽尔达对丈夫一直表现得爱恋、温柔、忍耐、顺从、谦恭。在沃尔特两次杀子试探后，格里泽尔达没有悲伤，一如既往地侍候他、敬爱他，照旧勤快顺从。在被休弃后，无论在人前还是人后，都表现出对丈夫忠贞而又恭顺，充分展现出了一位有夫权婚姻制下，恪守贤妻规范，忠实、顺从的好妻子形象。

三、乔叟对世俗婚姻思想的超越与突破

欧洲中世纪的世俗婚姻，其习俗与规则来源于世俗罗马法，具有有

夫权的特色，是对女性权利与身份的完全漠视。对这一婚姻模式，乔叟持否定态度。不仅如此，他甚至完全超越并打破了这种婚姻思想。这种超越与打破主要体现在这篇故事的后续诗跋里：

（一）真诚赞美女性，肯定女性在家庭中的价值和地位

中世纪欧洲"厌女"思潮盛行。从古希腊罗马至中世纪，女人总被认为是祸水，是妖魔鬼怪，是一切的罪恶之源。亚里士多德曾说："妇女比较低，奴隶非常贱……勇敢或能言善辩与妇女的身份不适合。"① 中世纪的人们似乎认为：女性身上不具备任何优点与美德。受这种思潮和父权、夫权的影响，女性在婚姻中地位低下，是男人的附属品，是婚姻里的二等公民。而乔叟却一反传统，他不认为女人是祸水，是魔鬼的使者，是寓言叙事诗中的荡妇。在他的作品中"出现了把女性作为尘世上爱和美的代表及作为和谐、和平与安慰的光辉之神而加以理想化的崇拜"②。他主张女人应享有爱情、婚姻自主的权利，他鼓励女人要自信，要敢于争取与丈夫同等的权利。这些都旗帜鲜明地出现在了这篇诗跋中。

在这篇言辞犀利的诗跋中，乔叟使用了"高贵""聪明""机智强悍"等充满赞美的词汇来描述女性。对于不平等的夫妻关系，乔叟一反"世俗婚姻"的习俗与规则，他鼓励说"机智强悍的妻子，准备好战斗……男人的欺辱就不要忍受"③，"瘦弱的妻子，要像印度虎那样，凶狠又顽强，别怕他们，对他们别毕恭毕敬"④，要"用嫉妒把他牢牢

---

① ［古希腊］亚里士多德. 政治学［A］. 颜一，秦典华，译. 亚里士多德全集 第5卷［M］. 北京：中国人民人学出版社，1997：28.

② 王莹章，秦娟. 乔叟人文主义思想探析［J］. 徐州教育学院学报，2004，19（1）：87.

③ ［英］乔叟. 坎特伯雷故事［M］. 黄杲炘，译. 上海：上海译文出版社，2013：589.

④ ［英］乔叟. 坎特伯雷故事［M］. 黄杲炘，译. 上海：上海译文出版社，2013：589.

捆住"①，用"言辞之箭，刺穿他的面甲和心脏"②。他鼓励妻子走出家庭，充分展示自己的身体美和建立自己的生活圈。乔叟说"如果你很美，那么就走进人群，给大家看看你的面庞和服装；如果你很丑，那就要赢得友情"③，"花钱得豪爽"④。这些观点都是对那个时代世俗婚姻思想的突破和超越。乔叟能大胆地肯定妇女在家庭的地位和价值，并鼓励女性打破婚姻中父权、夫权的桎梏，这在当时的社会里不啻是一声惊雷。

（二）对人文主义女性观的进一步超越与突破

乔叟深受人文主义作家薄伽丘的影响。《十日谈》宣扬人性解放，赞美女性，初步打破了中世纪的"厌女"思潮。但薄伽丘否认女性性别，他对女性的最高赞美是认为：她具有了男性的灵魂，她看上去像一位男子。与薄伽丘不同的是，乔叟所赞扬的女性是妻子、是母亲，同时还具有鲜明的女性特征，如文中的格里泽尔达，她漂亮、温顺、忍耐、成熟，乔叟以"花"喻之，这些都是女性本身所具备的美德与性别特质。

薄伽丘对婚姻中女性的赞美是为了树立女性学习的行为典范，斥责某些不甚"驯服"的女性；而乔叟则是发掘女性自身所具有的美德，并真诚颂扬女性。因此，在乔叟笔下，就出现了形形色色，具备各种美德的女性，除了文中的格里泽尔达，还有美丽、娇艳的艾米莉，俊俏、妖媚、活泼的艾丽森，圣洁、雍容、稳重、谦逊的康斯坦丝公主，以及

---

① ［英］乔叟．坎特伯雷故事 ［M］．黄杲炘，译．上海：上海译文出版社，2013：589.

② ［英］乔叟．坎特伯雷故事 ［M］．黄杲炘，译．上海：上海译文出版社，2013：589.

③ ［英］乔叟．坎特伯雷故事 ［M］．黄杲炘，译．上海：上海译文出版社，2013：589.

④ ［英］乔叟．坎特伯雷故事 ［M］．黄杲炘，译．上海：上海译文出版社，2013：589.

足智多谋、宽容大度的普鲁登丝夫人等。乔叟对女性的赞美，并非是为了树立妇女学习的典范，而是发自内心地肯定女性的地位、价值和荣誉。可以说，乔叟的婚姻观是对当时世俗婚姻思想的彻底突破与超越，具有划时代的意义。

四、总结

通过《坎特伯雷故事集·学士的故事》，乔叟向我们展示了中世纪"世俗婚姻"模式的特色和对女性的桎梏，通过其后续的诗跋，乔叟旗帜鲜明地抨击了这一不合理的婚姻制度。他真诚赞美女性，极力发掘女性身上所具备的美德，他肯定妇女在家庭的地位和价值，并鼓励女性勇敢打破婚姻中父权、夫权的桎梏。他的婚姻观是对当时"世俗婚姻"思想的彻底突破与超越，具有划时代的启迪意义。

◎ 参考文献

[1] [英] 乔叟. 坎特伯雷故事 [M]. 黄杲炘，译. 上海：上海译文出版社，2013.

[2] C. N. L. 布鲁克. 中世纪的婚姻思想 [M]. 牛津：牛津大学出版社，1989.

[3] R. A. 豪布鲁克. 1450—1700 年的英国家庭 [M]. 伦敦：朗曼出版社，1984.

[4] [古罗马] 盖尤斯. 法学阶梯 [M]. 黄风，译. 北京：中国政法大学出版社，1996.

[5] 石德才. 当代国内外学者对欧洲中世纪婚姻问题的研究 [J]. 史学理论研究，2003（1）.

[6] 薄洁萍. 试论中世纪基督教婚姻思想中的矛盾性 [J]. 世界历史，1997（4）.

[7] 曾尔恕，张志京. 论中国古代法和罗马法中的夫权 [J]. 中国政法

大学学报，1999（2）.

［8］梅兰. 狂欢化世界观、体裁、时空体和语言［J］. 外国文学研究，2002（4）.

［9］肖明翰.《坎特伯雷故事》与《十日谈》——薄迦丘的影响和乔叟的成就［J］. 国外文学（季刊），2002（3）.

［10］肖明翰. 乔叟对英国文学的贡献［J］. 外国文学评论，2001（4）.

［11］王莹章，秦娟. 乔叟人文主义思想探析［J］. 徐州教育学院学报，2004，19（1）.

［12］［古希腊］亚里士多德. 政治学［A］. 颜一，秦典华，译. 亚里士多德全集 第5卷［M］. 北京：中国人民大学出版社，1997.

［13］张亚婷.《坎特伯雷故事》中"不合适"的母亲［J］. 国外文学，2013（2）.

维昂在《红草》中的悖达玄辩

喻鼎鼎①

（江汉大学外国语学院　湖北武汉　430056）

摘要：法国作家鲍里斯·维昂笔下的文学是文字的试验场，他在"悖达玄辩"思想的指引下，提出了文学创作中的"等同原则"，让文字从传统的对立统一中解放出来，为文学的自由组合创造了空间。小说《红草》中，故事虚实交汇，塑造了一个既合理又荒唐的独特世界。黑色幽默与白色写作的结合，荒诞与真实的互融，对精神分析的嘲讽，都体现出维昂对传统文学的反叛与颠覆，对于我们当代的创作具有重要的启发意义。

关键词：维昂；悖达玄辩；虚实

20 世纪法国作家阿尔弗雷德·雅里（Alfred Jarry）在其作品《啪嗒学者——浮士特洛博士的功绩与见解》中创造性地引入了"悖达玄辩"（pataphysique）一词，该词通过与形而上学（métaphysique）的相似与相对，展现出对传统哲学及思维方式的嘲讽和超越，带有不真实感和虚幻感，反映了法国特定历史时期文人的内心感受，在揭露现实的同时，巧妙表达了对世事的戏谑和悲观的情绪。"悖达玄辩"艺术一经提

---

① 作者简介：喻鼎鼎，博士，江汉大学外国语学院法语系教师，研究方向为法国文学、中法非国别研究。

出便获得广泛认可，在发展过程中逐渐形成了一种独特的文学、艺术和哲学现象。"悖达玄辩"不同于一般意义上的"荒诞玄学"，也不是思辨性的哲学，而是一种对生存状态或批判意识的奇特展示。

鲍里斯·维昂（1920—1959）是法国20世纪的重要作家，身为机械工程师，他酷爱文学，又画画、吹号、翻译、作曲、做木活。既写剧本，又作诗，主攻小说。他融合超现实主义和新小说，创作了一大批优秀作品，其代表作《岁月的泡沫》被誉为"法国第一当代才子书"，列入法兰西20世纪十部最佳小说。受pataphysique诱惑，维昂于1953年加入"悖达玄辩学院"，成为这一流派的重要实践者，以独特的文学创作为"悖达玄辩"注入了新的元素，提出了"等同原则"这一概念。在有意识的悖达玄辩实践者雅里和无意识的实践者（如Anais Ségalat和Évêque de Worcester）的作品中，维昂剪辑了一些精彩的片段，一一记录，推陈出新。1959年5月25日，维昂在法国广播三台的"十大文学杂志论坛"（悖达玄辩专题节目）中对啪嗒学和"等同原则"做了如下解读："简而言之，我们可以说，啪嗒学之于形而上学犹如形而上学之于物理学。而且，其基本原则之一就是等同原则。这也许正好解释为什么我们会拒绝接受那些严肃以及不严肃的东西，因为对我们而言，这完全是一回事，那就是啪嗒学。无论愿意与否，我们都在实践着啪嗒学。"（李万文，2015：241）中国学者李万文在《现实与超现实：鲍里斯·维昂作品多维度研究》中写道："维昂的这番解释告诉我们，无论是真实还是虚构，其实都是相等的。现实生活是这样，文学作品更是如此。"

对于维昂而言，文学是文字的试验场，普通逻辑不应该禁锢作家的文学创作。基于这一创作理念，维昂把作品中不相关，甚至相反的文字或思想关联起来就能创造一个"悖达玄辩"的神奇世界。"等同原则"的本质是对传统的反叛与颠覆，通过对等关系，建立一个颠覆传统的文学世界。在后期作品中，维昂重点展现了这一取向。1950年，作者创作了小说《红草》，以故事的虚实交汇、文体的"黑白"共生，淋漓尽致地展现了"等同原则"指引下反叛与颠覆的荒诞世界，在不同凡响中光彩夺目，对世界文学产生了重要影响。

一、白色中的黑色幽默

在《写作的零度》中，罗兰·巴特率先提出了白色写作的概念，归纳了几大特点，如用中性口吻和毫无感情色彩的语调，取短小句子，多用对话，戒免主观修饰词，维昂的《红草》明显具有白色写作的痕迹，在语言的经营中，又添加了"黑色幽默"。《红草》是一部长篇小说，讲述了两对年轻人生活在长满红草的方地上，分别是工程师沃尔夫和他的妻子莉儿、机械师萨菲尔·拉居里和女友弗拉莉，还有一条通人性的狗叫"参议员杜邦"。沃尔夫为了排解自己的忧愁和焦虑，建造了一台奇妙的机器，试图进行时光之旅，通过回忆和分析往昔的岁月，最后将记忆抹去。小说分为两条主线展开，第一条线是描写他们在方地的生活和工作，还有去情爱区和娱乐区消遣的故事。第二条线是沃尔夫进入机器的时间之旅。

沃尔夫首先遇到了贝尔勒先生，将他的时间旅程划分为六次，每次会遇到不同的"心理分析师"来问他问题。第一次，贝尔勒问了他有关家庭和童年的情况；第二次，格里耶神甫和他探讨宗教问题；第三次，布鲁尔先生询问沃尔夫小学及以后的学业情况；第四次，沃尔夫遇到了爱洛伊丝和阿格莱小姐询问他性和爱。第五次，沃尔夫遇见了沙滩上的公务员老头，他缠着沃尔夫交荒唐的"洗浴税"，由于愤怒，沃尔夫把他杀死了，最后他并未完成六步计划，也没能实现抹去记忆的愿望而绝望死去。萨菲尔·拉居里每次想和女友亲近的时候都会看到一个黑衣男子在窥视他，他陷于幻觉而最后自杀。老狗"参议员杜邦"虽然得到了梦寐以求的宠物"蛙貌鹅"而开心，但最后进入了痴呆状态。莉儿和弗拉莉后来摆脱了男人的枷锁，离开了方地。

遇见贝尔勒先生后，沃尔夫试图通过回顾往昔的岁月对自己的人生

"做一些总结"，这位先生在与他探讨有关家庭关系的问题时，"开始用一种中性、毫无感情色彩、无动于衷的声音叙述起来"（鲍里斯·维昂，2014：370）。用罗兰·巴特的话说，"在脱离文学语言的同一种努力中还有另一种路径，即创造一种白色写作，它摆脱了特殊语言秩序中的一切束缚"。不带有感情色彩的描述评论和个人见解的缺失是白色写作的根基。"这种中性的新写作存在于各种呼声和判决的环境里而又毫不介入其中。"在书中的第十二章，也有类似的句子。市长发言结束后开始奏乐，由于人群凑得太近，护卫队便开枪扫射以驱赶人群，这样荒谬而残酷的景象在维昂的笔下被描述得格外平淡，只是用一种直陈式的语气淡淡地表述出来了："方地的人全部走空，只剩下沃尔夫、残碎的短笛、油腻的纸张和一小块讲坛。"叙述者没有带入任何感情色彩，像一台摄像机将画面记录下来而已，没有评论和感慨。"零度的写作根本上是一种直陈式写作，或者说，非语式的写作。可以正确地说，这就是一种新闻式写作，如果说新闻写作一般来说未发展出祈愿式或命令式的形式（即感伤的形式）的话。这种中性的新写作存在于各种呼声和判决的环境里而又毫不介入其中；它正好是由后者的'不在'所构成。但是这种'不在'是完全的，它不包含任何隐蔽处或任何隐秘。于是我们可以说，这是一种毫不动心的写作，或者说一种纯洁的写作。"（罗兰·巴尔特，2008：48）。维昂站在没有立场的角度不间断地拍摄着荒诞离奇的世界。

在全书的结尾处，"他的眼睛睁着，眼里什么也没有剩下，空空如也。"看到这句话，我们感受不出任何悲剧的色彩。沃尔夫死了，当他的妻子莉儿和好朋友弗拉莉路过，看到已死去的躯体，通过作者的描写，我们发现她们的情绪没有丝毫的波澜。本是一个悲痛的故事，却没有用语言来渲染这种情绪。我们不禁会想起加缪在《局外人》开篇里的一句话："今天，妈妈死了，也许是昨天，我不知道。"两句话形式上略有差异，骨子里却展现出一种极致的平静与默然，我们暂且抛开句子的意思，展现在眼前的是超越文本框架的中性的口吻和纯叙述的直陈式，读者被带进了一个"白色"的故事中。

在《红草》中，维昂大多采用的是短小、简洁的句子，以第三人称的口吻来进行叙述。比如第十五章一共有 39 段，其中 26 段都是对话的形式，如：

"我叫沃尔夫。"沃尔夫说，然后指着刻有字母的铜牌问：

"这是您的名字?"

老人点点头：

"没错，我就是贝尔勒先生，全名叫雷翁-阿贝尔·贝尔勒。哦，沃尔夫先生，这么说，轮到您了。您想跟我说些什么呢?"

"我不知道。"沃尔夫说。

老头有点吃惊，又有点高傲，好像是在自问自答，并不期望对方作出什么反应。

"当然啦，当然啦，您不知道。"

他抖动着长长的胡子嘀咕着，突然不知从何处抽出一沓卡片，查阅起来。

"我们来看一下。沃尔夫先生……对……出生年月……地点……嗯，很好……工程师……对……对……这都很好嘛! 好吧，沃尔夫先生，您可以详细谈一下您第一次不循规蹈矩的表现吗?"

沃尔夫觉得老先生有点奇怪，便问：

"这个……您怎么会对这个感兴趣呢?"

老头用舌头弹击着牙齿，发出"嘚嘚……嘚嘚"的声音。

"哎呀，天哪，我想总有人教过您以另一种方式回答问题吧?"

沃尔夫耸了耸肩膀："我不明白您为什么会对这个问题感兴趣。而且我从来没有作过任何抗议。我觉得自己有能力的时候就会取胜，相反，对那些我自知无法控制的事情，我会视而不见。"

"您既然知道这一点，就说明您视而不见得不够彻底，"老头说，"您对它们了如指掌，所以才假装漠视它们。行了，您还是尽量坦率地回答我的问题，千万别讲空话! 而且，难道只有您无法控制的事情

吗?"(鲍里斯·维昂,2014:366-367)

这些对话也都采用了极其口语化的形式,通俗易懂,易于接受,一点也不晦涩,这是和书面语言的一个很大的区别。在平朴之中,又安插了指东道西的玄奥,处处暗藏幽默,幽然通向悖达玄辩。第十章也一样,一共有29段,其中21段是人物间的对话。第三十章和第三十四章几乎全是由对话构成。小说中的每个人物都尽情地表达自己的想法,从而削弱了作者的地位,自然而然地让作者躲藏起来而不发表意见,这与罗兰·巴尔特的《写作的零度》中提倡的作者"缺席"正好契合。换句话说,让作者死去。

如果《红草》只有《局外人》中的"零度写作"风格,那维昂就不是一个"悖达玄辩"者,维昂的反叛与颠覆体现在"无动于衷"的书写背后蕴藏的极为丰富的黑色幽默。作者笔下的黑色幽默是在面对虚无荒诞的世界时,人们采取一种悖谬、非理性的态度,用不同于往常的方式去看待事物。"在文学方面,惟有神奇才能使文学作品变得更加丰富多彩"(安德烈·布勒东,2010:20),语言虽平实,很多语义表述都让人神魂颠倒、琢磨不透。小说中拉居里正和女友弗拉莉亲近时,又一次发现黑衣男子在窥视他们,拉居里一瞬间就苍老了许多。一瞬间的惊吓,能够让人年龄变大。城郊的房子可以从地底下长出来;外面已经天黑了,奇怪的是黑人跳舞的洞穴里却有太阳;当沃尔夫和拉居里从洞穴出来时,地面开始升高了。酒瓶子也是通人性的,当知道自己没有用处时就消失在视野里了。总体看来,这是作者用一种戏谑的方式在讲述故事。"现实愈是黑暗,幽默就愈是荒诞,就愈带有'黑色'的性质。"(老高放,1997:150)小说中充斥着别具一格的景象,例如异乎寻常的时空、夸张反讽的表现手法等,作者入木三分地凸显了黑色幽默。

二、荒诞中融入的真实

维昂所谓的"等同原则"是对西方传统二元对立思维模式的颠覆。

现实的情景与作品中的虚幻实现了互通与等同，将作者自己的生活经历隐藏在荒诞、虚幻的世界里，有时读者难以辨认什么是真实，什么是虚构，似乎两者融合在了一起，真实与不真实在维昂巧妙的语言修饰下形成了"等同"，这是维昂的一次文学创新。《红草》故事离奇，凭空虚构，毫无可信度，但实际上，小说塑造的是一个扭曲后变形的真实世界，从荒诞中不难找出与真实世界连接的痕迹。这也是超现实主义在维昂小说中的变体。

主人公沃尔夫回忆童年生活时，是这样描述的："他们一天到晚为我提心吊胆，我不能趴在窗台上，不能独自过马路，稍微刮点风，就要我穿上山羊皮衣，无论冬夏，我都不能脱下羊毛背心；那是一件用当地羊毛织成的背心，已经发黄，松松垮垮的。我当时的身体很糟。十五岁之前，我什么都不能喝，只能喝烧开的水。"他完全感受到了父母对他的百般呵护，他们生怕他生病着凉，尤其是在大冬天。当他与其他年轻人作对比时，他为自己害怕感冒感到羞愧，沃尔夫把自己形容成"从头裹到脚的金龟子幼虫"。在这段话里，我们看到了沃尔夫的父母对他的身体保护得特别好，害怕他出意外，但其中也带一点愚昧的爱，夏季天气应该是穿单件衣服或是短袖，却仍要求他穿着羊毛背心。当然，描写中不乏夸张的表现手法，"裹着十二层羊毛长围巾冒汗跑步"，沃尔夫没有反抗父母，尽管冒着汗，心里却感到高兴，这说明了他也懦弱地接受着父母对他的特殊的关爱，也习惯了被宠溺的感觉。即便他默默接受，却内心向往着一个没有父母约束的世界。沃尔夫是矛盾的，被虚弱的身体打败，却习惯了父母的过度关爱，但也讨厌这样的自己，只能在想象中建造一个坚强的健康的自己，建造一个"没有围巾，没有父母的"世界，这也是他的悲哀。关于沃尔夫的描写并非维昂臆造，自身童年的回忆正是主人公的构思之源。当维昂和哥哥雷里奥要去上学时，每天早上父亲保尔会开车接送他们，当孩子不在家中时，妈妈伊冯娜就会特别担忧。"因为妈妈的专制和容易焦虑，只要在她听得见声音的范围内，她是允许孩子们和他们的爸爸开展娱乐活动的。"维昂有一个哥哥、一个弟弟和一个妹妹，在四个孩子中，父母给予他的关注是最多的，因为他从小饱受病痛折磨，小时候有感染性咽峡炎，风湿性关节炎还导致了主动脉开闭功能不全，15 岁时心脏的疾病更加严重，后来得了伤寒。可能也是由于他心脏十分虚弱的原因，母亲对他过分宠爱。

书中在描写弗拉莉突然从黑夜里出现，独自来到那台机器旁的拉居里的身边时，她"宛如一棵藤蔓植物"，藤蔓植物通常茎部细长，用植物的比喻凸显了弗拉莉的亭亭玉立和身材的曼妙。小说中借助植物来彰显事物的特征还有很多，空气中弥漫的苦味仿佛是"紫菀花心烧焦时发出的气味"。空气里夹杂着一丝甜味，让沃尔夫感觉到"犹如夏日山梅花的芳香"。通过了解维昂的生平，我们知道他的母亲是很喜欢在诺曼底朗德梅的家中花园里养植物的。诺曼底朗德梅地区的那处房子是维昂家度假的地方。

无论是在小说《摘心器》还是《红草》中，描写植物的句子都能让我们联想到维昂在日记里多次提到的诺曼底地区，他喜欢被绿色包围的房子，在这里也见证了他幸福的童年。对家乡地区植物的描述是属于维昂自己的，打上了他独有的印记。这让我们也想到法国作家莫迪亚诺的一段话："我生活过的巴黎以及我在作品中描述的巴黎已经不复存在了。我写作，只是为了重新找回昔日的巴黎，这不是怀旧，因为我一点也不怀念从前的经历。我只是想把巴黎变成我心中的城市，我梦中的城市，永恒的城市［……］我已经很难离开它了。"（莫迪亚诺，2010：145）维昂多次提及的诺曼底，也是他难以割舍的地方，是他心中的永恒、童年的乐土。维昂的小说并非他的回忆录，更难与回忆录建立任何关联。但沉浸在维昂的小说中时，我们却难以断定作品里的画面哪些是作者现实中的经历。"读者永远不要在维昂的作品中寻找对现实的忠实反应或转换，因为你无法得知什么是真，什么是假。"（李万文，2015：239）维昂的小说是一本本"扭曲的回忆录"，或者是梦境的"回忆录"，它们不是为了给读者一个真实的维昂，而是为了让大家认识一个艺术的维昂。

《红草》并不是作者的回忆录，在作者生平与作品间建立对应关系并不容易，我们只能模糊地感知作者人生片段与小说内容间的关联。在作者 1948 年至 1949 年小说的创作期间，其妻子米歇尔与《现代》杂志关系密切，爱上了比自己更有名气的萨特。维昂有所察觉，渐渐感到家庭生活令人窒息，婚姻对他而言已经成为沉重的枷锁。在事业上，《我要到你们的坟墓上吐唾沫》第二次被起诉，1949 年这部小说被禁止销售。在缴纳税款方面，威胁也步步逼近。维昂从来没有缴纳过税款，当他做工程师时，这个欠款还很少，但后来《我要到你们的坟墓上吐唾沫》的成功把不缴纳税款的他置于了很危险的境地。他咒骂工作机制和与之相关联的税款。这是与生俱来的反叛精神，抑或在阿弗雷城度过了童年后而对世俗现实的不适应呢？这段时期发生了太多的事情，维昂内心是烦闷的，但他却不愿意过多思考，我们感觉出他似乎希望把糟糕的境遇发泄到小说中去，把探索生活的使命交给小说中的人物。在《红草》中，每当拉居里想和女友弗拉莉亲近的时候，总有个男子出现，窥探着他们。后来，拉居里想用匕首刺杀这个男子，奇怪的是，刺杀了一个，又出现了另一个，源源不断，拉居里刺杀了所有男子之后，他也倒在血泊中。后来发现，房间里所有的尸体都和拉居里一模一样。这个场景令人毛骨悚然，仿佛是隐射维昂和妻子之间的第三者，萨特就好似这个男子，永远是拉居里心里的刺，拉居里拼死也要将他杀死。书中，我们还多次发现了作者批判"税款"的痕迹。开幕仪式的合唱队的歌词里唱道"想问你们，咚咚锵！是否愿意，咚咚锵！尽快向他缴纳，咚咚锵！所欠下的所有税款，咚咚锵！"（鲍里斯·维昂，2014：357）歌词的意思似乎是市长先生之所以出席开幕式，主要是想向大家讨要税款。无论是后文对市长的讽刺描写，还是"人们胡乱地唱着，因为很久以来没人交税了"（鲍里斯·维昂，2014：357），字里行间都体现了作者对缴纳税款的不满。人们打心眼里不愿意交税，通过胡乱唱歌搞砸开幕式来反抗，但这首曲子却是人们唯一熟记在心的曲子，人们是多么地悲哀，将交税这件事刻入心间，像经典语录般铭记，明知道必须缴纳，却还是不由得抵抗，在我们看来，这种矛盾的内心状况很可笑。小说中，第四个与沃尔夫交谈的人是在海滩上碰到的爱洛依丝和阿格莱小姐，她们问他对于男女之事的看法。沃尔夫是这样回答他对同岁的小女孩的看法的："她们让我感到困惑［……］我所有的朋友都说，他们从十岁或十二岁开始就知道女孩是怎么回事了。我可能特别晚熟，或者是没有碰上机会。但我觉得自己当时即使有这种愿望，也会主动地克制自己。"（鲍里斯·维昂，2014：429）根据维昂的亲弟弟阿兰的说法，维昂在足够晚的时候第一次发生性关系，是 21 岁时和他的第一任妻子。阿兰曾说："我们从小都有着对性病的恐惧，也知道莫泊桑死于梅毒。"维昂家开派对都遵循严格的纪律，受两性关系的恐惧的制约，维昂也害怕和女人接触会染上疾病。由此可见，维昂从小接受着传统的教育，这和《红草》中沃尔夫的回答不谋而合："我害怕染上病。越想跟所有我喜欢的女孩子睡觉，就越害怕染上什么病。"（鲍里斯·维昂，2014：433）

维昂创作《红草》期间，正是法兰西第四共和国时期，"二战"的摧残让法国进入了黑夜，"护卫队开枪扫射，将大部分人驱散，剩下的人身子则散落成碎片。"战争给国家和人民造成的损失是多方面的，比经济的萧条更让人悲痛的是欧洲大陆弥漫着沮丧阴郁的气息。"第二次世界大战及其前途未卜的战后形势，好像促使欧洲走到了衰落的终点。"（托尼·朱特，2014：115）

时代背景与作者生平在作品中的折射增添了小说的时代感。将对现实世界的深刻反思置于荒诞的小说情节中，是维昂对传统小说最具技巧性的颠覆。维昂不同于塞利纳，真实世界在小说里已是面目全非。《红草》中的故事并不是谁都能读懂，也许只有"悖达玄辩"艺术的指引才能让人通达这样一个亦幻亦真的世界。从某种意义上说，维昂不仅仅颠覆了传统，他所颠覆的是文字构建的规则。

三、精神分析的失败

第二次世界大战后，精神分析学的影响力逐渐扩大，甚至从欧洲传播到了美国，受到了人们的追捧，成就斐然。精神分析师通过刺激患者进行自由联想，倾听并挖掘患者潜意识里的想法或矛盾冲突，分析这些流露出来的情绪，与患者的内心进行对话和疏导。维昂却不以为然，甚至坚决反对，他认为精神分析无法达到治疗的效果。

与精神分析有关的情节常见于维昂的笔下。在《红草》中，沃尔夫借助进入机器来回忆往事，详细刻画"记忆"："他并不阻止记忆涌现，而是更好地控制自己，让自己完全沉浸在往事中。"（鲍里斯·维昂，2014：362）"生活在他记忆的涌动中渐次清晰起来。"（鲍里斯·维昂，2014：363）"记忆的意向纷至沓来，毫无次序，就像在一只口袋里随意抽取的序号"（鲍里斯·维昂，2014：370），这样的描写正好吻合了弗洛伊德精神分析原理中的"自由联想"，在放松的状态下，任由记忆翻滚、重现。

书中的情景与现实理论越是契合，越能反衬出维昂对精神分析法的嘲讽。在精神分析风靡西方的背景下，维昂以不屑一顾，甚至是以充满反感的方式将它置于《红草》的剧情之中。沃尔夫乘坐机器来到记忆的另一端时，遇到了贝尔勒先生，他便化身为所谓的精神分析师。贝尔勒先生的长相、穿着都被维昂讽刺性地丑化，他的形象如同乞丐，一个不修边幅的精神分析师跃然纸上，说明维昂根本没有把这个职业放在眼里。"他穿着一条绿白相间的老式条纹泳裤，长满茧子的脚上套着一双过大的凉鞋。"（鲍里斯·维昂，2014：366）"旧泳裤的裤裆吊在骨瘦如柴的大腿上，就像平静海绵上的帆船的船帆。"（鲍里斯·维昂，

2014：369）精神分析师的不雅穿着，衬托出了他对精神分析理论的亵渎，让读者感受到这个职业似乎就是在忽悠。他给沃尔夫拟定了一个计划，让沃尔夫和不同的人进行访谈，在是西方人和信仰天主教的前提下回忆六个方面的问题，包括与家庭的关系，小学时期及以后的学习情况，在宗教方面的初次体验，青春期的性生活、可能的婚姻，作为社会团体中的个体的活动，与世界紧密接触后可能产生的思想焦虑。不幸的是，沃尔夫只回答了前四个问题，很显然，这个计划是不切实际的，也是毫无用处的，这难道不是在说精神分析法的失败吗？最后一个和沃尔夫交谈的是沙滩上的公务员老头，老头不断催促他交游泳税，沃尔夫认为这个收税的老头是无用的家伙，税款也是没用的东西，他最终将六把沙子放入老头口中将其杀死了。精神分析的基础便是潜意识里的记忆，但沃尔夫认为死人是最完整的，因为他没有了记忆，人不死就不能完整。连记忆都没有了，又从何来谈精神分析呢？贝尔勒制定的精神分析的六步计划以沃尔夫的死亡结束。沃尔夫的死亡示明了维昂对于精神分析法的态度。不着边际的故事情节却为我们呈现了作者的完整思考，既天马行空，又言之凿凿。

对战后兴起的精神分析法的嘲讽是逆时代潮流而动的尝试。虽然只是微弱的文学世界里的抗争，但却为时代留下了一个巨大的问号。维昂并非要完全否定新理论、新思想，而是通过故事向世界发问，也通过沃尔夫的死亡表达自己对人类盲目追求新技术、新手段的担忧。维昂充分运用了小说形式的艺术空间，将自己的疑惑埋藏在荒诞的故事中，以一种类似于超现实主义"催眠"的方式让读者参与到他的思考中。

四、结语

鲍里斯·维昂通过《红草》向我们展现了一个战争中被异化了的

荒谬世界，在笑声背后隐含着略带绝望的忧伤。作者奇妙的构思将现实生活渗透到虚构的小说之中，将讽刺的声音隐藏在"白色写作"的手法之中，"虚"与"实"、"白"与"黑"的结合正是悖达玄辩者对传统艺术风格最大的颠覆。

从某种意义上说，维昂所提出"等同原则"是对悖达玄辩的诠释，他将对立演绎为对等。艺术世界中对立的消亡意味着对传统的彻底否定，而"等同"是一种自由的自我解嘲，这正是传统中的荒诞。白色写作中的黑色幽默，是作者对传统的拒绝，而当精神分析这一严肃的现代科学被奇异地包装成现实的怪胎时，维昂也与他所生活的时代决裂。《红草》是一部难以为大众所理解的小说，但它将不常为人所见的主流之外的文化样貌淋漓尽致地呈献给读者，让读者在恍然大悟与似是而非间领略了"等同原则"下的荒诞世界。

作品的亦幻亦真使读者在不断追逐文本意义但又不可得的道路上徘徊眺望。萨特的存在主义认为存在本身就是对意义的否定。维昂试图告诉我们，荒诞本身就是存在的常态。当我们领悟了这种矛盾共存、虚实互现的手法时，也就进入了维昂的"悖达玄辩"世界，在"不真实"的真实世界中感受文字的艺术魅力。

◎ 参考文献

[1] 李万文.现实与超现实：鲍里斯·维昂作品多维度研究 [M].南京：南京大学出版社，2015.

[2] 鲍里斯·维昂.维昂小说精选 下 [M].蒙田，徐晓雁，译.深圳：海天出版社，2014.

[3] 罗兰·巴尔特.罗兰·巴尔特文集：写作的零度 [M].李幼蒸，译.北京：中国人民大学出版社，2008.

[4] 安德烈·布勒东.超现实主义宣言 [M].袁俊生，译.重庆：重庆大学出版社，2010.

[5] 老高放 . 超现实主义导论 [M]. 北京: 社会科学文献出版社, 1997.

[6] 莫迪亚诺 . 青春咖啡馆 [M]. 金龙格, 译 . 北京: 人民文学出版社, 2010.

[7] 托尼·朱特 . 战后欧洲史 (卷一): 旧欧洲的终结 1945—1953 [M]. 林骧华, 等, 译 . 北京: 中信出版社, 2014.

论谭恩美作品《喜福会》里
中美文化的冲突与融合

刘雯雯　黎思甜　吕　彤　黄　惠①

（江汉大学外国语学院　湖北武汉　430056）

摘要：《喜福会》描写了中华人民共和国成立前从中国移居美国的四位女性的生活波折，以及她们与美国出生的女儿之间的心理隔膜。小说里的母亲代表了中国传统文化，而出生在美国的女儿受到的是美国式的教育，代表着美国文化。小说所要体现的人与人之间的冲突，实际上也就是中美文化之间的冲突。然而，母女间的相互尊重及理解、爱与真挚之情为心灵的沟通搭建了桥梁，也促成了两种文化的融合。

关键词：《喜福会》；中美文化；冲突；融合

　　《喜福会》是美国著名华裔女作家谭恩美（Amy Tan）的第一部长篇小说，也是她最著名的小说之一。1987年，谭恩美根据其外婆和母亲的经历，写就了《喜福会》这一佳作。该书不仅是一部内容丰富的小说，更是呈现中美文化之间碰撞与融合的容器。通过这本书，我们可以看到身为美籍华裔的谭恩美自身内心的矛盾与挣扎。她从小生活在美国，接受美式的教育，她认为自己就是美国人。但是，她的中式家庭却

---

　　① 作者简介：刘雯雯、黎思甜、吕彤，江汉大学外国语学院英语专业2019级本科生，指导教师：黄惠，博士，江汉大学外国语学院英语系副教授。

一直给她灌输中国的传统文化思想。这两种截然不同的文化在她的头脑里不断碰撞，她起初非常不理解，甚至因此和父母爆发争吵，但是在一次与母亲的中国旅行之后，她对于自己的身份有了不一样的理解。她开始尝试着去理解中国的文化和思想，而这也是《喜福会》这部作品的灵感来源。

《喜福会》这部小说主要描绘了四对在美国生活的华人母女之间的故事，而"喜福会"其实是四位华裔母亲的麻将聚会的名称。故事也是从麻将桌上的闲聊开始慢慢展开的。这四位华人母亲都是在旧时期中国遭受了种种苦难的可悲女性。她们虽然离开了故土前往美国生活，但是传统的中式思想观念已经在她们的心里根深蒂固。而她们各自都有一个在美国文化教育熏陶下成长的女儿。在教育女儿的过程中，不同的思想文化激烈地碰撞，不断地发生冲突。母亲的管束以及女儿的反叛，这一系列的矛盾与误解，也体现了中美两种文化的激烈冲击。最终，母女之间终于达成了让步与理解，也反映了中美文化之间的交流与融合。

一、母女不同文化间的冲突隔阂

《喜福会》中的母亲是在战乱时期移居美国的，她们经历了战争的纷乱与迫害，历经艰难险阻来到美国。虽然已身在美国并开始了新的生活，但中国的封建文化在她们身上烙下了不可磨灭的印迹。传统、保守、隐忍、缄默、顺从等旧社会特有的中国女性的性格和思维方式使她们成为中国传统文化的载体。尽管已移居美国几十年，但从小受到的传统教育使她们仍恪守中国传统的男权思想，因为亲身经历过家庭婚姻的不幸，所以她们不愿看到自己的孩子经历这些痛苦，于是她们格外注重对女儿的管教，天真地认为只要女儿能接受她们的教育方式、顺从她们的教育方式、顺从她们的意愿，就能过上与自己命运截然不同的幸福生活。

母亲的心愿是美好的，但是她们却忽略了女儿生在美国，成长的环境和接受的教育都是与自己不同的。尽管女儿身体里流淌着中国人的血液，但美国式的生活方式与思维方式已深深嵌入了她们的骨髓。她们不了解中国的文化，甚至认为和自己没多大联系。她们崇尚个人权利和自由，渐渐远离了印在她们皮肤上的中国文化，她们不愿意认同上一代人的生活方式、价值观念，而更愿意融入主流的美国文化。

成长环境与文化背景和思维方式的不同造成了母亲和女儿间的隔阂、误解、冲突。而她们的冲突实际上就是东西方文化的冲突。比如母亲付账时与店主斤斤计较而女儿却偷偷付了小费；中国式的客套与美国式的坦率让人忍俊不禁；母亲在公共场合用牙签剔牙；认为柠檬黄与粉红不是冬装的颜色搭配。[1]女儿对在美国处于边缘文化地位的中国文化根本不屑一顾，甚至带有些许歧视的色彩。在这种情况下，她们是不可能接受母亲对自己的教导的，在她们眼中，母亲所遭遇的悲惨不幸都是传统的中国式教育对女性的迫害，于是母女关系便有了一道鸿沟。母亲一方面希望女儿成为地道的美国人，融入美国社会生活；另一方面又对美国文化感到恐惧，她们不想看到女儿将中国传统文化全然摒弃。从某种意义上说，母亲象征着东方传统文化，女儿象征着西方主流文化。母女间的矛盾和冲突实际上是由中美文化之间的差异和误解引起的。母女间持续的对峙，不仅是中西方文化的摩擦和碰撞，也是两种截然不同的价值观的冲突和碰撞。

二、中美文化的交流与融合

故事的后半部分，母亲与女儿之间的关系终于得到了缓和。女儿成长之后，在工作、生活以及婚姻中的挫折唤起了她们内心深处的民族情感。[2]而母亲温柔的引导与爱也引导着女儿建立了新的自我认知，同时女儿也懂得了母亲中式的爱与关心，也逐渐理解了中式文化。这一结果表示两代人终于走向了理解与尊重。母亲也逐渐从开始的严苛、古板、传统和保守变得开明，变得愿意去表露自己的情感，愿意去接受新的事物。母女之间的隔阂也终于瓦解，母女之间的爱与关心也得以直接地表达。小说中，有很多细节体现了母亲的转变，如母亲许安梅在儿子不幸溺海后，首先想到的不是中国的菩萨保佑，而是西方的上帝。她的祈祷以"My God"开始，以"Amen"结束，中间夹杂着一些中文。[1]许安梅宗教态度的转变预示着她对于美式文化的接受，这也反映着美式文化与中式文化的交融。母亲龚琳达从开始嫌弃到后来接受女儿的美国男友里奇，还慈爱地教他如何吃螃蟹。[1]龚琳达态度的转变也暗示着她思想的转变，同样也反映着她对美式文化的接受。而女儿在经历母亲的开导与教育之后，终于找到真正的自己。在小说的结尾，吴精美最终回到了中国，与同母异父的双胞胎姐妹团聚，了却了母亲多年的心愿。"我终于看到属于我的那部分中国血液了。呵，这就是我的家，那融化在我血液中的基因，中国的基因，经过这么多年，终于开始沸腾昂起。"[1]也就是在这个时刻，她心中的民族之火被点燃，她终于看到了自己作为中国人的一面。她也终于能够理解母亲的行为和态度。甚至最后，她向父亲追问母亲的过往以及母亲没讲完的故事，这一切原本都是她所鄙夷的，而此刻，她却愿意主动去了解去探寻，这也体现了她内心思想的转变，这也是中美文化的交融。而其他几位女儿也逐渐转变了自己的态度与处世方式，这些态度的转变也预示着她们对于中式文化的认同以及她们心中两种文化的融合。

这本书也反映了谭恩美对于两种文化融合的期盼，体现了她既不想摒弃自身的中国文化，卑微地迎合美式主流文化，也不愿以传统的中国文化来对抗美式文化。她的作品更多的是传达了一种消除文化隔阂，打破文化对立的思想。这样世界的多民族文化才能走向交融。[3]

三、文化身份的探索

19世纪60年代起，一些中国人移民美国。但是，由于在中国长大，很多老一辈的美国华人并不能很好地适应新环境，他们一方面艰难而且刻意地融入美国文化，一方面对中国文化依恋不舍。他们的子女则向往成为美国社会中真正的一员，渴望完全融入美国文化，而对中国十分陌生。华裔作家谭恩美的小说《喜福会》通过描写四对母女间的代沟、冲突和人生态度，反映了华裔母族文化和异质文化相遇而产生的碰撞与兼容，同时也反映出两代人对自我文化身份的艰难求索。

《喜福会》一书中女性们始终要面临文化身份的问题：一方面，她们会因为自身的华裔身份在学习和工作时面临种族歧视的问题；另一方面，她们从小接受美式教育，能够说流利的英语，接受的是美国的价值观和生活方式。在这样的矛盾情况下，如何解决自己的族裔身份认同是一个重要问题。在最后一个故事，即第四章第四节吴精美的故事《团圆》里，吴精美在十五岁读高中的时候并不认为自己是中国人，但她的母亲却说这是她无法逃避的，因为这是与生俱来的。后来吴精美通过父亲的讲述，终于明白了她的中文名字的含义，也了解了为什么母亲会在从桂林逃难时不得不把两个女儿遗弃在路上。吴精美在上海与两位同母异父的姐姐相见时，她仿佛看到了自己的母亲。而这时，吴精美也终于明白自己身上的中国血液的含义了。《团圆》既是吴精美和其家人的团聚，也象征她对自己族裔身份的认同。《喜福会》用英文书写了中国传统故事，女性面临的性别和种族歧视问题以及她们的反抗，母女两代人的价值观冲突与和解，以及她们的族裔身份与认同经历。虽然从中国读者的视角来看，故事中的一些情节有些匪夷所思，但《喜福会》还是以中国传统故事中的大团圆作为结局：吴精美和她同母异父的两个妹妹相见了，吴精美也意识到中国是流淌在她血液中的家。可以说团圆实现了她们母亲的愿望，也实现了读者对华裔作品的期待。[4]

书中最让人印象深刻的，不是几对母女充满冲突的相处模式，而是蕴涵在她们性格里的不同文化和思想。这不仅是母亲和女儿的冲突，而且是两种文化背景的冲突。在这个冲突中，四位母亲对于中国文化的守护是非常令人感动的。我们每个人自出生起，就受到生活环境的影响，我们学习这个环境里的习俗、思想、生活习惯，然后长大成人。这些根植于我们性格里的看不见的文化是很难改变的，四位母亲即使移民到了美国，可是她们仍然有着中国人的行为习惯和特征，她们一辈子都具有中国人的性格。由此可见，文化的力量是非常强大的，一个国家的文化对于其国民的性格塑造有着重要的影响。

四、结束语

《喜福会》这部作品中，谭恩美站在两种文化的交叉面上，将个人、家庭的经历放大阐释为历史与文化的发展历程，既看到中美两种文化的矛盾和对立，又看到两种文化交流和融合的可能性和必然性。她在作品中把两种截然不同的文化之间的差异和矛盾，把中美文化不断撞击、融合、再撞击、再融合的过程，通过对母女两代人之间的误解、冲突到理解的描写，艺术地展现在读者面前。冲突不是永远，和谐才是所求。母女间天然的情感纽带跨越一切的鸿沟和障碍，最终使女儿能够正视她们一直以来排斥的中国式的关怀和爱，从而在自身能够达到一种和谐，这种和谐也体现了中美文化的兼容。谭恩美既不愿意固守中国传统文化，也不愿意剥离天生的中国的文化身份。她传递的是希望了解两种文化的冲突与矛盾后，能以一种融合共处的方式对待这种文化差异的态度。在如今的社会，这种态度依旧引人深思，有一定借鉴意义。

◎ **参考文献**

[1] 谭恩美. 喜福会 [M]. 程乃珊，等，译. 上海：上海译文出版社，2006.

[2] 任雪丽. 在夹缝中苦寻文化身份：解读《喜福会》中华裔"女儿

们"的文化认同 [J]. 昌吉学院学报, 2010 (4): 7-9.

[3] 朱丽. 从《喜福会》中的母女关系看中美文化的碰撞与融合 [J]. 商丘师范学院学报, 2010, 26 (4).

[4] 卢云. 英美文学经典赏析 [M]. 武汉: 中国地质大学出版社, 2020.

三、翻译与文化研究

《鬼灭之刃》中日本文化元素的运用及影响

沈媛媛　　张佳梅[①]

（江汉大学外国语学院　湖北武汉　430056）

摘要：日本动漫凭借有趣的剧情、巧妙融入的传统文化与特色鲜明的发展模式，吸引了越来越多的年轻人对日本文化产生兴趣。为了分析日本文化元素在动漫中的运用及影响，本文以近几年热度最高的动漫《鬼灭之刃》为例，结合日本传统文化的历史与发展，重点分析了《鬼灭之刃》中出现的鬼神文化、传统面具、浮世绘和家纹等日本特有的文化元素。

关键词：鬼灭之刃；日本；传统文化

一、引言

日本动漫凭借剧情的新颖性和趣味性在全球动漫文化产业中占据着重要地位，其动漫发展的模式具有鲜明的特色而不失创新和吸引力，如今二次元文化发展如火如荼，日本文化元素的巧妙融入使得越来越多的

---

① 作者简介：沈媛媛，江汉大学外国语学院日语专业 2019 级本科生。指导教师：张佳梅，博士，江汉大学外国语学院日语系副教授。

年轻人对日本文化产生兴趣，这成为他们学习日语的最初动力。《鬼灭之刃》是最近几年中热度最高的动漫，刚上映的剧场版《鬼灭之刃：无限列车篇》，首日票房就破 10 亿日元，10 天冲过 100 亿大关，17 天便进入了日本历史票房纪录前十，其影响力是不言而喻的。本文结合日本传统文化的历史与发展，试图分析《鬼灭之刃》中日本文化元素的运用及影响。

二、《鬼灭之刃》 中的日本文化元素

《鬼灭之刃》是日本漫画家吾峠呼世晴所著的少年漫画，讲述的是日本大正时期，主人公灶门炭治郎本为卖炭少年，但在母亲与四个弟弟妹妹惨遭杀害，并且唯一生还的妹妹祢豆子变成了鬼后，在猎鬼人的指引下，通过艰苦的修行与试炼，成为猎鬼人组织"鬼杀队"的一员，为了让妹妹祢豆子变回人类而踏上成长的旅程。动漫全篇运用了许多日本文化元素，不论是几位主要人物的服饰，或是动漫中招式的特效，抑或推动故事发展的主要物品等，都充满了日本传统文化的色彩。

（一）鬼神文化

"鬼は山の精霊、荒ぶる神を代表するものの一呼称であったことが推測される。"根据这句记载在日本《民俗学事典》中的话，可推测出鬼原本是对山里的精灵或粗暴的神的一种称呼。日本著名的鬼文化研究者折口信夫认为，现在被日本人所尊奉的神，最初的地位是很低的。随着时代的发展，鬼的地位不断下降，而神的地位不断提高，这才形成了神和鬼之间的天壤之别。神成为正义、智慧、幸运的化身，鬼则成为灾难、厄运、邪恶的象征。在奈良时期，由于中国文化和佛教思想传入日本，鬼的含义也随之扩大。《日本霊異記》中记载了鬼吃人的传说，鬼在人们心中变成了可怕的吃人妖怪，被加入了恐怖概念。到了平安时代和镰仓时代，鬼作为恐怖的妖怪的外貌也逐步形成。中世纪以后，人

们开始相信鬼的存在，觉得它们住在远离陆地的荒岛或荒无人烟的深山中，夜晚时来到人们居住的地方捉人、吃人。到了江户时代，随着封建统治的土崩瓦解和西方科学知识的不断普及，鬼成为仅仅在传说和谚语中才会出现的角色。

《鬼灭之刃》中出现的鬼的始祖鬼舞辻无惨诞生于平安时代，民间相传平安时代是一个幽暗未明存在平行空间的时代，人们在白天活动，妖怪也与人类生活在同一空间，但它们因为惧怕阳光只能在夜晚出现，目前流传最广的便是《百鬼夜行》。《鬼灭之刃》中的鬼的设定也是肉体异常强大，需要吃人为生，并且惧怕阳光，通常在夜晚活动。由此可见漫画家对角色设定的用心和对于日本鬼文化的尊重与继承。

《鬼灭之刃》中不仅有鬼杀队努力斩鬼的剧情，也提及了神明的存在。炭治郎的父亲灶门炭十郎以卖炭为生，在炭治郎小的时候就长期卧病在床，但仍会在每年年初为火神献上"神乐舞"，之后炭治郎因为神乐舞而回忆起父亲，并觉醒了"火之神神乐"呼吸。神乐是广泛流行于日本民间，主要在节日和民间风俗活动中祭神和敬神时表演的民间歌舞艺术形式，来源于古代原始氏族社会的祭祀祈祷活动。动漫中对于日本神乐的运用，便是对鬼的另一面——神明的暗示。

(二) 传统面具

日本是一个面具大国，面具品种繁多并且制作技艺精湛。面具按照用途大致分为祭祀用、艺术用和娱乐用三种。其中祭祀用面具通常用于神道教祭祀和与神沟通，而艺术用面具广泛运用于能乐、歌舞伎等古典艺术表演中。

《鬼灭之刃》中也出现了各式各样的面具，首先登场的便是炭治郎的师傅鳞泷左近次所佩戴的天狗面具。佩戴天狗面具的意义与天狗的形象息息相关，而天狗的形象最早可追溯到《日本书纪》，其中出现的天狗形象与中国《史记》和《汉书》中的天狗形象是一致的，都代表着一种异常的星象。到了平安时代，天狗再次出现在日本典籍《今昔物语集》中，在宗教背景及文学文本重塑的影响下，天狗形象与最初有了很大的不同，一跃成为日本最有名的妖怪之一而闻名于世。发展到现代，天狗的形象基本定义为身强体壮、赤面长鼻，身着修验僧服、高齿木屐，手持羽扇和宝槌且法力高强，似妖似神的存在。所以在《鬼灭之刃》中佩戴天狗面具的鳞泷左近次自身实力极其强大，从前线隐退后就独自隐居于狭雾山，作为培育师培养次世代的队员，深受弟子们的敬爱。他佩戴面具是想隐藏起过于温柔的面孔，通过凶狠的天狗面具给恶鬼以强大的威慑，同时也警示自己以更严格的标准去训练徒弟。

鳞泷左近次也给自己的每个徒弟做了狐狸面具，作为"消灾面具"，并对其施上了咒语，祈祷它能从灾厄中保护徒弟们。日本的这种面具被称为"狐面"（きつねめん），原本是在能乐或者神乐中所使用的一种面具，后来逐渐转变为一种日本传统玩具。狐狸面具中最常见的就是"白狐"，它在《萤火之森》等动漫中都有出现。因为狐狸会捕食毁坏农作物的害鼠，久而久之便被认为是稻荷神的使者，一般在神使降临或祈求五谷丰收的祭舞中登场。

最后一种在《鬼灭之刃》中经常出现的面具就是锻刀人之村的锻刀师们所佩戴的火男面具，火男面具是日本一种传统的面具，形似中年男性，造型非常古怪滑稽，最经典的形象就是八字眉、大眼睛和吹火嘴，常在一些地方性的传统祭典中使用，据说是为了警示人们不可过分贪心。在《鬼灭之刃》的设定中锻刀师们一直只能以面具示人，是为了防止鬼袭击村子所做的保密工作，同时保护自己免遭鬼的加害。

（三）浮世绘

浮世绘作为一种独特的民族艺术兴起于日本江户时代，是典型的花街柳巷艺术，主要描绘人们的日常生活、风景和演剧。从字面看，浮世绘即"虚浮的世界绘画"。"浮世"为佛教用语，本意指人的生死轮回和人世的虚无缥缈。日语中自"浮世"一词出现开始，就一直暗指艳事与放荡生活，因此，浮世绘即描绘世间风情的画作。其中举世闻名的一幅作品便是葛饰北斋的风景画《神奈川冲浪里》，在平面空间上使用流畅的线条，运用局部特写与动静结合的手法，描绘出蓝色的波涛巨浪与犹如白色花朵般绽放的白色浪花。在汹涌澎湃的海浪中，三条奋进的船只正为了生存与大自然进行惊险而激烈的搏斗，惊涛骇浪激起飞沫，即将吞噬小舟，而远远望去安详矗立的富士山，与这巨浪相比，显得矮小而宁静。

在《鬼灭之刃》中主要运用的浮世绘元素就是风景画《神奈川冲浪里》中的海浪形象。动漫中，主人公灶门炭治郎在前期第一个掌握的战斗方法便是水之呼吸，水之呼吸是由日之呼吸衍生而来的呼吸流派，是心无杂念、冷静稳重、静如止水之人才能修炼的呼吸。在使用该招式时，剑气如流水般自由变幻，强化使用者的剑技，灵动斩击恶鬼。画面中剑气带出的流水海浪，在激烈战斗中自由穿梭且灵活舞动，看似柔和却爆发出非凡威力，不禁让人联想到葛饰北斋的《神奈川冲浪里》。将动漫的绘画艺术与浮世绘的绘画美感相结合方才呈现出荧幕上华丽又赏心悦目的战斗特效。

（四）家纹

家纹，即家徽，是日本家族世代相传的图案化标识，象征着一个家族的家世背景、阶级地位，甚至精神归属。起初是为了便于分辨不同公卿贵族的车舆，多采用较为吉祥的植物形态，如果植物本身是草药，既能除妖避邪，又可表示家景繁荣昌盛。后来在武家统治时期，为了在战场上区分敌我、鼓舞士气，武士效仿贵族，设计自己的家纹，并将其印制在战旗、战车、盔甲与武器上，家纹出现装饰化并多样化，如伊达纹、加贺纹、鹿子纹、比翼纹、草体纹等。随着时代的发展和西方文化的传播，家纹的使用频率大大降低。《鬼灭之刃》中出现的紫藤花家纹是曾被猎鬼人救过的一个家族的家纹，只要是猎鬼人就会无偿提供服务。根据漫画设定，鬼惧怕紫藤花，因此以紫藤花作为家纹也兼具除鬼辟邪的作用。

三、动漫中运用日本文化元素的影响

不论是近几年爆火的《鬼灭之刃》还是其他广受欢迎的日本动漫，都运用了多种多样的日本文化元素，但其影响具有两面性。就其积极影响而言，可以使不熟悉日本文化的人通过动漫这种有趣且轻松的方式对日本文化产生兴趣，既传承了日本文化，又将日本文化推广到全世界。动漫中运用如浮世绘、传统面具和家纹等兼具文化价值和艺术价值的日本文化元素，不仅可以丰富画面的美感，还可以提高广大观众的艺术审美能力。

就其消极影响而言，动漫对于绝大多数人来说是作为休闲娱乐的选择，随着剧情的推动，大家对于动漫中出现的日本文化元素的关注度会大幅下降，如果不能恰如其分地运用日本文化元素，可能达不到预期的效果。而且在日本动漫中大多存在日本文化中的"强者崇拜""武士道精神"等思想，加上画面中可能出现的暴力血腥元素，若使青少年们产生极端思想的话，会给他们带来极其恶劣的影响，近几年校园暴力等社会问题在日本已经不容忽视，其他国家更需引以为戒，正确对待并且积极引导广大青少年。

四、结语

日本动漫发展如火如荼，如《鬼灭之刃》一样广受好评的动漫也依然在稳定产出。即使如今再去回顾《鬼灭之刃》，还是能够体会到其中对于日本文化元素的巧妙运用，不论是对鬼神文化的用心设定，还是对传统面具和家纹的细致刻画，抑或浮世绘和现代科技相结合所呈现出的视觉盛宴，让人赏心悦目的同时，也激发人们对日本文化的兴趣。但在动漫中运用传统文化元素也需要掌握好动漫类型和运用方法，而且由于动漫受众群体主要是青少年，因此更需要谨慎对待动漫中可能出现的极端思想和血腥暴力元素，否则对于青少年的成长可能会产生不利影响。

◎ **参考文献**

［1］折口信夫. 折口信夫全集［M］. 东京：中央公论社，1995.

［2］岳晟婷. 浅谈日本的鬼文化［J］. 学理论，2011（5）.

［3］杨丽青. 浅析日本平安时期天狗形象的变迁——以《今昔物语集》
　　为中心［J］. 美与时代（下），2020.

［4］吴春燕，韦立新. 论日本家纹的文化意蕴及现代应用［J］. 海南师
　　范大学学报（社会科学版），2021（2）.

［5］胡艺. 日本现代动漫对浮世绘的传承与变通［J］. 清远职业技术学
　　院学报，2014（4）.

对《故乡》日译本的考察
——以竹内好和井上红梅的译本为例

王　林　黄　可　杜欣妍　张佳梅①

（江汉大学外国语学院　湖北武汉　430056）

摘要： 随着中日两国文化交流的深入，文学作品的翻译也在蓬勃发展。鲁迅的名作《故乡》入选日本中学课文，其译本为鲁迅研究家竹内好的版本。为了研究竹内好译本的特色，本文以竹内好译本和井上红梅译本为例，从翻译技巧、难点、误译三个方面对《故乡》日译本进行考察。从分析结果来看，竹内好的翻译将数行长句改为短句，调整了语序，将鲁迅在传统与近代之间挣扎的曲折文体意译得更符合现代日本人的习惯和喜好，可以说是本土化、日语化的典型例子。

关键词： 鲁迅；《故乡》；竹内好；井上红梅

一、引言

对日语学习者来说，翻译并非易事，无论是汉译日还是日译汉，都需要扎实的文字基础、对双语的理解力和表达力。随着中日两国文化交流的深入，文学作品的翻译也在蓬勃发展。在文学作品的翻译方面，特

---

① 作者简介：王林、黄可、杜欣妍，江汉大学外国语学院日语专业 2018 级本科生。指导教师：张佳梅，博士，江汉大学外国语学院日语系副教授。

别是鲁迅的名作《故乡》，在日本有很多译本。1927 年，日本文学家武者小路实笃主办的同人志《大调和》首次刊登了鲁迅的《故乡》译本。《故乡》的译者以竹内好和井上红梅为代表，竹内好的译本被选入日本中学教科书的理由究竟是什么呢？对照竹内好和井上红梅的译本，笔者试图找出其中的原因。此外，还将对翻译《故乡》的难点和问题点进行研究。通过本研究，可以把握竹内好和井上红梅译本的特色，同时也可以发现两个译本的不足之处。

二、关于译本

竹内好是日本著名的中国文学家、评论家。1953 年，竹内好翻译的《故乡》被列入日本教育出版股份有限公司的初中国语教科书，供初中三年级学生使用。1972 年日本所有中学的国语教科书都收录了这篇文章。许多日本读者和鲁迅研究者是通过竹内好的译本了解鲁迅的，可以说竹内好的译本对日本的鲁迅研究起到了"向导"的作用。

1932 年，井上红梅发表了包括鲁迅小说集《故乡》《彷徨》等译本在内的《鲁迅全集》。现在，在日本国立国会图书馆的网站上，可以搜索到井上红梅翻译的《鲁迅全集》。在鲁迅文学中，井上红梅的译本是广为人知的译本。作为第一个大规模翻译鲁迅作品的日本人，他是鲁迅文学在日本传播过程中颇有建树的译者。两位译者促进了鲁迅作品在日本的普及，对比研究他们的译本具有一定的价值。

三、翻译技巧

（一）共同点

长句是鲁迅文章的一个特点。鲁迅用迂回的文字表现苦闷的心情和迷惘的思想。但是，对于翻译者来说，由于汉语和日语的语法结构不同，想要原封不动地翻译很长的一句话是非常困难的。因此，竹内好和井上红梅都把长句的复杂含义分解后再翻译。

（例1）原文：这时候，我的脑里忽然闪出一幅神异的图画来：深蓝的天空中挂着一轮金黄的圆月，下面是海边的沙地，都种着一望无际的碧绿的西瓜，其间有一个十一二岁的少年，项带银圈，手捏一柄钢叉，向一匹猹尽力的刺去，那猹却将身一扭，反从他的胯下逃走了。

竹内好译文：この時突然、わたしの脳裏に不思議な画面が繰り広げられた——紺碧の空に金色の丸い月がかかっている。その下は海辺の砂地で、見渡す限り緑の西瓜が植わっている。そのまん中に十一、二歳の少年が、銀の首輪をつるし、鉄の刺叉を手にして立っている。そして一匹の「チャー」を目がけて、ヤッとばかり突く。すると「チャー」は、ひらりと身をかわして、彼のまたをくぐって逃げてしまう。

井上红梅译文：この時わたしの頭の中に一つの神さびた画面が閃き出した。深藍色の大空にかかる月はまんまろの黄金色であった。下は海辺の砂地に作られた西瓜畑で、果てしもなき碧緑の中に十一二歳の少年がぽつりと一人立っている。項には銀の輪を掛け、手には鋼鉄の叉棒を握って一疋の土竜に向って力任せに突き刺すと、土竜は身をひねって彼の跨ぐらを潜って逃げ出す。

原文总共只有一个句子，用长句描绘了少年闰土看守西瓜的画面。为了更好地传达原文的意思，两位译者均使用了分译的技法。竹内好将其译成五个句子，井上红梅将其译成四个句子。译文每一句话叙述一件事，条理非常清晰。以竹内好的译文为例，围绕月亮、西瓜、闰土、猹这四个主体，分别描写了不同的风景或动作，使日本读者更容易理解。

（二）不同点

说到翻译的不同点，竹内好为了让日本人更容易理解而改变了原文的表达方式，井上红梅则更忠实地翻译了原文。竹内好常使用简体，井上红梅则常使用敬体和对话的形式。

（例2）原文：紫色的圆脸，头戴一顶小毡帽，颈上套一个明晃晃的银项圈……

竹内好译文：つやのいい丸顔で、小さな毛織りの帽子をかぶり、キラキラ光る銀の首輪をはめていた。

井上红梅译文：紫色の丸顔！頭に小さな漉羅紗帽をかぶり、項にキラキラした銀の頸輪を掛け……

原文中"紫色的圆脸"是指闰土小时候脸色好，身体健壮。竹内好将"紫色的圆脸"翻译成"有光泽的圆脸"，便于读者理解。但井上红梅将其直译为"紫色的圆脸"，很难想象紫色的脸是什么样子。

（例3）原文："晚上我和爹管西瓜去，你也去。"

竹内好译文：「晩には父ちゃんと西瓜の番に行くのさ。おまえも来いよ。」

井上红梅译文：「晩にはお父さんと一緒に西瓜の見張りに行きますから、あなたもいらっしゃい。」

井上红梅将谓语部分译为"いきます""いらっしゃい"，表示对闰土的尊敬。但是通读全文就会明白，少年时代的闰土和"我"像兄弟一样在一起玩耍，是纯粹的友情。在这里如果翻译成敬语反而会给人疏远的感觉。但是，竹内好却将其翻译成"いく""こい"，表现出了未被世俗浸染的孩童的纯真。也就是说，竹内好的译文是符合少年时代的闰土和"我"身份的译文。

（例4）原文：我说外间的寓所已经租定了，又买了几件家具，此外须将家里所有的木器卖去，再去增添。母亲也说好，而且行李也略已齐集，木器不便搬运的，也小半卖去了，只是收不起钱来。

竹内好译文：わたしは、あちらの家はもう借りてあること、家具も少しは買ったこと、あとは家にある道具類をみんな売り払って、その金で買いたせばよいこと、などを話した。母もそれに賛成した。そして、荷造りもほぼ終わったこと、かさばる道具類は半分ほど処分したが、よい値にならなかったことなどを話した。

井上红梅译文:「あちらの家も借りることに極めて、家具もあらかた調えましたが、まだ少し足らないものもありますから、ここにある嵩張物を売払って向うで買うことにしましょう」「それがいいよ。わたしもそう思ってね。荷拵えをした時、嵩張物は持運びに不便だから半分ばかり売ってみたがなかなかお銭にならないよ」

竹内好是按照原文的间接叙述方式进行翻译的,而井上红梅则是将原文转换成对话的形式进行翻译,并没有明确指出说话的主体是谁,对读者来说很难理解,而且与原文的氛围有些不同。

四、翻译的难点

鲁迅的作品大多反映了当时的社会现状和社会问题,有很多专有词汇、人称代词、数量词等,在现代社会中比较少见,对于日本读者而言,理解和翻译起来难度很大。因此,关于《故乡》中的难译词,下文将通过举例的方式对其进行分析。

(一) 专有词汇

(例5) 原文:"忙月""长工""短工"

竹内好译文:「忙月」「長年」「短工」

井上红梅译文:「忙月」「長年」「短工」

两位译者同样将"忙月"和"短工"按原文直译,将"长工"译为"长年"。但是,"长年"是长年累月的意思,而"长工"是指长期工作的工人,与"长年"的意思不同。

(例6) 原文:"跳鱼儿"

竹内好译文:「跳ね魚」

井上红梅译文:「跳ね魚」

两位译者都将"跳鱼儿"翻译成"跳鱼"。原文的"跳鱼儿"在中国被俗称为"花跳鱼"和"跳跳鱼"。"花跳鱼"体长约10厘米，侧面稍稍扁平，淡褐色，栖息于中国沿海滩涂，常在水上跳跃，上岸觅食，可食用。而"跳鱼"是生活在太平洋、印度洋、大西洋热带到温带海域的海水鱼，也被称为"飞鱼"。也就是说，"跳鱼"和中国的"花跳鱼"不同。

（例7）原文："鬼见怕""观音手"

竹内好译文：「鬼おどし」「観音様の手」

井上红梅译文：「鬼が見て恐れる」「観音様の手」

"鬼见怕"（又称"观音手"）是指海边奇形怪状的五颜六色的小贝壳。这个贝壳里面是白色的、光滑的，表面有花纹。过去，绍兴人为了避邪，把它戴在孩子的手腕和脚踝上。两位译者都将"鬼见怕"解释成"鬼见了都害怕"的意思，并直译"观音手"。虽然尊重了原文，但对于读者来说，恐怕很难理解。

（二）人称代词

（例8）原文："杨二嫂"

竹内好译文：「楊おばさん」

井上红梅译文：「楊二嫂」

竹内好把中文的"嫂"翻译成"阿姨"，对日本人来说很容易理解。但是，无法传达"二嫂"的意思。井上红梅将"杨二嫂"按原文翻译，更明确地传达了人物关系，但对日本读者来说，可能不太好理解。

（例9）原文："三房姨太太"

竹内好译文：「お妾が三人もいて」

井上红梅译文：「三人のお妾さんがあって」

竹内好和井上红梅都将"三房姨太太"翻译成"我有三个小妾"，虽然和原文的表现略有不同，但对读者来说是很容易理解的译文。只是，"いる"和"ある"的意思不同。井上红梅译为"お妾さんがあっ

て"，把小妾当作老爷的所有物，表现了当时封建社会制度的黑暗。

（例10）原文："豆腐西施"

竹内好译文：「豆腐屋小町」

井上红梅译文：「豆腐西施」

西施是中国春秋时期的美人，与王昭君、貂蝉、杨玉环并称为中国古代四大美女。小说中"豆腐西施"就是年轻时的杨二嫂。竹内好结合中日历史文化，将译文本土化，将西施翻译成"小町（平安时代的绝世美女）"。这样一来，日本读者就会把杨二嫂想象成日本的"小町"，传统的日本美人形象就可以浮现在眼前。井上红梅直译为"豆腐西施"，沿用了原文，对不了解中国历史的日本读者来说，可能难以理解。

（三）数量词

（例11）原文："一副香炉和烛台"

竹内好译文：「香炉と燭台一組み」

井上红梅译文：「香炉と燭台一対ずつ」

日语中没有"一副"这个助数词，所以两位译者用别的数量词来表达。"一组"和"一对"都是成套使用的意思，与中文"一副"的意思相近。

（四）其他

（例12）原文："辛苦展转""辛苦麻木""辛苦恣睢"

竹内好译文：「無駄の積み重ねで魂をすり減らす生活」「打ちひしがれて心がまひする生活」「やけを起こしてのほうずに走る生活」

井上红梅译文：「辛苦展転」「辛苦麻痺」「辛苦放埒」

竹内好对原文的三个四字词分别进行了具体说明，表达了三种辛苦的不同含义，让人更容易理解。而井上红梅像鲁迅那样翻译成四字词，似乎是将原文的意思原封不动地再现出来，但对于读者来说，这三种辛苦很难区分清楚。

五、译文中的误译

鲁迅的作品无论是思想还是语言，都很复杂。因此，翻译鲁迅作品离不开强大的文字基础、翻译技巧和理解深度，但是，倘若理解过度，也可能出现误译。两位译者的译文都有误译，下面将围绕译文的不足之处进行研究。

（一）竹内好的译文

（例13）原文：没有系裙，张着双脚……

竹内好译文：スカートをはかないズボン姿で足を開いて立ったところ…

"系裙"的"系"是动词，可以用日语的"つける"来表示"系"的意思；这里的"裙"不是裙子，而是围裙，是做饭时用来掩盖不洁之物、防止衣服弄脏的生活用品。竹内好的译文想表达的是，杨二嫂穿的是裤子而不是裙子，但鲁迅想传达的是杨二嫂没有系围裙，这便是明显的误译了。

（例14）原文：我一面应酬，偷空便收拾些行李，这样的过了三四天。

竹内好译文：その応対に追われながら、暇をみて荷ごしらえをした。そんなことで四、五日つぶれた。

原文的"三四天"可以是三天到四天，也可以是几天，但竹内好却译为"四五天"。不同语言之间的转化，其中词语的使用，不一定存在完全对应的翻译词。因此，翻译者必须了解原文中的用词，再将其翻译成日语。竹内好在理解"三四天"是几天的意思之后，推测几天也可以用"四五天"来表示，反而失去了准确性，也是典型的误译。

（例15）原文：他回过头去说，"水生，给老爷磕头。"便拖出躲在背后的孩子来，这正是一个<u>廿年</u>前的闰土，只是黄瘦些，颈子上没有银圈罢了。

竹内好译文：彼は後ろを向いて、「水生、だんな様におじぎしな。」と言って、彼の背に隠れていた子供を前へ出した。これぞまさしく<u>三十年</u>前の閏土であった。

中文的"廿年"是"二十年"的意思，但在竹内好的译文中却被翻译成"三十年"。竹内好大概认为文章中的"我"与闰土的初次见面是在三十年前，用"二十年"来表示三十年不合适，所以自作主张改为"三十年"。

（二）井上红梅的译文

（例16）原文：要管的是獾猪，刺猬，<u>猹</u>。月亮底下，你听，啦啦的响了，<u>猹</u>在咬瓜了。

井上红梅译文：見張が要るのは、山あらし、<u>土竜</u>のです。月明りの下でじっと耳を澄ましているとララと響いて来ます。<u>土竜</u>が瓜を嚙んでるんですよ。

苏联作家柏烈伟用俄语翻译鲁迅的作品时，通过翻译家章衣萍向鲁迅打听"猹"是什么生物。那个时候，鲁迅回信说"这'猹'字是自己造的，大概是獾一类的东西"。因此，井上红梅所翻译的"鼹鼠"是完全不同的物种。倒不如同像竹内好一样，把"猹"直译为"cha"也是很好的翻译方法。

（例17）原文：母亲说，那豆腐西施的杨二嫂，自从我家收拾行李以来，本是每日必到的，<u>前天</u>伊在灰堆里，掏出十多个碗碟来，议论之后，便定说是闰土埋着的，他可以在运灰的时候，一齐搬回家里去……

井上红梅译文：母は語った。「あの豆腐西施は家で荷造りを始めてから毎日きっとやって来るんだよ。<u>きのう</u>は灰溜の中から皿小鉢を十幾枚も拾い出し、論判の挙句、これはきっと閏土が埋めておいたに違いない、彼は灰を運ぶ時一緒に持帰る積りだろうなどと言って、…」

"前天"是指昨天的前一天，但井上红梅翻译的是"昨天"。两个意思中间存在一天的差距，所以是误译。

（例18）原文：<u>只是他的愿望切近，我的愿望茫远罢了。</u>

井上红梅译文：<u>ただ彼の希望は遠くの方でぼんやりしているだけの相違だ。</u>

原文的意思是，"我"和闰土都有希望，闰土的希望很近了，但"我"的希望还在远方。井上红梅所翻译的意思却正好颠倒，他写的是，闰土的希望在远方。这是错误的理解。

六、结语

本文对照竹内好和井上红梅的译本，具体分析了翻译的技巧、难点和问题点。竹内好的翻译使用了比原文多几倍的句号，将数行长句改为短句，调整了语序，将鲁迅在传统与近代之间挣扎的曲折文体意译得更符合现代日本人的习惯和喜好。竹内好的《故乡》译文，可以说是本土化、日语化的典型例子。竹内好在进行大规模翻译之前，已经出版了《鲁迅》一书，形成了自己独特的鲁迅观，并开始翻译鲁迅作品。竹内好的翻译更贴近鲁迅的思想和感情，也更便于日本人理解，这便是竹内好的译本被选为日本中学教科书的原因吧。

文学作品往往有很多译本，通过阅读不同译者的译本，可以激发学习者的好奇心和阅读兴趣。《故乡》这部短篇小说体现了中国的历史风貌和乡土人情，要把它翻译成符合日语表达方式的文章，实在不是件容易的事。因此，竹内好和井上红梅的译文中多少也有些误译。为什么两位译者会选择不同的翻译手法，为什么会出现误译的现象，这些问题有助于促进学习者的思考，进而从被动的学习变为积极的研究。

◎ **参考文献**

[1] 勝山稔.改造社版『魯迅全集』をめぐる井上紅梅の評価について [J].東北大學中國語學文學論,2011.

[2] 遠藤茜.メディア論の観点を加えて文学教材を扱う授業の開発—魯迅「故郷」を題材に— [J].授業実践開発研究,2018,11.

[3] 田中綾子.翻訳文学における新たな授業づくりの方法と実践——『故郷』(魯迅)の訳文比較をとおして [J].教育実践研究,2019.

[4] 金海燕.翻訳作品である文学作品と言語教育に関する考察——「故郷」(魯迅)の翻訳問題をめぐって [J].科技視界,2016.

[5] 陈广静.浅析语言学派翻译理论在鲁迅作品日译中的应用 [J].当代教研论丛,2014.

[6] 张倩.井上红梅翻译版《故乡》之研究 [D].天津:天津外国语大学,2012.

[7] 纪旭东.竹内好翻译风格分析——以鲁迅作品日译为中心 [D].北京:对外经济贸易大学,2015.

[8] 马越.鲁迅《故乡》日文诸译本的译者角色分析 [D].长春:吉林大学,2019.

翻译学习者网络搜索行为的实证研究及其教学启示[①]

邬 忠[②]

(江汉大学外国语学院 湖北武汉 430056)

摘要：在信息时代，网络搜索能力也是翻译能力的重要组成部分。通过对翻译学习者网络搜索行为进行屏幕录制及访谈发现，翻译学习者搜索频数与比例主要视译文难度而定，与个人搜索习惯相关，并没有群体倾向；学生掌握的搜索资源较少，搜索手段比较贫乏；绝大多学生以词组和专有名词为主要搜索问题单位。与此同时，翻译教学也要与时俱进，将网络搜索能力纳入翻译教学内容，采取分阶段教学的方法。在翻译初学者阶段，应以初步介绍常用的权威网络资源为主；在较高阶段，可以尝试拓展网络搜索能力；在高级阶段，可以培养翻译学习者使用多种工具、技巧的综合搜索能力，提高学生译者的翻译能力和职业素养。

关键词：翻译；学习者；网络搜索；教学

---

① 本文为江汉大学一般项目"汉英事件名词的物性结构与认知机制研究（项目编号2021yb123）"的成果。

② 作者简介：邬忠，博士，江汉大学外国语学院英语系副教授，研究方向为语言对比、翻译学。

一、引言

翻译能力是指运用翻译知识、方法和技巧进行有效语言转换的能力，一般包括双语能力、超语言能力（如百科知识、话题知识等）、工具能力、策略能力等。（《普通高等学校本科外国语言文学类专业教学指南（上）》）可见，工具使用能力既是保障翻译质量的外围条件（马会娟、管兴忠，2010），也是翻译能力的重要组成部分。在信息技术迅速发展的当代社会，培养学习者使用翻译工具搜索信息的能力，是新形势下翻译教学的新课题。

二、研究现状

在信息时代的网络技术辅助下，翻译能力的内涵得到显著的丰富。（葛建平、范祥涛，2008）职业翻译能力不仅包括翻译工具（软件）的运用能力，还应包括信息检索能力。（冯全功、张慧玉，2011）译员的搜索能力是新形势下翻译能力的重要组成部分，是对传统翻译能力的拓展。（王华树、张成智，2018）

早在 21 世纪初，就有学者研究了网络搜索在翻译实践中的应用。朱明炬、谢少华（2003）探讨了互联网搜索引擎协助翻译的科学性和可行性，倪传斌等（2003）则指出互联网搜索引擎检索库与语料库的区别。李沛鸿、廖祥春（2007）重点介绍了如何在网上快速准确地获取信息，解决翻译难点的方法，袁卓喜、何佩祝（2010）探讨如何利用网络资源和语料库解决商务翻译中术语搜索、词义理解及选择等问题。王静（2019）描述了职业译者翻译行为和相关搜索行为的关系，概括出网络搜索的各项特征。

随着信息社会的来临，电脑、手机等设备越来越多地进入教学实践，网络也对翻译教学产生了越来越深刻的影响。（胡兴文、束学军，

2009）梁爽（2017）探讨了网络搜索和单语语料库与会展翻译教学相结合的翻译教学模式，韩孟奇（2015）发现，借助网络技术建立网络互动教学模式可以有效地培养学习者的表达能力，俞敬松、阙颖（2019）则阐述北京大学在综合培养学生多维度、复合型翻译查证能力方面的思考及行动。各位学者的研究表明，在翻译训练中加入搜索培训和教学环节，有利于培养学生译者利用网络搜索解决翻译问题的复合能力。

综上所述，在网络时代，研究者在翻译实践及翻译教学中均能意识到信息搜索能力的重要性，并进行了各种尝试。但是在目前为数不多的涉及网络搜索的教学案例中，尚无针对翻译学习者搜索行为的实证研究。本研究采用屏幕录制和访谈的方法，探讨翻译学习者在翻译过程中的搜索行为及对翻译教学的启示。

三、实验设计

（一）实验对象

本研究的实验对象为江汉大学英语专业大四的 22 名学生。所有学生均已在英汉互译①课程上接受为期 32 课时的翻译培训，掌握初步的翻译知识与技能。目前正在笔者所带的英汉互译②课上学习。本实验的结果反映初学翻译的受试学生在双向翻译过程中的搜索特征。

（二）实验工具

本实验在学校笔译实验室进行，电脑上已经预装 EVCapture 屏幕记录软件。该软件永久免费，操作方便，易于上手，兼容性好，支持多种视频录制方式及多种视频保存格式。EVCapture 软件能在后台实时运行，在记录受试对象利用搜索工具查询网络资源的翻译全过程的同时，几乎毫不干扰译者的翻译、搜索行为。

211

访谈是人文研究中比较常用的数据收集工具，在翻译研究中经常用于收集译者的背景、理念、态度等数据。本实验采用半结构性的回溯式访谈，在保持访谈主要问题一致性及有效性的同时，受试学生也有围绕主题陈述自己想法的开放空间。（凯瑟琳·卡斯尔，2018）

（三）实验文本

由于本实验利用屏幕录制软件考察受试对象的网络搜索能力，汉英语原文中均应包含需要搜索且受试学生不至于感到太陌生的专有名词、术语或表达方式，因此选用新闻报道类文本。汉语文本选自《长江周刊（英文）》中一篇英文报道的汉语原文，该文主要介绍共享陪护床进入武汉市中心医院的事件，全文总计 122 个中文字符；英语文本选自《美国新闻与世界报道》，介绍美国两党对一项法案的争议，节选部分计 92 个单词。两文翻译量适中、难度相近，满足实验文本的各项要求。（汉英文本全文见脚注①）。

（四）实验步骤

实验开始后，研究者首先对受试学生进行初步培训。主要介绍屏幕记录软件 EVCapture，演示屏幕录制、保存、重命名等基本功能和操作步骤。然后指导学生按照操作指令，完成试译任务，熟悉上网搜索、录

---

① A. 汉语原文：继共享充电宝、共享轮椅之后，共享陪护床正式进驻武汉市中心医院。患者只需手机扫码支付，便可拉开柜门取出折叠陪护床，为陪护家属提供一个舒适的休息环境。陪护床外观类似床头柜，里面却暗藏"玄机"，内置了一张折叠床。使用完毕，只需将折叠床推入床头柜即可。（《长江周刊》英文）B. 英语原文：On paper, the infrastructure bill, negotiated with both parties and the White House, ought to have an easy passage on the Hill. By more than a 2-1 margin, 63% to 31%, Americans back the trillion-dollar package, according to a recent Suffolk University poll. Still, House Republicans say they will not vote for the package, even if it will help rebuild infrastructure in their districts. House Democrats could pass it without GOP help, but only if factions of the party agree on a timetable for a bigger item, Biden's "Build Back Better" plan. (*U. S. News & World Report*)

制屏幕、保存数据及回放录像的实验流程。进入正式实验环节后，要求学生完成实验文本的翻译。实验过程不设时间、资源运用等限制，学生可以按照平时练习翻译的习惯完成实验任务。

完成实验的翻译任务后，研究者和实验助理按照事先拟定的访谈提纲，请受试学生观看回放的翻译过程视频，回答访谈问题，解释在搜索过程中思考的问题点、采取的搜索策略及其原因，并由访问者录音，与屏幕记录形成互补性文件。

最后，研究者观看翻译过程的录像，将受试学生在屏幕上的搜索行为分解、归类，记录相应的时间，并将访谈录音转写为文字，供后续分析使用。

四、结果与分析

在参加实验的 22 名学生中，获得英译汉、汉译英各 16 份有效视频资料和访谈材料。本部分将以定量和定性分析为基础，从搜索频数与比例、搜索资源与搜索问题单位，以及对翻译教学的启示这三个方面，探讨作为受试对象的翻译学习者在翻译过程中表现出来的搜索行为的群体特征及其教学意义。

(一) 搜索频数与比例

在信息时代，电脑、手机、翻译辅助工具和网络等软硬件已经在高校教学、翻译实践中普及。（郞忠，2017）甚至有学者认为，译者需具备的能力首先是信息搜索能力。（Pinto & Sales，2007）同时，鉴于学生在学习过程中使用各类搜索工具和资源的情况已经非常普遍，在翻译教学中，教师应该有效引导学生提高搜索能力。这不但能够提高学生的翻译水平，还能培养学生的职业素养，帮助学生与职业翻译市场进行有效链接。

通过视频回放，统计受试学生搜索频数及搜索总时长，可以定量分析网络搜索在翻译过程中的重要性。表 1 是受试学生在英汉互译测试中搜索频数、时长及比例的统计表。

表 1   搜索频数及时间统计表

方向		频数 （次）	总时长 （秒）	次均时长 （秒）	翻译时长 （秒）	比例
英译汉	总计	147	2440		14533	
	人均	9.19	152.5	16.60	908.31	16.79%
汉译英	总计	126	2080		13352	
	人均	7.88	130	16.51	834.5	15.58%

从表 1 中可以看出，受试学生英译汉的平均搜索频数为 9.19 次，平均搜索时长为 152.5 秒，高于汉译英的人均 7.88 次和人均 130 秒。受试学生均表示英译汉"难度相对较高"，尤其是英语原文中"专有名词较多，比较难理解"。英文中"Suffolk University poll""GOP"等短语，"2-1 margin""Build Back Better""Hill"等表达方式需要比较丰富的文化背景知识才能理解。而汉语原文中除"玄机"一词适宜采用意译，需要详细验证之外，学生对"共享""充电宝""扫码"及"武汉市中心医院"等术语和名词都较为熟悉，上网搜索是为了寻求准确的表达方式。因而英译汉时搜索的频数相对较高，搜索时间也相对更长。

从表中还可以发现，受试学生英译汉搜索时间平均用时为 16.6 秒，占翻译平均总时长的比例为 16.79%，与汉译英的 16.51 秒和 15.58% 基本持平。即汉译英虽然难度稍低，搜索频数较少，但每次搜索占用的时间却与英译汉相差无几。学生解释"汉译英时，部分搜索结果的表达方式较难，记忆时间稍长"。录屏回放中也可以发现部分学生在网络搜索汉译英的表达方式后，偶尔还重新从 word 的文本输入界面，切换回网络搜索界面，确认英文表述是否正确。这也从侧面验证了学生的解释。

（二）搜索资源与搜索问题单位

观察视频回放，可以发现受试学生掌握的搜索资源较少，大多使用在线词典、Google 翻译、有道翻译或百度引擎。如表 2 所示：

表 2   搜索资源统计表

	Google翻译	有道翻译	有道词典	百度引擎	百度翻译	Bing国际版	DEEPL翻译器	百度百科	海词词典	总计
英译汉	42	37	19	28	13	6	2	0	0	147
汉译英	51	31	2	15	22	1	1	2	1	126
总计	93	68	21	43	35	7	3	2	1	273

从表 2 可以看出，16 名受试学生总计搜索 273 次，其中使用 Google 翻译 93 次，有道翻译 68 次，有道词典 21 次，百度引擎 43 次，百度翻译 35 次，Bing 国际版 7 次，DEEPL 翻译器 3 次，百度百科 2 次，海词词典 1 次。即搜索中总共使用双语工具 228 次，占比达 83.52%；而使用百度搜索引擎 43 次，占比 15.75%；使用百度百科 2 次，占比仅为 0.73%；没有用到同义词典、单语或双语语料库、术语词典或专题网站等辅助工具。随后的回溯性访谈提纲对受试学生统一设置了搜索资源和方式的问题，结果也验证了学生搜索资源单一、搜索手段比较贫乏的现状。（邬忠、周昕，2021）

搜索问题单位也可以反映译者的搜索能力与搜索特点。一般而言，翻译过程中的搜索问题单位层级有高有低，主要包括普通词语、普通词组、术语、专有名词、小分句甚至整句。术语和专有名词具有广为接受的固定译法，必须确保译文的准确性。实验文本中没有术语，主要是机构名、事物名和政策方案名称等专有名词。多数学生都认为"共享充电宝""扫码""武汉市中心医院""GOP"和"White House"这类专有名词是搜索的核心内容，有必要查找固定译法。受访学生表示，"除了掌握的表达方式外",一般会用"翻译软件或者在线翻译网站"等工具查询上述内容。

翻译过程中,受试学生搜索问题单位主要是单词、专有名词和词组。从视频回放和访谈来看,学生检索网络资源时,基本以寻找对应译文为主,过度依赖在线词典、翻译网站等双语工具。部分学生在英译汉时,多次查询"package""margin"和"poll"等单词,主要目的是为了查找对应词语。而总体来看,受试学生的搜索问题单位以词和词组层面为主;在录屏回放中,仅见个别语言能力较强的学生偶有搜索分句的情形。如某学生将汉语原文的首句粘贴到 google 翻译的输入框中,选择了推荐的"Following the shard power bank..."这样的句型,认为"-ing 形式引导的句型漂亮,还可以突出主句中'...the nursing bed is now using in the Central Hospital of Wuhan'的重点"。而翻译第二句时,却放弃了推荐句型,解释说"没有我构思的句型好"。可见,该生在搜索译文方面,表现出超越词语对应,而更进一步在句子及篇章层面追求优化译文的意识。

由以上分析可知,受试学生英译汉过程中的平均搜索频数和搜索总时间略高于汉译英;在个体层面,搜索频数、搜索时间及其比例没有明显的群体特征,更大程度上取决于学生的个人习惯。但一般而言,翻译素养相对薄弱的学生多关注专有名词的对应表述,甚至是单词的拼写;而语言能力较强的学生在搜索中初步表现出更关注句式选择、语序调整和句间连接等语篇层次的表达方式、寻求最佳译文的趋势。这也是后述翻译教学启示中分阶段传授搜索技能的出发点。

除了语言水平外,翻译职业意识与素养也是学习者搜索行为的重要影响因素。一方面,翻译职业素养可以表现为搜索资源的掌握程度。回看翻译过程录屏发现,16 名学生或者直接翻译,或者借助在线词典,或者使用在线翻译网站,没有受试者用搜索引擎检索官网查证,更没有受试者尝试使用单语或多语语料库改善自己的译文。另一方面,职业素养还体现为受试学生对术语译文精确度重视不够。相当一部分学生完成翻译后并未验证术语正确与否，也没有修订，而是直接存盘。所有 16 名受试学生在翻译"武汉市中心医院"时，都或多或少犯了这样那样的错误。大多数学生将该专有名词译为"Wuhan Central Hospital"或者"the Central Hospital in Wuhan"，也有部分学生忽略了大小写问题。观看视频回放发现，尽管有学生使用百度翻译或 Google 翻译查询该名词，但并没有学生登录"武汉市中心医院"官网验证。如果在平时教学中培养学生的职业意识，强调翻译术语、专有名词时要确保精确，鼓励学生更多地使用搜索引擎、百科、单语词典等资源，可以很大程度改善该现象。

（三）教学启示

在信息时代，丰富的网络资源为译者理解原文、改善表达方式提供了极大的便利。因此，网络时代，译者的翻译能力无疑包括网络搜索能力。在新形势下，翻译教学也需要与时俱进，将网络搜索能力纳入翻译教学内容。

首先，培养网络搜索能力有助于提高译者的语言能力，提高译文水平。英译汉时，译者可以借助网络查阅相关主题的背景知识，能够更准确地理解原文；汉译英时，译者可以通过网络查找恰当的表达方式，或者利用目的语语料库，从多个表达方式中选择最佳译文，从而提高译文质量。其次，培养网络搜索能力有助于提高学生译者的职业素养。职业译者常常需要面对陌生领域的文本，同时也需要满足客户对质量的严格要求，因此网络信息是其保证译本质量的重要资源。培养学生的网络搜索能力，有利于学生尽早链接职业译员的相关工作方式，培养学生的职业素养。

翻译过程中的网络搜索具有复合性特征，可被视作机辅工具、计算机技术、网络技术、译者先备知识、问题解决能力交互的复杂综合系统。因此，搜索培训远不是简单的搜索技巧等操作性知识的传授，而是在各个搜索子系统交互过程中，学生译者学会恰当运用搜索策略解决信息需求的动态习得过程。（王静，2019）从本研究来看，目前大多数学生的搜索能力都是在自我摸索过程中形成的。例如本实验的录屏回放中发现，有一位受试者并没有使用翻译学习者常用的"Google 翻译"、"百度翻译"等网络资源，而是使用"Bing 国际版"和"DEEPL 翻译器"这样的工具。她在访谈中表示"Bing 国际版提供了一个全英文的搜索平台，更容易在搜索结果中找到母语者惯用的搭配"，而"多次使用对比后，觉得（DEEPL）翻译结果最准确、犯错最少"，而"这两个（工具是）平台公众号或者微博博主所推荐"。由此可见，学生的网络搜索能力没有经过系统培养，还处于自学自悟的初级阶段。

另外，信息搜索能力虽然属于翻译能力的范畴，但仅仅是构建译者翻译能力的边缘性能力，不属于译者的核心能力。因此，在翻译教学中也不能居于核心地位。针对翻译初学者的网络搜索教学，可以在不同学习阶段采取不同教学策略：

首先，入门阶段的翻译学习者应以初步介绍常用的权威网络资源为主。在培训学生练习实用性的非文学文本时，可以系统介绍"中国特色话语对外翻译标准化术语库""术语在线"等权威语料库，为专有名词、术语翻译提供辅助。同时也培养学生重视翻译细节、精益求精的职业素质。这一部分教学时间不需安排过长，仅在初学翻译的起始阶段作简要介绍即可，甚至可将常用语料库的搜索方法制为 PPT 或微视频，以翻转课堂的形式供学生课下学习。

其次，较高阶段的翻译学习者可以尝试拓展网络搜索能力。除了初级阶段的词语对译之外，网络资源还能为提高译文质量提供更多帮助。很多情况下，缺乏背景知识是翻译过程中的主要困难。实验中相当一部分学生觉得英译汉难度高于汉译英，主要原因也在于"不了解'Hill''GOP'等表述方式的文化背景"。培训学生通过查询网上百科全书或搜索相关专题资源能加深对相关主题的理解，当然也有助于译文质量的提高。另外，当译员对某一词语或表述方式的翻译不确定时，可以采用搜索引擎搜寻官网权威译文，或者比较不同译法的使用频率和接受度的方法。例如查询百度翻译、Google 翻译，以及有道词典，"武汉市中心医院"的译文均显示为"Wuhan Central Hospital"。但搜索武汉市中心医院官网时，却发现官方译文为"The Central Hospital of Wuhan"；进而用"武汉市中心医院"为关键词搜索百度图片，发现图片上该医院楼顶霓虹灯上 LOGO 同样为"The Central Hospital of Wuhan"。毫无疑问，网络搜索的官网信息和图片为译文表述的准确度和可靠性提供了佐证。

最后，高级阶段的翻译学习者可以发展综合搜索能力。在此阶段，需要传授学生译者综合使用搜索引擎、单语或双语语料库、电子词典和百科全书等在线文本、图片及视频资源的原理及实践技巧，并结合语言、文化、认知等背景知识，综合查证、对比、验证，最终得出高质量的译文表达方式。有条件的学校甚至可以单独设置翻译搜索或翻译技术类的课程。同样以实验文本为例，如汉语原文标题"武汉医院现'共享陪护床' 扫码支付即可使用"，学生多翻译为"Use Shared Beds Via Code Scanning in Wuhan Hospital"之类的句子。但使用双语语料库后发现，《长江周刊（英文）》上该文使用的标题是"Shared foldable beds at hospital"，既简洁明了，又符合英语新闻标题倾向于使用名词短语的特点。相关网络资源为高级阶段的学生译者改善译文质量提供了不可多得的辅助工具。

综上所述，虽然提高语言水平和翻译能力非一日之功，但完全可以通过针对性的教学策略，促使学生在短时期内掌握准确高效利用资源的基本技巧，初步培养学生的职业素质。但值得注意的是，网络搜索能力毕竟是翻译能力的边缘性能力，在教学中不可忽视，但也不宜赋予太高的权重，必须定位于翻译辅助能力，而非核心素质。

五、结论

在现代社会，随着网络的普及，网络信息成为翻译实践的重要资源，网络搜索能力也成为翻译能力的重要组成部分。本研究采用屏幕录制和访谈的方法，探究翻译学习者的网络搜索行为，发现翻译学习者在搜索频数和比例方面主要视译文难度而定，与个人搜索习惯相关，并没有群体倾向；在搜索资源方面，学生掌握的搜索资源较少，搜索手段比较贫乏，大多使用在线词典、Google 翻译、有道翻译或百度引擎，用以解决词和短语层面的双语对应问题；在搜索问题单位方面，大多数学生主要以词组和专有名词为单位，仅有少部分语言能力较强的学生在搜索中初步表现出更关注句式选择、语序调整和句间连接等语篇层次的表达方式、寻求最佳译文的趋势。总体而言，学生的网络搜索能力没有经过系统培养，还处于自我摸索的初级阶段。

信息时代的翻译教学也要与时俱进，将网络搜索能力纳入翻译教学内容。具体而言，可以采取分阶段教学的方法。在翻译初学者阶段，应以初步介绍常用的权威网络资源为主，辅助学生解决词和短语层面的对应问题；在较高阶段，可以尝试拓展网络搜索能力，帮助学生更好地理解原文，改进译文；在高级阶段，可以培养翻译学习者使用多种工具、技巧的综合搜索能力。总而言之，培养网络搜索能力有助于提高翻译学习者的翻译能力和职业素养。

◎ 参考文献

［1］［英］凯瑟琳·卡斯尔. 研究访谈［M］. 武敏，译. 上海：格致出版社，2018.

［2］Pinto M., Sales D. Towards User-Centred Information Literacy Instruction in Translation［J］. The Interpreter and Translator Trainer，2007，2（1）：47-74.

［3］冯全功，张慧玉. 以职业翻译能力为导向的 MTI 笔译教学规划研究［J］. 当代外语研究，2011（1）：33-38.

［4］葛建平，范祥涛. 网络技术辅助下的翻译能力［J］. 上海翻译，2008（1）：62-65.

［5］龚锐. 笔译过程中的译语方向性研究——基于专业译员中译英及英

译中表现比较的实证研究 [D]. 上海：上海外国语大学，2014.

[6] 韩孟奇. 网络技术下的汉译英表达能力培养 [J]. 外语电化教学，2015（11）：42-46.

[7] 胡兴文，束学军. 网络资源在翻译教学、研究和实践中的应用 [J]. 安徽工业大学学报（社会科学版），2009（4）：63-65.

[8] 李沛鸿，廖祥春. 架起翻译与网络信息的桥梁 [J]. 中国科技翻译，2007（3）：29-32.

[9] 梁爽. 数据驱动学习模式下会展翻译教学探索 [J]. 重庆第二师范学院学报，2017（4）：113-117.

[10] 马会娟，管兴忠. 发展学习者的汉译英能力——以北外本科笔译教学为例 [J]. 中国翻译，2010（5）：39-44.

[11] 倪传斌，郭鸿杰，赵勇. 论利用互联网搜索引擎协助翻译的科学性和可行性——兼与朱明炬先生商榷 [J]. 上海科技翻译，2003（4）：53-55.

[12] 王华树，张成智. 大数据时代译者的搜索能力探究 [J]. 中国科技翻译，2018（4）：26-29.

[13] 王静. 英汉职业翻译中的译者搜索行为研究——以任务熟悉度为视角 [D]. 上海：上海外国语大学，2019.

[14] 邬忠. 平行语料库辅助翻译教学的应用研究 [J]. 安顺学院学报，2017（5）：65-67.

[15] 邬忠，周昕. 屏幕录制在翻译教学中的应用——一项以过程为取向的翻译教学实验及其对教学的启示 [J]. 译道，2021（3）：54-61.

[16] 徐彬，李书仓. 翻译过程视频资源在翻译教学中的应用 [J]. 外语电化教学，2018（5）：13-18.

[17] 俞敬松，阙颖. 复合型翻译查证能力的培养方法案例研究 [J]. 中国翻译，2019（2）：79-85.

[18] 袁卓喜，何佩祝. 网络资源与语料库方法在商务翻译中的运用

[J]. 怀化学院学报, 2010 (8): 77-79.

[19] 朱明炬, 谢少华. 充分利用搜索引擎, 准确地道英译词语 [J]. 上海科技翻译, 2003 (1): 59-62.

[20] 朱玉彬, 许钧. 关注过程: 现代翻译教学的自然转向——以过程为取向的翻译教学的理论探讨及其教学法意义 [J]. 外语教学理论与实践, 2010 (1): 84-88.

从日本小户型装修设计看日本文化

——以卧室及客厅为例

李彧瑄　黄子懿　蔡佳琪　马　乐①

（江汉大学外国语学院　湖北武汉　430056）

摘要：日本因国情、地势以及经济原因，其城市居住的主要房屋户型具有小而精致的特点。本文以日本小户型住宅中的卧室与客厅为主要研究对象，从"禅宗文化""极简文化"以及"享乐文化"三个角度分析在日本小户型中的装修设计细节，探讨日本独特的文化特质，即日本民族崇拜自然，尽可能地减少装饰，倾向于使用原色与冷色，并追求享乐。

关键词：日本小户型；装修设计；日本文化；卧室及客厅

一、小户型的定义及日本小户型的发展现状

小户型通常指一居室销售面积在 60 平方米以下、二居室销售面积在 80 平方米以下、三居室销售面积在 100 平方米以下的居室。而日本小户型面积小，客厅的面积在 20 平方米以内，卧室的面积在 15 平方米

---

①　作者简介：李彧瑄、黄子懿、蔡佳琪，江汉大学外国语学院日语专业 2019 级本科生。指导教师：马乐，硕士，江汉大学外国语学院日语系副教授，研究方向为日本文学、日本文化。

以内，但空间安排得相对紧凑，能满足人们生活的基本需求。

小户型面积小，但并不等于档次低，设计合理可保证齐备的功能，在不影响居住的前提下客厅具备会客、做饭等功能，卧室也极重视设计感与舒适感。虽然客厅及卧室的主要功能不变，但是在装修设计上日本人有着独特的想法。在日本，小户型居室主要是公寓套房、二层木制公寓、独栋公寓；大多数是多人共同居住一栋，每人住一个房间。

就日本国情和目前发展状况来看，小户型住宅无疑是地少人多、经济发达城市中住宅的首选之一。它具有配套功能完善、造价成本低、占地面积小但功能不减的作用，让人们生活在小空间内仍有较高的生活质量，且销售价格相对较低，作为过渡性住房有较大的需求，在居住上具有可进可退的特点。但由于空间狭小，在空间利用性和舒适性应用上较为不足，不能灵活满足人们的居住舒适度的需求，造成了居住生活的不便，急需打破给人狭窄拥挤、物品堆放杂乱的印象与误解。

日本因国土面积狭小、资源短缺，为了缓解住房短缺问题，住宅建造多为小户型，呈现低层高密度的特征，主要面向的客户为大城市的工薪阶层和青年家庭。本文主要以东京小户型的卧室及客厅为例，围绕装修设计，分析所体现的文化因素及理念。

二、小户型区域反映的日本文化

（一）禅宗文化

1. 禅宗文化的起源及在日本的发展

禅宗是佛教的主要派别之一，主张修习禅定，因此名为禅宗。1192年，禅宗从印度经中国传到日本。宋代，僧人荣西两次来中国受教受传，归国后在日本建起了第一座禅寺。从此，禅宗在日本思想史、文化史，以及整个日本历史上都留下了深远的影响。由此，禅宗文化迅速渗入日本人民生活的方方面面，在住房建筑中表现得尤为明显。

日本僧人研修禅法的同时，研究中国的文学、书法和绘画，在其中汲取营养。除"五山文学""禅宗样"建筑之外，镰仓时代以后，日本的书法、绘画甚至今天被奉为国粹的茶道、花道、剑道，都蕴涵着禅宗文化。

"禅"不仅是佛教的修持，更被升华为思想、人生态度，它成为日本本土文化发展的重要精神来源。著名禅学家铃木大拙说："在某种程度上，禅宗造就了日本人的性格，也代表了日本人的性格。日本人最擅长的是用直觉把握最深的真理，并借表象将此极为现实地表现出来。"①可见禅与日本之间的契合。从日本小户型卧室及客厅的装修设计中，我们可以感受到虽然本身面积不大但极具自然山水的诗情画意之美，常常让人感受浓厚的禅意，那种抽象且纯净的美学通过设计师的构想被尽情地呈现在了这一方天地。

禅宗文化及其思想对日本住房建筑的影响十分深远，虽然来源于中国，但是日本人通过学习、探索以及融合自己国家本身的民族精神和日本文化，已经形成了日本本土独特魅力的特色文化，甚至是最具代表性的日本文化之一。

2. 日本小户型设计体现的禅宗文化

日本的禅宗文化追求一种极为和谐的心灵状态。在禅宗文化里，人无欲无求，与大自然和谐共生，"天地与我同根，万物与我一体"，内心开放达至与宇宙连通的境界。因此，日本文化无处不体现着对大自然的爱与崇敬。日本设计师通常在保护传统建筑结构的基础上，兼容现代特点及时代化的设计风格。如著名建筑师安藤忠雄的大量作品都充分诠释了禅宗理念的自然山水之美。

在日本住宅中，将自然与装修设计融合起来的最好方法是将自然元素带进家中。即使面积狭小，也会在客厅及卧室摆放一些日本的传统植物，例如盆栽或竹子能让房屋瞬间变得禅意十足。因此，常常会看到用

---

① 铃木大拙. 禅与日本文化［M］. 南京：译林出版社，2014：178-182.

花朵、树枝、藤蔓等这些自然中的材料来进行装饰，在小户型软装中常运用插花，突出体现了日本禅意建筑的简洁朴素和对工艺逻辑性的精确把控。在材质上常常采用木材、石材等自然物，而色彩上极少用人工刷漆等方式，大多以原材料本身的颜色和纹理来装饰，没有过多的后期修饰甚至没有任何的装饰，这种以自然、素雅、简约为特点的设计被运用到日式和室，形成其独特的风格特征。即便在东京这种物欲横流的大都市，很多小户型住宅的住户也受到了禅宗文化的影响，将禅宗文化、插花文化融入软装中。

而这种美学意境来源于日本民族对自然的美感及其体验所浓缩起来的对美的概括，将这种感受具体化便形成了日本特殊的禅宗文化影响下的"无常""虚""无"的美学观。"空寂""幽玄"常被用来形容日式风格玄关设计，是日本民族对自然、简约、素雅、内敛的精神境界之美的表达。观察日本住宅的装修设计，他们通常采用"留白"的方式，追求简素，比如选择去掉人为的装饰或者摆放单一的物件，挂上一幅书法作品或者水墨画，又或者是在花瓶里插上一束花。日本人认为"无即是有，多即是一，一即是多"，要用"少"的物质形式体现，去追求精神意境上的"多"，使人们身在其中感受禅意美学中空间的孤寂、清幽的意境感，使建筑空间表现得更加丰富。

日本小户型住宅中卧室及客厅受禅宗美学思想的影响，形成了以禅宗文化为代表的美学思想。日本设计师对于原材料的选用、空间布局的延续、自然景观的演变均体现了这种美学思想，他们充分提炼传统建筑的设计特色，使之与现代建筑理念相结合。

（二）极简文化

1. 日本极简文化的形成及发展

极简文化最早产生于 20 世纪 60 年代，名称来源于当时兴起的一个艺术流派"Minimal Art"，是当时西方重要的艺术流派之一。当时的艺术家们以极简主义来抵触抽象主义，目的在于消除作品对观赏者的压迫感，追求形式上的简单极致、思想上的优雅。最初由绘画和雕塑发展起来，后期加入了设计。"一战"后，北欧国家想快速恢复经济，但因其恶劣的自然条件给当地人带来了居住的困扰，北欧的设计师开始大力发扬极简文化于建筑设计中。"二战"后，日本人在建设中为了控制成本和解决平民住宅问题，学习德国，将极简文化融入本国文化，开创了日式极简的一片天地。极简主义因其简约明了的特色，在现代设计中也广泛运用，并深受青年人欢迎。

日本人在吃饭前会说"いただきます"，意为："我开动了。"简单的话语中包含了日本人对自然馈赠的感谢之情，他们认为万物皆有灵，这种对自然的崇拜也影响了其审美，因此日本人喜爱以自然材料来创造独特的极简风格。

除此之外，日本四面环海，地震、火山喷发频繁，气候温暖，雨量充沛。不仅国土面积小，日本的自然资源也十分短缺，所以设计师在设计时力求材料的精简节约，从根本上控制成本。明治维新以前，日本艺术风格还停留在传统模式，然而"二战"之后日本人为了解决平民住宅问题，受到德国功能主义和美国的科技影响，开辟了具有和式特色的当代艺术之路。日本汲取了各国艺术风格中精粹的部分，最后形成了传统与现代并行的感性设计文化。同时日本设计师推出了"小面积"住宅的概念，由此产生以"小户型"住宅为标准的设计理念。直至今日，日本小户型模式深受民众的喜爱，成为主流。

2. 日本小户型设计体现的极简文化

"二战"后日本的建筑师开始研究以"小户型"住宅为标准的设计理念，日式极简风格在装修设计中占有一席之地，将自然界的材质大量运用于居室的装修里。例如使用纯原木材做床板，"榫卯结构"的家具体现了日本的"匠人精神"和极简文化的结合。不仅如此，日式家具会使用棉麻布料或织物来增加自然感[2]，构成一种淡然亲和的直观体验，用时硬时软的线条和几何图案来体现极简主义，这也与日本人给人的刻板印象相似。家居装饰中，不追求金碧辉煌的装修风格，而是以淡雅简洁、深邃禅意为最高境界，用白色等素色的墙纸让环境显得干净优雅。与外表相比，日本人更重视实际的功能及用途，例如低矮、造型单一的家具体现出沉稳、朴实的一面。另外，将本国的禅宗与极简主义相结合，在房子的装修收纳材料上，也特别注重自然质感，例如选择紧贴地面的低床或者榻榻米，能在休息中更近距离地和自然相融合，获得人与自然和谐的体验。

（三）享乐文化

1. 享乐文化的起源及发展

日本四周环海，位于欧亚大陆的东端，也处于太平洋的火山地震带，为亚热带季风性气候和温带季风性气候，全年多雨。因此，从古代开始，地震、海啸、飓风、火山、洪水等自然灾害频频发生。自古以来的自然灾害让日本人产生根深蒂固的悲观意识，为了掩盖和弥补这种悲观意识，及时行乐的享乐之风也蔓延开来。

因为自然资源匮乏，所以日本无论男女老少都有一丝不苟、勤奋工作的团结意识。年轻男子在公司工作一天最多超过 14 小时，将全部的收入交给妻子或母亲掌管；而妇女则负责家中的一切事务，包括每天屋内一尘不染、有条理的物品收纳、整个家庭收支的分配、一日三餐的制作等。甚至老人也是不折不扣的勤勉者。日本年龄超过 65 岁以上的老年人占总人口的 20%以上，但是多数的老年人会选择再就业。有些老年人会被公司返聘，社会也有专门提供给老年人的工作岗位。例如，日本的出租车司机几乎都是老年人。日本政府规定没有几十年驾驶经验的司机不允许驾驶出租车，所以大多数出租车都由老年人驾驶。巴士司机、机场代理、保安、清洁工、剪花工、停车场管理员也经常由老年人担任。

这样的勤勉确实为日本社会和经济发展带来了积极影响，但是到了 20 世纪 80 年代，日本经济飞跃发展的同时西方文化大量输入，日本文化受到了冲击。西方的享乐文化让日本人反思自己埋头苦干的生活是否过于乏味？于是，一大批日本人，特别是年轻人，开始主张在一丝不苟地完成本职任务的同时，通过及时行乐达到自我实现和自我解脱。

日本作家千石保于 1991 年出版的《认真的崩溃》一书中指出："1977 年标志着日本的价值观发生了决定性的变化，从工作优先到休闲优先、从努力工作到热爱享受、从严肃的态度到无忧无虑的态度。人们不再欢欣鼓舞，也不再为实现特定的目的或目标而努力，仅仅是生活的事实就有了意义，形成了与过去不同的新价值观。"① 然而，日本社会勤奋的总体氛围并没有发生明显的变化。在衰落、战败和经济危机时期，日本人民变得更加团结，他们克服困难，全力以赴；而在经济繁荣的和平时期，更多的是一种享乐主义倾向。这两者相互矛盾，又相互协调。

2. 日本小户型设计体现的享乐文化

日本人的享乐主义大多体现在日常生活的方方面面，例如娱乐、餐饮、温泉等。娱乐如卡拉 OK、疯狂购物、老虎机等形式。餐饮主要体现在居酒屋文化。泡澡文化也将日本人的享乐主义体现得淋漓尽致。

而享乐主义在室内装修设计上同样有体现。在客厅，厨房往往是开放式设计，不仅让小户型的室内面积在视觉效果上显得更加宽阔，也能在做饭的同时体验到和家人一起聊天的乐趣。在采光方面，客厅和卧室有很大差别。客厅往往拥有屋内最优秀的采光设计，让自然光线最大程度照射进来。因此，日本人白天基本会待在客厅里，享受着大自然的自然光线，这也体现了日本人崇尚自然的文化。等到夜晚才进入卧室，卧室的窗户要么开在靠近走廊或者室内的一方，要么开在比较高的地方，甚至有的卧室没有窗户。这是因为近年来，工作时间的增加带给日本人

---

① 千石保 ."认真"的崩溃——新日本人论 [M]. 北京：商务印书馆，1999：201-212.

大量的疲劳感，这种疲倦感让日本人更重视睡眠的质量。显然，注重隐私且昏暗的卧室无疑是最好的休息场所。

三、结语

本文从日本小户型卧室及客厅的角度探讨了日本的装修文化，即体现了禅宗文化、极简文化、享乐文化，包含了"禅意""简素""享乐"的理念。即使是在住宅面积小的情况下，日本人也会追求极致舒适且简单的生活方式。从卧室到客厅，日本住宅无论是直接取材于大自然，还是开放性强的室内空间，抑或家具的选择布置，都体现了日本人装修细节的文化深意。这种文化特质深深地影响着现代住宅。

虽然日本文化传统大多来源于中国，如建筑、茶道以及花道，但是历史悠久的传承不是简单的复制，日本人杂糅了自己本国的元素，从而创新造出新的本土文化。因此，只有走向创新才是赋予文化永恒生命的重要途径。

◎ 参考文献

[1] 王思聪. 极简主义的起源发展 [J]. 神州，2018（9）.

[2] 管佩弦，李雪艳. 论北欧家居设计和日式家居设计中的极简主义 [J]. 设计论坛，2018.

[3] 刘明利. 日本古代建筑中的"禅" [J]. 日本问题研究，2008（3）.

[4] 朱琳琳. 从建筑看日本文化的简素性——以住宅为中心 [D]. 烟台：鲁东大学，2020.

[5] 祝大鸣. 日本民族的双重性格"勤奋"与"享乐"[J]. 日本学研究，2008（18）.

[6] 陈璇. 论日本文化对禅宗思想的吸收和借鉴 [J]. 开封教育学院学

报，2019，39（3）：241-242.

［7］铃木大拙. 禅与日本文化［M］. 南京：译林出版社，2014.

［8］于石保. "认真"的崩溃——新日本人论［M］. 北京：商务印书
　　馆，1999.

从日本小户型装修设计来看日本文化

——以玄关和卫生间为例

房 坤 蔡佳琪 黄子懿 马 乐①

（江汉大学外国语学院 湖北武汉 430056）

摘要：日本的国情以及地势特点决定了其大城市的主要房屋户型具有小户型的特点，而其小户型装修设计如玄关及卫生间区域可以凸显出很多日本文化，如卫生、神道、耻感和断舍离文化等。本课题研究从日本小户型装修设计的角度了解日本文化，深入了解日本人的生活习惯、风土习俗，从而辩证地评价日本文化。我国的小户型装修设计并不一定要全盘照搬日本的设计思路，但对于我国北上广等经济发达且人口密集的大都市中小户型装修设计，日本小户型装修设计还是具有一定借鉴意义，可以缩减成本、提升幸福感，将住宅对于人的作用发挥至最大。

关键词：玄关；卫生间；日本小户型装修设计；日本文化

引言

日本国土面积小，森林覆盖率高，居住人口密集，为了保障人的居

---

① 作者简介：房坤、蔡佳琪、黄子懿，江汉大学外国语学院日语系 2019 级本科生。指导教师：马乐，硕士，江汉大学外国语学院日语系副教授，研究方向为日本文学、日本文化。

住环境和生活，在类似于东京这样的寸土寸金的城市中大多采用小户型的住宅样式，为密集的人口提供归属感。而为了弥补住宅面积小的缺憾、提升居住幸福感，日本人采用独特的小户型装修设计方法，极大地贴合并发展了本土文化。

作为日语专业学生，本科研小组研究"从日本小户型装修设计来看日本文化"这一科研课题，试图了解日本小户型装修设计背后反映的日本装修理念和日本文化。因篇幅原因，本篇以日本小户型中的玄关和卫生间两块区域作为主要研究对象进行剖析。

一、小户型区域概念

玄关源于中国，是中国道教修炼的特有名词，最早出自《道德经》："玄之又玄，众妙之门。"现在泛指厅堂的外门，也就是居室入口的一个区域，其实也是住宅门与客厅起居室之间的过渡空间，这片区域往往与住宅走廊相连，成为入门必经之地。

而卫生间即供居住者进行便溺、洗浴、盥洗等活动的空间，是厕所、洗手间、浴池的合称。它是一座住宅所必不可缺的区域空间，承担着住户日常的清洁保养任务，虽然所有的住宅卫生间装修设计都大同小异，但不同国家、不同地区仍然有明显的差异。

二、小户型区域在中日两国的发展现状

（一）玄关在中日两国的发展现状

玄关起源众说纷纭，既有日本起源论也有中国起源论，但至今玄关在中日都有很大的发展。随着信息全球化，中日玄关设计思路大致相同，但除了发挥玄关的基础功能，根据住宅面积安排玄关面积并着手设计，两国发展现状也有较大的差异。

在中国，玄关讲究博大光明，一般住宅，包括小户型住宅，其中玄关的设计给人一种通透的感觉。中国住宅中玄关的软装挂饰普遍运用中国结、寓意吉祥多财的绘画、暗示平安喜乐的刺绣等，反映了中国传统审美，蕴涵中国传统文化气质。

日本人把玄关视作"心理转换的地方"，是内与外的"间"，入室至玄关是洗洁尘气、放松身心的时刻，所以日本玄关深刻体现清洁的原则，并将自然的气息融入其中，将自然的舒适注入其中；即使是小户型住宅，很多住户在仅有的玄关空间中还是布置了小型植物，通过极致的收纳将干净贯彻到底。

(二) 卫生间在中日两国的发展现状

卫生间作为发挥清洁功能的住宅空间，自始至终都是住宅中不可或缺的存在。大部分中国人对厕所抱有不洁之感，而日本的厕所文化更加浓厚，所以不仅是住宅内的卫生间，日本公共卫生间也十分干净整洁，打扫卫生间的工作也并不会"低人一等"。日本人很早意识到卫生间除了如厕功能之外，还有很多其他为生活制造幸福感的功能，所以在卫生间的装修设计方面注入了很多创意，也花费了很多努力，例如极致的干湿分离和智能马桶等。近几年，我国大众也意识到了卫生间的重要性，借助经济全球化发展，将日本某些卫生间装修设计思路引入并广泛应用。

针对中日小户型卫生间的装修设计，除极小户型，日本几乎已做到完备，但中国在卫生间区域划分、布置符合人体工程学的卫生间设备、整体卫生间设计等方面仍有待完善。

三、小户型区域反映出的日本文化

(一) 干净文化

为保持家里地面的卫生洁净，日本人会采取在家不穿鞋或换室内拖鞋的方式。近年来我国的大部分城市家庭也有换室内拖鞋的趋势，而玄关就是人们进门换鞋脱衣的场所，所以玄关往往是第一时间接收回家的人从室外带回来的灰尘等杂质的地方。但是日本人为了不将玄关处的灰尘杂质带入室内，采用了玄关下沉的方法，极大地保证了室内地面的清洁状态。

日本玄关处的鞋柜设计也有小巧思。我国玄关处的鞋柜往往四四方方，高度较低，很容易积灰。而日本小户型喜欢做"顶天立地"的大鞋柜，上层放反季鞋以及不常穿的鞋，下层放经常穿的鞋。日本小户型一般一户多层或一户一层，住宅层高都有限，即使要拿取上层的鞋也只需要踩小梯子就行。如果玄关空间不大，也可以留出合适的空间为钥匙、口罩等出门必备品提供收纳空间。除此之外，据《中日集合住宅全装修设计比较研究》所述，玄关并不是住宅里必然存在的区域，但是它的存在会大大提高住户的生活品质。这也体现出日本人的卫生文化，比如玄关壁龛收纳，将墙面凿出壁龛做收纳，专门收纳原本摆在地上容易杂乱的拖鞋。

再看卫生间，近年来在我国城市房屋装修中已普及了"干湿分离"的概念。而在日本，人们已经不满足于卫生间只做"干湿分离"，而是"卫浴洗三分离"，这样就保证了在淋浴泡澡的时候，洗澡水不会溅到马桶上或厕纸桶内，上厕所时导致的空气中的大肠杆菌等细菌以及气味不会传播至浴室或者洗手区。即使是东京的小户型住宅，很多人也不再执著让卫生间显得"更大"，而是将卫生放在首位。有些住宅的卫生间甚至通过"四分离"的设计来细化功能间，但这种"四分离"在小户型作出的牺牲往往让原本一目了然的卫生间结构变得复杂，相对应在发挥卫生间的基础功能时便利性降低。

卫生间的收纳也能反映日本人极致的卫生文化。保持地面的整洁无尘需要频繁打扫。如果地面上杂物较多，打扫时就无法做到不留死角，所以为了更轻松方便地进行地板清洁，日本人尽量将重量较轻、体积较小、最容易造成卫生死角的生活杂物进行上墙收纳。上墙收纳广泛应用在日本小户型的卫生间中，以增加竖向收纳空间。卫生间墙面大多是瓷砖，而配合瓷砖的收纳工具就是运用大气压原理的抽真空吸盘收纳工具。但是上墙收纳也存在弊端。上墙收纳必然需要在墙上建立置物空间，或是定制柜子，或是钻孔打眼，抑或粘胶等，这些都会一定程度上损害原本的墙面。为了解决这一难题，日本设计师甚至找到了代替瓷砖的珐琅墙板，据汤洪泉在《浅谈新型建筑材料》中对珐琅板的解释，珐琅墙板既坚硬，又可变换形状，是高技术金属建材。因此运用磁吸办法上墙收纳就可以避免损伤墙面的问题。不论是干湿分离还是上墙收纳，无不反映出日本人对卫生的执著，用日语来说就是"綺麗好き"（爱干净），这种在住宅中体现的干净文化也只是日本人干净文化的冰山一角。

（二）神道文化——厕神

在我国，厕所是人们排泄的地方，往往会伴随着臭气和垃圾，所以被我们默认为污秽之地。但是日本人对厕所有着特殊情感，据日本《鼠净土》一书记载，以前有一位日本大爷，他更换厕所屋顶上的茅草时发现上面长着稻谷，用这样的稻谷做了饭团，相传如果饭团掉进了坑里，那么人就会进入净土。此外，在古代日本，厕所还有"产房"的功能，其屋檐下也是胎盘埋葬之地。在日本人看来，厕所象征着一个阴阳两世的出入口，他们深信平时肉眼看不到的事物的本来面目，可以在厕所里得到深入解读。

日本人认为厕所内有"厕神"的存在。蔡卓、殷庆栋、陈虎在《浅谈日本厕所文化及其原因》的研究中指出，厕所在日本人看来不仅是提供人们排泄的地方，还是神明驻足的地方，它寄托了日本人的希望与幸福。尊重厕神，打扫干净厕所，不仅对孩子的生产、疾病的治愈、身体的健康、生活的幸福等方面起到正面影响，还有助于开运发财。厕所里面的厕神无论存在与否，他都已经深深地存在于日本人心中。加上日本的干净文化，日本人对卫生间的卫生要求有很高标准。所以即使是像东京这样的大都市里的极小户型中设置"只能站一人"大小的卫生间也力求保持干净,他们相信保持厕所清洁,是对"厕神"的敬畏。如日本的名企业家秋山利辉在他的著作《匠人精神》中提到:"在进入作业场所前,必须成为乐意打扫厕所的人。"①

日本人在玄关、卫生间的装修设计上体现的精致让很多其他国家的人惊叹于其细节与品位的同时,还能感到日本人对享乐的重视,然而日本人对卫生的执著又反映出日本人对自身的高要求、高标准,是一种伴随着享乐的试炼。

(三) 耻感文化

1. 耻感文化的起源与特点

首先,日本列岛四周环海,位于欧亚大陆东端,也处于太平洋火山地震带,为亚热带季风气候和温带季风气候,全年多雨。因此,日本从古开始,地震、海啸、飓风、火山、洪水等自然灾害频频发生。在这种艰难条件下,人们为了抵御自然界的危险,必须团结一致、共同努力。这就是日本集体主义的由来。

其次,到了战国时代,武士崛起,慢慢不受中央管辖,所以导致各方武士势力割据的局面。各地"守护大名"们自立为国,形成"城下町",通过自己管理军队,控制平民百姓。守护大名为了保持自己小国的经济和自己地位的稳定,要求限制人口出入,限制自己的"城下町"中的人口与外界的交流。这种当时统治阶层采取的主要手段就渐渐形成了日本人的排外意识。

最后,弥生和飞鸟时代,日本开始受到中国文化影响。尤其是圣德太子主张派遣"遣唐使"出使大唐,由此我国的儒家思想传入日本,至今对日本的文化还有深远影响。儒家思想讲究"尊老爱幼""首孝悌"。其根源是为了维护社会的秩序,让平民大众知道有尊卑上下;维

---

① [日] 秋山利辉. 匠人精神 [M]. 北京:中信出版社,2015:3.

持了古代封建王朝时期社会的稳定与平衡。日本的上位者为了巩固自己的地位，大力发扬这种等级制度，把人按照尊卑不同划分为皇室成员、武士和平民三个不同的等级，而平民又可以被分为学者、农民、工人和商人。在平民中地位最高的是"学者"，而"商人"地位最低。同时，学者也响应政府的要求，保持自己相对高的地位，开始推广儒家思想，加强和巩固阶级意识。经过时间的演化，形成了日本社会里严格的等级制度。

日本文化中的集体主义、排外意识、等级制度，共同构成了日本耻感文化的由来。耻感文化可以分为两点。一是广义上的注重廉耻、知耻的表现心态；二是集体主义和排外意识的形成使得日本人不希望周围的人都对其另眼相看，以免被视为异类，从而采取与大家步调一致的行动，这也是日本耻感文化的本质。

从广义上讲，羞耻感是指没有遵守明确规定的良好行为标准，没有平衡义务或没有预见到意外的失败的行为举止。日本人相信自己的不当行为会受到外人或者"神"的注视，日本人最怕的是被别人说"不知耻"，如果被人说"那人不知耻"，这是最大的侮辱。另一层面，儒家思想中的"礼义廉耻"确实是我国文化中"耻感"的行为标准。但日本文化中的"耻感"与中华文化中的"耻感"有本质不同，让日本人保持耻感的是长期的集体主义与排外意识。他们害怕做出一些不适当的行为被他人评价为"不合群""奇怪"等，时刻注意自己的言行，害怕"隔墙有耳"。这样的耻感文化渗透进了大多数日本人的日常生活。

2. 玄关区域体现的耻感文化

要求一个人无论做什么事情都做到尽善尽美，做圣人做完人，虽然完全不可能实现，但是因为耻感文化，为了应对行为举止的不完美，日本人提出"隐藏"和"保护"来解决。在日本，由武士道传统形成的自我惩罚、自我否定或雪耻是一种保护形式。在日本小户型室内设计上最能体现耻感文化的就是对于个人隐私的保护。在玄关处的设计往往与客厅有一定隔断，例如做成垂直至屋顶的收纳柜、鞋柜，或者是有花纹镂空的木制隔断，让客人进入家门时无法直视到屋内的场景，也为主人提供了提示预警，避免客人在不经意间见到主人家未经保护隐藏的隐私而尴尬，也防止了主人被外人看到不愿为他人所见的事情后的无地自容。

而日本玄关处的下沉设计，透过地台高低形成的高低差，没铺地板的地方被称为"落尘区"。落尘区可以有效避免鞋底灰尘进入室内，达到抗污、防尘的作用。一般来说，地台与玄关的落差高度在 3~10cm 不等，但兼具可便捷穿脱鞋的换鞋功能时一般采取 10cm 左右的地面高度设计，这样可以间接提醒到家做客的亲戚朋友记得脱鞋换鞋，屋主也避免了时常提醒客人的尴尬和麻烦。这样的耻感文化既是主人对于客人的体现，也是客人之于主人的体现。

3. 卫生间区域体现的耻感文化

在日本，家庭的卫生间留给人的第一印象便是细节人性化和尽善尽美。

首先，抽水马桶旁多配备智能马桶盖，带有预热功能，减少冬天受到冷感刺激；冲洗水柱使水温恒定，还考虑到了女性的生理特点，水柱角度可以前后调整，以满足不同需要。此外，还有的马桶配备了血压测量功能和音乐播放功能，让马桶的使用者可以沉浸式如厕，各种针对不同场景的功能也可以避免意外情况的发生。对于客人而言，这种对于耻感文化的保护更为明显。

其次，卫生间内有隔断门和个人隐私物品。因为日本人认为卫生间里的如厕行为等极度个人、隐私，为了缓解个人压力、放松心情，日本的卫生间往往被认为是有独特功能的小房间。在日本人眼中，厕所不仅是一个如厕的地方，也是一个创造性的空间。男人把他们最喜欢的书和杂志放在那里，女人展示她们最喜欢的花，甚至厕所里面也有一些私人物品，如主人收藏的瓷器、雕塑、八音盒、名画和古董。艺术家经常在厕所里进行创作，在压力大的时候把自己放空。这是因为日本人为了集体主义，营造一种集体奋进的外在形象，不愿将生活的压力和工作的疲愆表露出来。卫生间是一个可以发泄的地方，他们在这里可以不用在乎自己的形象，将真实的自己释放出来。这也是耻感文化中集体主义和排外意识的体现。

（四）断舍离文化

1. 日本断舍离文化的来源

关于日本"断舍离"文化，最初出现于 2000 年山下英子的《断舍离》一书中，该书出版后，销量达 300 万册之多，同时"断舍离"这个词在日本深入人心。断即不买、不收取不需要的东西；舍即处理掉堆放在家里的没用的东西；离即舍弃对物质的迷恋，让自己处于宽敞舒适、自由自在的空间。其实，往前追溯会发现日本的"断舍离"的爆火并非突然，而是日本人长久的自然观念所形成的。日本人自古以来就有珍惜事物的美德，只是当时物资匮乏，人们的生产生活用物都是定量，普通老百姓很少有除了衣食住行以外的消费。但随着人们生活质量变高、消费能力提升，人们已经不满足于生存消费，开始追求享乐消费，这是日本经济发达的体现。但是，过度的消费容易造成浪费和积存，这与日本人追求的节约、珍惜事物的美德是相悖的。因此"断舍离"文化的出现和爆火有其必然性。

2. 玄关和卫生间区域体现的断舍离文化

在日本小户型住房里，断舍离文化作为日本人最爱的收纳文化之一频繁体现。首先是"断"（不买、不收取不需要的东西）。要思考在生活中哪些东西没有产生价值。玄关作为空间的缓冲地带，影响着人们的心情，也是接待客人的第一步，是最需要断舍离的地方。接待客人开门后迎面而来的玄关如果狭窄拥挤，会非常丢脸。小户型玄关面积小，因此省去烦琐的鞋柜，换成简易衣帽钩和隐藏式鞋柜。除此之外，日本人避免在玄关处放置不适配的物品，这样也极大地控制了日本人在玄关购置物品的欲望。

其次是"舍"（处理掉堆放在家里的没用的东西）。小户型受空间限制，储物空间也有限，及时清理掉家中不需要的物品有利于腾出更多空间供居住人舒适地生活。玄关处的鞋柜作为唯一的储物间，空间有限。日本人定期清理掉不需要的鞋子，留给玄关富余空间储存物品。普通日式家庭会有在家里堆放体积较小易积灰的牙刷和毛巾等生活必需品的习惯，或在厕所放置杂志，而小户型家装中会有意识地舍去这些物品，极大地提高了生活质量。

最后是"离"（舍弃对物质的迷恋，让自己处于宽敞舒适、自由自在的空间）。对于小户型，家具装饰物需求更少，以舒适为主，有控制力的居住者尽量减少购置家装摆设。在小户型洗手间，会选择置物架来放置洗漱用品等，置物架比石制台架便宜结实、更节省空间。在玄关也不需要太多装饰品，以大气简约为主。

3. "断舍离"文化的内涵

在日本人看来，"断舍离"不仅仅是对家居生活的一种身心释放，还是对生活中遇见的事物的一种选择态度。例如在人际关系中，如果发现在一段关系中被动、不舒服，第一时间察觉后果断拒绝这段无益的关系。《断舍离》的作者山下英子说："通过观察物品与自己的关系来了解自己，看到那个付出努力希望得到认可的自己，这才是'断舍离'的真正意义，这是一个自我心理咨询、自我鼓励的过程，也是一种人生态度。"① 另外，"断舍离"的另一层含义是对自己更加严格。对于太喜欢的东西不舍得扔、认为在未来会用上，这种想法是对自己的一种束缚，只会使人变得越来越压抑。"断舍离"告诫我们不要用物质而是用精神不断填充自己，使自己变得更独立自立。

过去人们对收纳的定义广义上指将物品放置在收纳盒或储存箱间。"断舍离"的爆火是人们对生活收纳的一种创新。比起古老烦琐的收纳方式，"断舍离"减轻人长时间积压的不满与疲累，让人有了追求极简生活的勇气，会更加看重内心世界的发展。其本质是从人的角度出发，

---

① ［日］山下英子．断舍离［M］．长沙：湖南文艺出版社，2009：5.

考虑的是人与物之间的关系，然后延展成人与空间的关系、人与人的关系……因为目前我们还在疯狂喜欢的事物可能转眼就被别的东西替代，这种不确定性会导致矛盾越来越多，导致自己缺乏控制力，造成欲望永远无法被满足的假象。"断舍离"要求切断我们的欲望，做出令自己愉快的选择。精神上如果能真正掌握断舍离，对于磨难我们会得到释然，灵魂得到净化，人生也会变得轻松愉快。

四、结论

日本小户型住宅的不同区域的某些元素是结合在一起的，例如整体的卫生设计。小户型住宅原本就存在一些不可避免的缺点，首先就是面积小，玄关、卫生间的区域面积占比会更小，在拥有独特的泡澡文化的日本，小户型住宅卫生间浴室中甚至没有浴缸。但是正如《菊与刀》一书中写到日本人自我矛盾——追求享受与时刻不忘修炼自己，这种矛盾体现在日本小户型装修设计上也达到了对立统一，泡澡文化是追求享受，而始终将住宅保持干净整洁就是日本人对自身的修炼。

在对比我国的小户型装修设计时，可知日本在某些区域划分，比如单独的极小厕所间的设置也同时受到"厕神"文化的影响，除此之外，那些极致的细节也是日本人追求精致、拘于小节的结果。本课题研究的初衷是从日本装修设计的角度了解日本文化，深入了解日本人的生活习惯、风土习俗，从而辩证地评价日本文化。我国的小户型装修设计并不一定要全盘照搬日本的设计思路，但对于我国北上广等经济发达且人口密集的大都市的中小户型装修设计，日本小户型装修设计还是具有一定借鉴意义的，可以缩减成本、提升幸福感，将住宅对于人的作用发挥至最大。

◎ **参考文献**

[1] 杨俊. 居室玄关起源探析 [J]. 大舞台，2018（46）：102-104.

［2］李红艳．从住宅浅析日本文化［J］．品牌，2015（6）：124-125.

［3］沈源，姜中天．中国土木工程詹天佑奖优秀住宅小区技术交流暨国际工业化住宅设计与建造峰会论文集［C］．2015.

［4］汤洪泉．浅谈新型建筑材料［J］．阜阳师范学院学报（自然科学版），1999，16（3）：75-77.

［5］蔡卓，殷庆栋，陈虎．浅谈日本厕所文化及其原因［J］．商业文化，2011（5）.

［6］闫志章．试论日本"耻文化"［J］．湖南科技学院学报，2018（9）：209-211.

［7］刘代容，江昊．日本文化探索——以耻感文化为中心［J］．学术探索，2015（2）：121-125.

［8］孟南柯．论日本厕所背后的文化原因［J］．赤子（上中旬），2017（1）：88.

［9］翟学伟．耻感与面子：差之毫厘，失之千里［J］．社会学研究，2016（1）：5-29，246.

［10］郝心怡，牟玲．从流行语"断舍离"看日本人生活方式的变化［J］．文化创新比较研究，2020（5）：104-105.

［11］黄伊凡，山下英子：幸福需要"断舍离［J］．婚姻与家庭（社会纪实），2014（8）：22-24.

［12］［日］秋山利辉．匠人精神［M］．北京：中信出版社，2015.

［13］［日］山下英子．断舍离［M］．长沙：湖南文艺出版社，2009.

宫崎骏动画《龙猫》和
《悬崖上的金鱼姬》中的审美探索

郭晓娟　　林子安　　曹佳华　　马　乐①

（江汉大学外国语学院　湖北武汉　430056）

摘要：在物欲横流的世界里，宫崎骏创作的优秀动画电影帮我们找回了许多我们正逐渐失去的东西。《龙猫》是一个简单、宁静却细腻奇妙的故事，有悠扬的音乐、干净的画面、稚趣的人物，一切都像回到了童真纯净的年代。而《悬崖上的金鱼姬》将"一见钟情、童真、爱、永恒守护"的主题表现得淋漓尽致。两部作品都以日本传统乡村为背景，塑造了纯洁童真的儿童主人公形象，描绘了美丽的大自然与孩童之间的和谐关系，阐述了人与人、人与自然之间美好的爱。

关键词：宫崎骏动画；乡村审美；自然之美；纯真之美

一、宫崎骏及其动画电影

宫崎骏是日本乃至全世界动漫界最重要的大师级人物之一，是不可

---

① 作者简介：郭晓娟、林子安、曹佳华，江汉大学外国语学院日语专业2019级本科生。指导教师：马乐，硕士，江汉大学外国语学院日语系副教授，研究方向为日本文学、日本文化。

代替、独一无二的，被美国动画巨头迪士尼称为"动画界的黑泽明"。他的作品之所以广受欢迎，一定程度上因为他的画风清新柔美，再加上绚丽的想象，奇幻而不失温馨浪漫的世界不仅吸引了孩子的目光，也让很多成人都迷恋其中。宫崎骏立足日本传统文化，放眼世界，关注各种生命体的生存和发展，使其作品具有深邃的思想和重要的意义。其代表作有《千与千寻》《天空之城》《幽灵公主》《哈尔的移动城堡》等11部长篇动画电影，并获得第87届奥斯卡金像奖终身成就奖等奖项。他是第一位将动画上升到人文高度的思想者，同时也是日本三代动画家中承前启后的精神支柱。宫崎骏在打破手冢治虫巨人阴影的同时，用自己坚毅的性格和永不妥协的奋斗为后代动画家做出了榜样。

　　宫崎骏的动画电影是日本人引以为豪的民族文化象征，他使动画具有了自己的民族风格与特征，将动画上升到了人文的高度，改变了人们对动画电影的认识以及以儿童为主要观众的固有的心理定位。其作品摒弃外在的空虚繁华，以简单的童趣形式表达深邃的思想内容；通过观照人类内在的心灵世界，洞察现代人的生存状态，彰显高度的人文关怀，张扬独特的生命情感和深切的社会意识。中央电视台第10放映室曾评价道：看他的作品，就好像在人类狭窄的后脑上开了一扇广阔的天窗，让人不由自主地相信梦想的力量，因为梦想的存在是人借以与神比肩的理由。从开始到现在的所有作品，宫崎骏思想是一以贯之且辩证发展着的，他的世界观、历史观、人生观和艺术观都有着明晰的脉络，最终都为了构建那个完美的宫崎骏世界而努力。

二、《龙猫》及《悬崖上的金鱼姬》

　　《龙猫》讲述一位年轻的父亲草壁达郎为了方便妻子靖子养病，带着两个女儿小月、小梅回到乡间居住的一段故事。故事围绕着这两个四岁和十一岁的小姐妹展开，她俩从布满灰尘的新家"鬼屋"、上学，到用有魔法的种子种树、大伙儿一起寻找独自去看望妈妈而迷路的妹妹。

姐妹俩发现看似平凡无奇的乡下却有很多神奇的事物，无人居住的房屋里能聚能散还能飞的"煤灰"、森林里的小精灵、森林的主人龙猫和笑口常开的猫巴士……其独特的主题、丰富的思想以及多元的风格深深地打动着观众的心灵，天真稚拙的童趣、质朴淳厚的人性，唤醒了许多成年人尘封已久的儿时回忆。

而《悬崖上的金鱼姬》讲述了 5 岁的人类小男孩宗介在海边救了被困玻璃瓶中的人鱼小公主波妞的故事。波妞从此喜欢上了宗介，宗介也想一直保护波妞，但被深知人类社会丑陋的魔法师父亲藤本从中阻挠，为爱奋不顾身、执拗的波妞，仍旧选择变成人类与宗介在一起生活。简单纯粹的爱意成了电影最为打动人心的所在，而在这条主线之外，宫崎骏把呼吁保护自然环境、人类与自然和谐共生融入其中，也进一步扩展了电影的内在纵深，而不仅仅停留在儿童版 happy ending 的《海的女儿》上。

三、影片中的审美探索

（一）乡村审美

宫崎骏的这两部动画电影的故事背景均设置在乡村。《龙猫》里是20 世纪 50 年代夏日的日本乡村，绿色为主要基调，辅以橙色；电影中经常出现蓝天碧草、错落的麦田；主人公一家的新居坐落在山坡上，是日式传统的木质房屋。院子内除了有水井，还有一棵高达数丈的樟树。数不清的枝叶不停穿梭、交织，以粗壮的树干为主体构成了一座绿色的城堡，与周围五颜六色的花相呼应，给宁静安详的乡村增添了美丽的风景。而《悬崖上的金鱼姬》中，5 岁的宗介和妈妈理莎住在一个靠海的小山村的山崖上。本片的乡村场景是典型的渔村，醒目的海边建筑，蜿蜒曲折的盘山公路，海洋与乡村融为一体。宗介每天都独自在岩石遍布的海边玩耍。宁静和谐的乡村背景设置，一方面给影片增添了静谧美好的艺术魅力，另一方面也从侧面向我们展示了宫崎骏独特的乡村审美观。

小月提着水桶去河边打水，波妞的父亲用深海中的清水浇灌土地。这些特写场景从侧面反映无需担心水质问题。洗衣服时用脚踩再拿竹竿晾。朴实勤劳的农民们，靠自己的双手自给自足，这些都是在乡村才能体现出来的最原始朴素的生活方式。还有邻里之间自发的友好互助。如《龙猫》中隔壁婆婆一直义务性地帮助主人公一家看管房子，照顾姐妹俩。《悬崖上的金鱼姬》中宗介的父亲常常出海不在家，因此村民们对他十分照顾；海啸过后宗介母亲理莎在下山途中短暂失踪，村民们都极其关切、主动询问并帮忙寻找。邻里之间宛如亲人，人们互相信任、体谅与照顾。反观现代社会冷漠的邻里关系，这种乡村情感之美实际上是人们对于温暖的追求，更凸显出宫崎骏独特的乡村审美。

（二）自然之美

中尾佐助的"照叶林文化论"呼吁以自然规律为基础，自然世界和人类世界必须是平等的地位，由此才能互相促进、互相成就。邢莉在《解读宫崎骏动漫中的日本文化元素》中提道："宫崎骏借由'照叶林文化论'学说展开了关于生命之源的森林的艺术想象与创造，森林作为自然的表象，成为宫崎骏电影中最核心的意象。"（邢莉，2015：181）宫崎骏的动画电影，森林都不再是静态的，而是充满灵性，能让人感受到鲜活健康的生命之感，神秘又令人向往。比如《龙猫》中主人公一家的乡下新居，其背后是一片古老、神秘而又充满温情的森林，森林里有各种精灵出没，故事也由此循序渐进地展开；片中龙猫送给姐妹俩一包樟树种子，并在深夜使用魔力让种子长成大树，创造了一个独立于成人视线外、由森林精灵主宰的世界。除了森林信仰的体现，影片中还出现了黄色和紫色的鸢尾、碧绿的长叶车前、金色的向日葵，追求自由、随风飘散的蒲公英，经常被错认为"野草闲花"的一年蓬，农村房前经常种的蜀葵，还有菜园里的瓜果蔬菜等。种类繁多，数不胜数。耳边时不时传来稻田中青蛙的鸣叫、房顶上布谷鸟的婉转清唱。以错落有致的村庄及一望无际的田野为背景，从无限生机中窥探到了独属于自然的绿色画卷。现实取景地位于东京都和埼玉县的狭山丘陵，姐妹俩的母亲所住的"七国山病院"名字来源地八国山，就在狭山边上。这里的旱田、田圃、湿地以及周围的杂木林都以原始的姿态保留至今，是一片非常珍贵的地域，显现了自然之美。

《悬崖上的金鱼姬》中故事发生的背景是在一座海滨小城里，宗介一家住在靠海的山崖上。悬崖上的小屋取材自濑户内海福山市的鞆之浦——宫崎骏居住的旧址。在这个地方既可以抬头仰望湛蓝的天空，也能站在崖边看到广阔无垠的大海。宗介在山崖下的海滩上玩耍时，意外捡到了卡在果酱瓶里的人鱼波妞，将她带回家并养在了绿色的水桶里。宫崎骏在影片中对于海洋的描绘十分细腻，影片中出现了非常多的海水和波浪的画面。虽然宫崎骏没有直接在影片中侃侃而谈自然问题，但众多像波妞一样的人鱼的出现，无疑向我们表明了大海是孕育生命的源头，是属于大自然的我们应该保护的美丽风景。波妞的魔法师父亲藤本强行将波妞带回海里，因为他不愿意波妞被肮脏的人类玷污。但波妞心意已决，将父亲珍藏的"生命之水"倒入海中，引起了暴雨和海啸。此时已是惊涛骇浪，通过大海的刻画，观众们很容易发觉到，海洋原来并不是影片里普通的背景板，而是作为主角存在的自然风景——它就像人类一样时而平静、时而震怒，带给观众不一样的审美体验。海里蘑菇形状的小屋、伞状的海底屋等场景也反映出海底原始景象的自然之美。

（三）主人公的纯真之美

《龙猫》中姐姐小月小小年纪就承担起了照顾妹妹、守护家的责任。下雨天她带伞在车站等候父亲，寻找独自去看望母亲而走失的妹妹小梅，这些细节的刻画，都毫无疑问在传颂着女孩小月善良淳朴的人物形象。妹妹小梅虽然年纪更小，经常做出让姐姐担心的事情，但她只不过是一个普普通通、一直渴望着母亲回家的活泼天真的小女孩。两姐妹面对家里能聚能散的"煤灰"和森林中的小精灵，甚至见到像"怪物"一样体型庞大的龙猫，都怀着一颗淳朴的童心，不带有任何偏见地接纳这些并不普通的大自然里的好朋友。而龙猫的每次出现是那样地恰到好处，它憨厚可爱的形象，它对小月与小梅的默默陪伴，以及它在最后叫来猫巴士对小月与小梅的无私帮助，都使这个角色随着剧情的推进越发深入人心，龙猫在电影中的存在也并不单单是一个讨人喜欢的萌物，而是真正成了纯真美好的象征。

《悬崖上的金鱼姬》里，宗介的船员父亲耕一经常出海不能回家，灯塔和灯语便成了家人间重要的沟通途径。缺少了父亲的陪伴，年仅5岁的宗介非常懂事，经常代替父亲陪伴照顾着母亲理莎。虽然理莎会因为耕一经常不回家而感到委屈和生气，用灯语表达愤怒，但宗介总能理解、支持着父亲，小小年纪便会用灯语表达"一路顺风"的祝福。从"家庭"这一意象来看，宗介充当着非常纯真却懂事的儿子的角色。换个视角看宗介与波妞，波妞表明了自己喜欢宗介的心意，宗介也立下了要保护波妞的誓言。当波妞被带回海底后，打翻父亲的"生命之水"，不断挣扎反抗，通过姐妹们的帮助重新回到了宗介的身边。宗介也坚定了不管波妞是人是鱼都会一直保护她的决心，最终两人战胜困难，走到了一起。从爱情和友情的角度来看，这两个主人公的感情无疑是纯粹简单的，无论受到什么样的阻挠，都能够一路跟随心灵的指引，始终保持那份纯真与美好。宫崎骏曾说："也许在所有通俗文化中，只有动画片最拘泥于爱和正义两个主题。"无论是波妞奋不顾身喜欢宗介的真诚情谊，还是宗介义无反顾保护波妞的勇敢，都反映出了他们年纪虽小，却又天真纯朴，为了爱勇敢抗争的形象。简单纯粹的爱意成为了最为打动人心的所在，展现了极致的童真美好，更让我们在潜移默化中学习到波妞和宗介身上勇敢、有担当的美好品质。

在以《龙猫》《悬崖上的金鱼姬》为代表的宫崎骏经典动画电影中，大多反映出了乡村之美、自然之美以及出现在动画作品里的主要人物角色的纯真之美。宫崎骏通过栩栩如生地描绘森林等自然景观，深情赞美孕育了生命与文明的大地母亲。他的作品大多是少年少女的成长过程，在童趣而明快的表象之下，总有一个坚强的内核，有一颗关怀的心。观众们可以通过多层次、多角度的解读，享受淳朴的自然风光，感受我们人类最初的真挚情感，拷问心灵，回归本源。

◎ 参考文献

[1] 朱玉凯，牛春舟 . 宫崎骏影片中乡村审美的构建 [J]. 电影文学，2019（5）.

[2] 胡志伟 . 解读日本动画电影《龙猫》的奇幻叙事 [J]. 电影文学，2019（10）：136-138.

[3] 邢莉 . 解读宫崎骏动漫中的日本文化元素 [J]. 学术论坛，2015（2）：180-181.

[4] 欧宇琪 . 浅析宫崎骏动画电影中的生命关怀 [J]. 大众文艺，2017（16）：194.

[5] 张一鸣 . 宫崎骏动画电影中女性形象的塑造研究 [D]. 上海：上海师范大学，2021.

[6] 李苗苗 . 日本动画电影《龙猫》解读 [J]. 佳木斯教育学院学报，2012（2）：92.

[7] 张阳 . 宫崎骏动漫作品中成长主题的表达 [J]. 电影评介，2009（19）：16-17.

[8] 舒刚波 . 寻求人类的本源——论宫崎骏的《悬崖上的金鱼姬》[J]. 当代电影，2009（3）：115-117.

[9] 赵梦 . 解读宫崎骏电影中的成长寓言 [J]. 电影文学，2018（6）：117-119.

宫崎骏动画电影中的本源探寻调查

——以《龙猫》和《悬崖上的金鱼姬》为例

郭晓娟　林子安　曹佳华　马　乐①

（江汉大学外国语学院　湖北武汉　430056）

摘要： 宫崎骏创作的优秀动画电影反馈了许多我们现代生活正逐渐失去的本源。其代表作《龙猫》和《悬崖上的金鱼姬》表达了对美好简单自然的向往，通过描述少男少女主人公的勇敢、纯真和成长，传递了宫崎骏对年轻一代的期望。本科研小组通过进行相关问卷调查，分析后得知大众对宫崎骏电影有着一定的自我思考与见解。动画艺术和隐喻让我们深刻理解了人类与自然的关联性、依存性；真情实感与自然的杂糅也反射出不少大众深刻关心的现实问题。无论是大学生还是社会人士，都希望缅怀过去、回归本源、保持初心。

关键词： 宫崎骏动画；本源；调查问卷

一、宫崎骏及其代表作《龙猫》《悬崖上的金鱼姬》

宫崎骏是日本著名动画导演、动画师及漫画家，出生于东京都文京

---

①　作者简介：郭晓娟、林子安、曹佳华，江汉大学外国语学院日语专业2019级本科生。指导教师：马乐，硕士，江汉大学外国语学院日语系副教授，研究方向为日本文学、日本文化。

区。他 1963 年进入东映动画公司，1985 年与高畑勋共同创立吉卜力工作室。2013 年 9 月 6 日宣布引退。2014 年 8 月，美国电影艺术与科学学院宣布授予宫崎骏奥斯卡终身成就奖。2014 年 11 月 8 日，宫崎骏被授予第 6 届荣誉奥斯卡终身成就奖。2015 年 2 月 22 日，他获得了第 87 届奥斯卡金像奖终身成就奖。2015 年 7 月，宫崎骏宣布复出。2018 年 10 月 23 日，他被洛杉矶影评人协会评选为 2018 年的终身成就奖获得者。宫崎骏动画电影代表作包括《千与千寻》《龙猫》《哈尔的移动城堡》《悬崖上的金鱼姬》《风之谷》等。他的动画作品大多涉及人类与自然之间的关系、和平主义及女权运动，出品的动漫电影以精湛的技术、动人的故事和温暖的风格在世界动漫界独树一帜。

宫崎骏代表作之一《龙猫》讲述的是女孩小月和她的妹妹小梅随父亲搬家至乡下，在这段时间里发现很多有神奇能力的小精灵以及在森林中偶遇龙猫，并获得帮助的故事。虽然动画电影的名字是《龙猫》，但龙猫在电影中仅出现了四次。它就像西方孩子心目中的圣诞老人一样，并不频繁地出现，但每次出现就为大家带来了快乐。宫崎骏热爱描写自然，热衷于为孩子编织梦想，整部《龙猫》带有其一贯的魔幻现实主义风格，利用自然景物切入主角的意识流之中，让观者得到最真切的共鸣。

另一部大受欢迎的代表作品《悬崖上的金鱼姬》讲述了住在深海里、一心想变成人类的人鱼波妞与信守承诺的 5 岁男孩宗介之间的纯真的爱情故事。故事情节简单到让人以为只是看到了一个 5 岁的孩子所做的美梦。但是在这个梦幻般的故事里，我们又能看到人与人之间的真诚、友善以及无条件的对他人的爱。善良、包容、勇敢等美好品质也都表现得淋漓尽致。在现代社会，大部分人都不敢勇敢追求自己想要的理想生活和爱，害怕自己的付出得不到回报，害怕要付出巨大代价。而通过这部电影，人们看到了波妞无畏困境的强大，尽管她看起来没有足够的能力，但她却为了自己心爱的男孩和向往的生活义无反顾、勇往直前。最后的美好结局让人们回归了纯真，找到了希望——这也恰恰是宫崎骏动画的魅力所在。

二、宫崎骏动画电影中的本源探索

（一）美好简单的自然向往

美丽的乡村，虽没有城市的繁华，但也别有一番风韵，让人们远离喧嚣、回归本质、享受原始自然。从这两部电影可以看出，宫崎骏内心怀念并喜爱简单生活，而电影中恰到好处的背景音乐也证实了这点。《龙猫》中开头便是乡村原野，两姐妹对从未见过的景象十分有新鲜感，结合着跳跃奇妙的背景音乐，眼前仿佛展现了农民们辛苦播种的画面，这种未知感带动着观众：美妙的地方必然是有什么灵性的东西吧？《悬崖上的金鱼姬》中一开始便带我们进入海洋世界，欢快的背景音乐让人放松，与现实压抑且神秘的海洋形成鲜明对比；即使后面发生海啸时，也并不激烈，而是充满色彩和想象空间，这种幻境竟给人一种亲切感。两部电影的背景音乐都极为简单，没有华丽的修饰和复杂的技巧，小孩听来十分活泼快乐，大人们听来却有一种回归自然、简单纯真之感。这也是宫崎骏每一部作品的背景音乐都能打动人心、引发共鸣的原因。当今时代车轮的速度远比庄稼里除草机轮子的速度快得多，城市生活的喧嚣以及快节奏的生活令人无法喘息，人们逐渐失去了本来简单美好的心灵，而乡村生活能够让快节奏的生活慢下来。走在乡间小道上，到处都弥漫着自然生态的香气，听到以鸟儿为代表的最直接的背景音乐，这些都是在城市里可望而不即的。以一种回归本源的方式，勾勒出理想的生活家园，一切返璞归真，简简单单就是我们最初的本源。

苏梦婕、刘家鑫在《探析宫崎骏动画电影中的自然生态观》中提到"宫崎骏曾经说过，他希望看见杂草接管这个世界，他觉得那将是一件多么令人兴奋的事"（苏梦婕、刘家鑫，2013：76）。《龙猫》中姐妹俩坐在搬家车上随处可见绿色的田野景象，小梅初次遇见大龙猫的那颗巨大的树和树洞里面绿色的卧室，绿色为主基调，代表着童真和对大自然的敬畏。龙猫也只有她们能看到并找到。只有当工业化熏陶下的世界朝着本源回归的方向发展时，人们才能发现代表自然的龙猫。《悬崖上的金鱼姬》中开头便描绘了故事发生的背景是在一座海滨小城里，宗介的家被比他本人还高的草堆包围着，这些都是宫崎骏内心的向往，将自己的心灵寄托于大自然之中，体会人性与自然的结合；反观波妞一出场就是被玻璃瓶困住，是现代社会环境的真实写照。万物皆有灵性，大自然更是灵性的本源，没有了大自然的美好，一切也将黯然失色。我们不应该去破坏那些美好的环境，要去保护、去呵护、去珍惜，留下自然给人带来的心灵上的滋润，使自己在美好的自然中变得更加美好。人类是生态系统的一部分，而不是霸权者、掠夺者。人类与其他大自然的构成者在生态上是永远平等的。

（二）少年主人公的勇敢纯真及成长

和宫崎骏多数动画影片一样，《龙猫》也落墨浓郁的亲情，小月姐妹对患病母亲的关心和思念让人记忆深刻。小月虽然只是一个普普通通的少女，却充满了励志精神，帮忙分担着本不属于她的重任。她凭借非凡的勇气，主动去结识森林里众多的伙伴，请龙猫帮忙寻找迷路的妹妹，最终才有了一个最为温馨的结尾。《悬崖上的金鱼姬》这部看似简单的面向小孩的童话，却能打动很多成人。已然化为人形的波妞迅速冲进宗介的怀抱，而想念波妞的宗介也将波妞紧紧抱住，这简单的、源于相互喜欢的表现，却俨然成为最打动人心的一个场景。许多成人会在感情面前权衡利弊，徘徊犹豫间便失去了爱的勇气。虽然爱所带来的也可能会是失望，甚至是痛苦，但如果我们因此便不能为了爱去勇敢地跨出第一步，错失的也许就是真正的幸福。

《龙猫》中，小月小梅两姐妹十分真诚地对待森林中所有的精灵。

小月虽然一开始害怕龙猫这庞然大物，但下雨的时候还是决定借伞给它。妹妹小梅更是大胆地与龙猫一起玩耍，没有任何防备地在龙猫肚子上呼呼大睡。宫崎骏用最生动细腻的笔触，刻画出孩童白纸般纯净的世界。也正是因为这样，我们才能在《龙猫》的世界里，寻到那份我们永远都不想失去的纯真美好。而在《悬崖上的金鱼姬》里，能看到波妞和宗介之间最为诚挚的情谊。波妞因善良的宗介救了自己，不顾父亲的反对，毅然决然要去追求和宗介在一起的美好生活；宗介也不因为波妞是人鱼而加以排挤，毫无条件地选择了遵从自己的内心，真诚回应了波妞的情谊。即使我们的日常生活庸碌乏味，远离诗意梦幻，但宫崎骏的电影创作总能给我们带来一些乐趣与希望，让我们也尝试去追求心中的美好事物。

成长是宫崎骏电影永远的主题。在宫崎骏看来，人在旅途的过程就是领会生活的真谛、学会成长的过程。"远亲不如近邻"，互帮互助不计较得失本该是人类刻在心里的价值观，而现代人逐渐远离人群，只顾自我，长期下来变得不想与他人交流，活在自己的小世界中。没有沟通就没有互动的人际关系，我们在积极进行人际交往的同时，也要学会接受在生活中遇到的困难，不抛弃、不放弃，纵使没有很令人满意的结果，也会在过程中体现价值。人生的意义就是不断学会接受、不断学会改变。《龙猫》中，当妹妹小梅在雨中跌倒后，对姐姐说："我没哭，我很勇敢吧?"没有母亲的陪伴，她不像同龄孩子一样可以任性、撒娇，而是时刻提醒自己要不断成长，变得勇敢。在《悬崖上的金鱼姬》里，波妞也从一个毫无力量、需要父母和宗介守护的小女孩，成长为一个不害怕困难、勇敢追求自己想要的生活的另一个自己。作为日本乃至世界最为著名的动画大师之一，宫崎骏始终保持着孩童般的心，在他的作品里，少男少女都在其中承担了重要的作用。宫崎骏童心未泯，同时也将个体、集体成长的希望寄托在年轻一代身上。

三、宫崎骏动画电影本源调查

（一）调查问卷

为了了解到大家对于宫崎骏动漫电影的看法以及宫崎骏动漫电影中的本源给予大众的影响力，本小组制作了一份相关的调查问卷。调查问卷内容如下：

关于宫崎骏动画电影的调查问卷

宫崎骏的动漫脱离世俗，每一个故事都那么动人，每一个孩子都那么善良。现在做一份关于宫崎骏动画的问卷调查，希望大家配合。

 ＊1. 您的年龄

- 15～20 岁

- 21～25 岁

- 25 岁以上

 ＊2. 您有看过宫崎骏先生的动画电影吗？

- 看过

- 没看过

 ＊3. 您喜欢宫崎骏先生的动画电影吗？

- 喜欢

- 不喜欢

 ＊4. 您了解宫崎骏先生的作品吗？

- 了解

- 不是很了解，但也有一些自己的认识

- 不了解

 ＊5. 以下宫崎骏先生的电影，您看过哪几部？【最少选择 1 项】

- 《千与千寻》

- 《龙猫》
- 《悬崖上的金鱼姬》
- 《哈尔的移动城堡》
- 《幽灵公主》
- 《起风了》
- 《风之谷》
- 其他

*6. 如果您喜欢宫崎骏先生的动画，那么请问是什么吸引了你？【最少选择 1 项】

- 画面风格
- 故事情节
- 人物形象
- 背后蕴涵的道理

*7. 您觉得宫崎骏先生的电影哪方面比较好？【最少选择 1 项】

- 剧情画风较好
- 配乐台词较好
- 制作水平较高
- 感悟道理较好

*8. 宫崎骏先生的动画电影呈现出的令你印象较为深刻的方面是？

- 简单纯粹的乡村情怀
- 人与自然和谐共处的原生态
- 关于坚韧勇敢的少男少女的成长

*9. 您认为宫崎骏先生的动漫表达的主题都有哪些？【最少选择 1 项】

- 环境保护
- 青春成长
- 反对战争
- 挚爱真情

10. 您认为宫崎骏先生动画的魅力在于？【填空题】

(二) 调查结果及分析

本次问卷调查对象年龄层分布于 15~30 岁，发放问卷 84 份，回收问卷 84 份，有效数量为 84 份，回收率为 100%。

调查结果显示，喜欢宫崎骏作品的人数比例高达 100%，可见宫崎骏作品在年轻人群中大受欢迎。有 63% 的人对于宫崎骏动漫电影有一定的了解，并对其有自己的认知。其中关于我们探讨的两部电影，观看过的人数高达 95%。大多数人喜欢的是宫崎骏动画中的画面风格以及故事情节。

据下图所示，选择"人与自然和谐共处的原生态"这一主题的占近一半。经济发展与社会进步相辅相成，人类的生活水平正在逐步提高。然而在创造物质财富的同时，也加速了对自然资源的掠夺。各种各样的环境问题层出不穷，土地荒漠化、臭氧层的耗损与破坏、海洋污染……虽然没有枪炮，没有硝烟，却在残杀着各种生灵。Sophia 在《人类属于大地 大地不属于人类》一文中提及 " '人类属于大地，但大地不属于人类。世界上万物都是相互关联的，就像身体把我们各个部位连接在一起。生命之网并非人类所编织，人类不过是这个网络中的一根线、一个结。但人类可做的一切，最终会影响到这个网络，也影响到人类本身。'印第安酋长西雅图的话，道出了人与万物息息相关的联系"（Sophia，2005：7）。人与自然是生命共同体，人类是大自然生态链中的一个组成部分。青山常在，绿水长流。影片中美好和谐的自然向往在宫崎骏的描绘下无限放大。自然界的规律是不可逆的，曾有无数的科学家尝试过在实验室中模拟"孤岛式"的生态系统，均以失败告终，证明了与自然共生是人类的唯一出路。大众关注这一主题，说明已经意识到其重要性。全社会保护生物多样性的意识正在一点一点被唤醒。从最简单做起，牢记尊重自然、顺应自然、保护自然的理念。

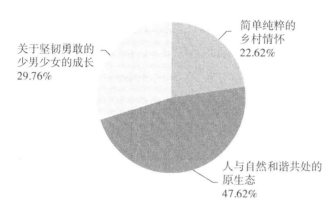

图　宫崎骏先生的动画电影呈现出的令你印象较为深刻的方面

　　而选择"关于坚韧勇敢的少男少女的成长"这一主题的位居第二。宫崎骏让每个人都能感受到他笔下栩栩如生的人物。少男少女主人公们充满情谊、勇敢纯真、简单真挚，成长路上的每一步足迹都令人印象深刻。影片中充斥着天马行空的童话色彩，或许带有乌托邦般的色彩，但足够细腻真挚的情感足以消弭这种虚幻。平淡的故事在不经意间汇聚成了治愈心灵的暖流，让人不由自主地被吸引。或许追寻的就是所丢失的。在快节奏的现代社会中，拔苗助长的行为并不少见。成长失去了本身的意义，在这条路上那些难能可贵的品质也逐渐难寻。在枯燥乏味的日常生活中，细品影片中的人物形象，就寻找到那份永远都不想失去的纯真美好。

　　宫崎骏动画的魅力在于，可以从中汲取源源不断的力量来丰富自己的精神世界。你会发现这个世界不是只有残酷困境，治愈的同时换一个角度看待世界，原来真的还有很多美好可期可遇。

　　通过本次问卷调查，可以清楚地得知大众对宫崎骏电影带有一部分自我思考与见解，在此基础上又得到了不少的反馈。动画艺术和隐喻让我们深刻理解了人类与自然的关联性、依存性；真情实感与自然的杂糅也反射出不少大众深刻关心的现实问题。无论是大学生还是社会人士，都希望缅怀过去、回归本源、保持初心。

在支菲娜编译的《宫崎骏：思索与回归——日本的动画片和我的出发点》中提到，宫崎骏曾说："在如同洪水一般的动画片作品潮流中，能够做出一部以良心为出发点的作品真是太不容易了。这就好像在洪水的浊流中想要保持清水汩汩流淌一样。但我坚持认为，如果就这样随波逐流地将不负责任的作品呈现到世人面前的话，实在是无聊的。"（支菲娜，2004：54），他用自己的作品给了我们最完美的答卷，把人世间最纯真的真善美展现给大家，用人性的力量去感化人心，这就是其作品最深的力量。

◎ 参考文献

[1] 夏雨. 成长的可能性——宫崎骏动画电影主题研究 [J]. 青春岁月，2021（17）：62-63.

[2] 朱玉凯，牛春舟. 宫崎骏影片中乡村审美的构建 [J]. 电影文学，2019（5）.

[3] 欧宇琪. 浅析宫崎骏动画电影中的生命关怀 [J]. 大众文艺，2017（16）：194.

[4] 徐琳岚. 宫崎骏动画电影中的人与自然研究 [J]. 新闻研究导刊，2019（18）：110-111，194.

[5] 张阳. 宫崎骏动漫作品中成长主题的表达 [J]. 电影评介，2009（19）：16-17.

[6] 赵梦. 解读宫崎骏电影中的成长寓言 [J]. 电影文学，2018（6）：117-119.

[7] 高慧颖. 关于宫崎骏动画电影之魅力解读 [J]. 大众投资指南，2019（8）：247.

[8] 苏梦婕，刘家鑫. 探析宫崎骏动画电影中的自然生态观 [J]. 语文学刊，2013（18）：75-77.

［9］Sophia. 人类属于大地 大地不属于人类［J］. 语文之友，2005
（2）：7.

［10］支菲娜. 宫崎骏：思索与回归——日本的动画片和我的出发点
［J］. 北京电影学院学报，2004（3）：51-55.

从台词浅析是枝裕和导演
对现代家庭情感的刻画
——以《步履不停》为例

刘　振　王金琪　卢　莹　常　梅①

（江汉大学外国语学院　湖北武汉　430056）

摘要： 日本社会随着第二次世界大战后新的宪法的颁布和实施，旧的家庭制度开始崩溃，逐渐向现代家庭转变。在转变的过程中，也产生了各类新型的家庭问题。日本著名的电影导演是枝裕和一直对当今日本家庭生活充满了关注。他的电影情感表达细腻，在电影的平淡琐碎中升华了主题。2008 年在日本上映的《步履不停》（步いても 步いても）运用了多种表现手法，深刻地刻画了父母与子女和孩子之间三代的心理。本文旨在通过人物间对话台词的内涵来浅析是枝裕和导演在电影中描写的家庭世界刻画的家庭情感，进一步了解当今日本家庭现状。

关键词：《步履不停》；是枝裕和；家庭情感；家庭关系；台词；心理

一、家人之间的矛盾冲突

于 2008 年在日本上映的电影《步履不停》改编自导演是枝裕和的真

---

① 作者简介：刘振、王金琪、卢莹，江汉大学外国语学院日语系 2019 级本科生。指导教师：常梅，硕士，江汉大学外国语学院日语系讲师。

实生活经历，通过朴实无华的对话展现了一个普通家庭平淡无奇的一天。从剧本情节来看，整部影片的内容仅仅是普通人经历的平淡生活，但是枝裕和将丰富的情感寄托在镜头语言中，使平淡的情节具有感染观众的精神力量，还原了万千普通家庭复杂的情感关系与矛盾冲突，也升华了是枝裕和想表达的主题，即对人生路上步履不停，但总是慢半拍的人生慨叹。

（一）明线——父母间的夫妻关系与儿子一家

因为引以为傲的长子在海边为了救人而失去生命，在这十五年间，年迈的父母依旧沉浸在丧子的痛苦之中。

老父亲一直希望次子能够继承家业成为一名医生，而次子良多却不如他愿，只是一名绘画修复师。父母对于女儿的一家也稍显冷漠。

将家庭视作生活的全部意义的老母亲隐忍着丧子之痛，对次子的结婚对象是寡妇这件事情一直不满意；对丈夫曾经的一场外遇保持沉默。

次子良多大学毕业便外出谋生，因为嫉妒父母对大哥的偏爱，得不到父母的承认，而渐渐疏远了父母。

儿媳带着与前夫生的儿子为公婆所不喜，不得不在横山家恭顺谨慎、敏感小心。公婆的态度也令其心生不满。

（二）暗线——父母与女儿一家

女儿早早成家立业，生了一双儿女，但始终惦记着横山家的老房子，丈夫也有些好吃懒做。父母对女儿那不求上进的女婿不满意，并不准备将房子交由女儿一家改建居住。

二、分场景从台词浅析人物心理刻画

（一）儿子良多一家回家前

（女儿与母亲一同准备午餐）
母亲：最好写下来，你会忘的。

　　女儿：不用了，我又不做饭。我丈夫是吃外食长大的，他可以吃任何东西。

　　母亲：那你就动手做吧，不用动嘴。

　　女儿：爸爸，到便利店买一瓶低脂牛奶回来吧。爸爸？

　　（母亲拍了女儿，提醒了她一下）

　　女儿：帮忙买一下又不会怎么样。

　　母亲：他不想让人看到他拿塑料袋的样子，因为他是永远的"医生"。

　　女儿：真受不了，妈，你太宠他了。

　　女儿跟母亲持有不同的家庭生活观，而对于女儿这样的说法，母亲只能无奈地抱怨她光动口不动手。影片在这一幕刻画出了一个在自己的家庭中与母亲不同的形象，母亲善于持家、性格温和，在讨论料理的制作方法时对女儿进行说教。同时也刻画了一位东方传统大男人形象的父亲，为自己的事业感到骄傲，对待家里人严苛，对待外人却分外客气。

　　（在列车上）

　　良多：我们还是搭最后一班车回去好了，八点离开那边一定赶得上。

　　妻子：拜托，已经说好要过夜了。换洗衣服也都带来了。

　　在这段对白开始的时候，良多和妻儿正坐在驶向老家的列车上，他拨弄手机，对妻子投以殷切的目光，以及说话时略显恳切的语气，表达了良多不愿意在老家过夜，希望快点离开的想法，从侧面表现出良多与父母关系不太好。

　　（下车后三人在一处餐馆内）

　　妻子：别忘记问你姐。

良多：嗯？

妻子：搬家的事。

良多：啊。

妻子：爸爸的事情还是集思广益比较好。

良多：这些事让姐姐去操心吧。我目前不打算回老家住。虽然生活起居有人照料也许不错。

妻子：话不能这么说吧。毕竟你算是长子。

良多：我是次子。

良多心事重重，比起担起大梁处理家事他似乎希望躲在某个人身后，"次子"交代了良多在家庭里的地位，他还有一个哥哥。妻子对于良多家里的事情则显得非常关心，她似乎想尽快地融入新的家庭。

（上坡途中）

良多：工作的事先帮我向家里人保密。拜托你。撑过今天就没事了，反正暂时不会再见面。

妻子：你们父子不必这么见外吧。

良多：就因为是父子，杀了我也不想跟他说我失业了。

妻子：真是的。一说到你爸，你就没好脾气。帮我提一个。

因为是父子，良多知道父亲是个要强的人，他不会允许自己的孩子失业，一事无成。日式家庭的男尊女卑也有侧面体现，明明是母亲的角色，对儿子、丈夫需要用请求的句式，拎东西的时候也是妻子拎得更多。

（母女在家中谈话）

母亲：他昨天打电话回来说要回来吃午饭。

女儿：那个不会笑的王子也会来吗？（指良多的继子）

母亲：对啊，还会留下来住一晚。

女儿：是吗？好意外。

母亲：可是他何苦去找一个寡妇呢？

女儿：别说那么难听的话。

母亲：我是怕他被拿去和前夫比较，跟活人离婚的比较安全，至少是因为讨厌才分开的。

她的前夫才去世三年吧，太无情了吧……

母亲：不管怎么样也太快了。

女儿：你这么认为？

母亲：她反正挺冷漠的。

女儿：我可不这么认为，你都没怎么出过这栋房子。妈妈，你不知道在外面一个单身女人有多么难。

面对母亲对妻子的意见，她一边打着圆场一边跟妈妈说也没有那么不堪，当初也是你催着结婚的呀等话，一边内心深处也认同母亲的观点，一边还嘴上不饶人地仿佛是把责任推向母亲。这一幕中的母女对话表现出家庭中表达观点的态度，即使是认同观点但也不会说得太过绝对，即使表达反对也不会说得态度坚决，这也与日本的语言习惯有关。

（女婿和一双儿女回到家里）

女婿：果然还是奶奶家的冰茶最好喝。

母亲：只是超市买的茶包。

女婿：我明白了应该是因为水。

母亲：只是水龙头的水。

女婿不停地夸奖老家的一切都很好，却被母亲一句一句地拆台，这一幕看起来很是滑稽。本来就略微肥胖的女婿配上仿佛噎着一样的反应，让大家意识到他肯定不是真心在赞扬老家的好，而是另有所图。女儿一边帮着母亲准备料理一边照顾着一双儿女，而女婿除了吃、睡，就是陪吵闹的孩子们玩耍，自己拍胸脯说晚上会修好浴室碎掉的地砖，但一直也没有动过手。

（二）儿子良多到家后到吃完午饭

（刚到家）

妻子：好久不见。

恭平：你们来了。

良多：爸。

千奈美：他明明知道你会回来，不好意思，他比较难相处。

妻子：不会，我的父亲也是这样。

父亲见到儿子高兴而又略显失望的别扭心态，是经典亚洲父子的含蓄表达。父亲把全部希望都寄托在良多身上，希望他能子承父业，成为救死扶伤的医生。然而，良多生性叛逆，不愿意自己的人生被父亲摆布。最终，他成为了一名绘画修复师。

（大家在吃玉米天妇罗）

母亲：当时住在坂田附近，隔壁就是玉米田。当时爸爸还去偷了些玉米回来，结果邻居第二天就来敲门说给我们分享一些玉米，正当我们担惊受怕的时候，纯平（长子）突然说：太好了，妈妈，这样就不用去外面买了。缓解了尴尬。那孩子打小就聪明。

大家一边吃着玉米，一边附和着母亲的话。这段对话也从侧面肯定了大儿子在父母心中的形象。似乎大儿子是一个完美的人，既聪明又勇敢，是父母的骄傲。

（吃饭的时候，谈论到长子的妻子）

母亲：地址都没变，要是生个孩子就好了，还有理由去找她。

父亲：换过来想也不错，寡妇带着孩子不好再嫁。

（让场面一度十分尴尬）

妻子：我比较幸运遇到了好人。

女儿：别这么说，娶到你是我家的福气才对。

（为了避免尴尬，母亲提议到楼上翻看良多小时候的照片，剩下父子二人）

良多：我赚的钱足够维持一个带小孩的寡妇。

父亲的一段话让这场饭局变得十分尴尬，也透露出父亲对次子娶了一个寡妇感到不愉快。母亲很细心地察觉到了氛围的不对劲，立刻分散主题，缓解气氛。

（三）吃完午饭到吃晚饭前

（女儿喊在书房的父亲聊天）

女儿：和大家一起聊会天吧，他（指良多）很在意您的看法。

父亲：那是他自己的人生，我不会干涉。

女儿：你真冷酷，你对纯平不是这样的。

父亲：当然不一样，纯平是我的继承人，良多自己离开了家。还有这个家是我赚钱做起来的，你们为什么一直说是外婆家？

父亲是典型的东方传统大男人形象，沉默寡言、不擅表达而又以事业为骄傲。虽然已经年老体衰无法工作，但仍然希望家人能以自己为荣。正如他所说："这个家是我赚钱做起来的，你们为什么一直说是外婆家？"家人对父亲的认可显然不如对母亲的认可，男人的自尊心使他远离家人的活动范畴，但又对家人充满关爱，这种复杂的情感通过一个简短的反问表达出来。在背后吐槽父亲心胸狭窄真小气，平时也嘴碎心直口快的女儿形象跃然银幕之上，与老一辈的隔阂也体现了日本现代家庭的特点。

（电视上报道了一个死于海边的人，勾起了母亲的回忆）

母亲：那天他难得在家里休息一晚上，他在玄关处擦鞋，突然对我说想要去海边，我提醒他要小心，只剩下擦得雪亮的鞋子，那个画面太深刻了。他怎么不早点叫我呢？他没有必要去救别人，又不是自己的孩子。

母亲很是抱怨又无可奈何地说到自己儿子死亡的原因，这一切似乎是被导演刻意安排好的，在这个时间节点，通过报道，让母亲回想起儿子的不幸身亡。

（父亲在小房间里问继子）

良多：不要随便给他出主意好吗？他是不会当医生的。

恭平：反正我也等不了二十年，你催又能如何，我又不是在讲你。

良多：这我当然知道。

长子英年早逝，次子又无心继承家业，父亲内心倍感失落。见到聪明可爱的小敦，父亲在这个少年身上看到了希望，他希望小敦能继承家业，当一名医生。良多一直活在长子的光芒之下，如今还娶了带着拖油瓶的寡妇，父子矛盾进一步加深，当父亲打算劝说小敦的时候，良多不愿让小敦成为下一个自己。他发泄不满，同时对当初强加意愿给自己的父亲感到一丝失落，年过不惑的他也面临着失业。

（去扫墓）

母亲：今天天气真热，浇点水会凉快一些吧。没有比扫自己儿子的墓更悲惨的事情了。他明明没做什么坏事。

母亲：我倒不是不喜欢她们一家人（女儿一家），而是她们搬过来，你就不好搬回来了。等父亲走了之后再搬回来也可以。

良多：我可不想被当作大哥的替身。

母亲：听说冬天没冻死的白蝴蝶，到了春天就会变成黄蝴蝶。

良多：真的吗？听起来好假。谁说的？

母亲：不知道，反正有这么一种说法。听了那种说法之后再看到蝴蝶，总觉得特别悲伤。

隐约可以看出在家庭中父母二人对于儿子的偏爱，影射出几分重男轻女的意味。面对嫁出去的女儿，父母二人不管是因为改建的原因还是孩子们的原因，总之不答应女儿的请求，这也构成了全剧女儿一家与父母家最大的矛盾。这里做了两处伏笔，一个是后来真的有一只黄蝴蝶飞到了家里，另外是最后良多夫妇生育了自己的女儿。

（回家后，长子曾经救下的小孩来登门拜访）

母亲：明年也请来看看我们，请务必来坐坐，我们会等你的。

父亲：为了那种废物的命，为什么要牺牲我的儿子。为什么不是其他人当替死鬼。

良多：在孩子面前别这样批评人家。

母亲：那孩子胖得很像那个相扑选手，叫什么来着？

听到父亲刻薄的评价，良多心中感到不满，不知不觉又代入了自己，他深知每个人生活都不太容易，或许对方是有难言之隐。父子两人都喜欢钻牛角尖，只不过执著的东西不同，父亲希望有人继承诊所，良多希望能够率性而活，摆脱优秀哥哥的阴影。

（女儿在回家路上）

女婿：奶奶过得很开心。

女儿：当然了，她和家人一起很开心。

女婿：我们在她那里表现得还不错吧。

女儿：明明说了这么多次，看来他们还是不太同意。

女婿：她想给儿子保留房间，我能理解她的感受。

女儿：他应得的，我们都因为生活忙得焦头烂额。

女婿：你希望她更愿意照顾她的女儿？

女儿：当然了，我哥哥的灵魂又不会照顾他们晚年的。

已经成为人母的女儿已经把大部分精力放在自己的小家庭上，即使面对自己的父母也依然想为自己的家庭多争取一些。而对于父母明显对于死去的兄长的偏爱，女儿表示并不赞同而且明显很不满，认为这种行为是没有任何意义的。

从女儿一家跟父母的关系上来看，尽管女儿帮忙打下手、打圆场，但毕竟是已经出嫁了，作为姐姐她努力缓和家庭关系，在为自己谋取利益的同时又对家庭的很多事情感到不满与不公。

（四）吃晚饭到第二天

（谈及外遇）

父亲：你妈从以前就对这些事少一根筋。

母亲：竟然被你说少一根筋。

父亲：带她去听音乐会，她每次都听睡着了还打呼。

母亲：其实就是个小镇大夫，然而儿子有危险，也没见到他的人影。

父亲：那也没办法，当时涌入一批需要急诊的人。你不懂工作对男人有多重要。

母亲：谁叫我没有工作呢？可是现在这个人（指父亲）也没工作了。

妻子：有对两位来说很重要的唱片吗？

父亲：那种事情太时髦了，没有吧。

母亲：有一张唱片是哦。

父亲：她去年被网购骗到了，买了一整套昭和歌谣全集，三十张唱片不知花了多少钱。也从来没有拿起来听。

（浴室里，父亲在洗澡，母亲来给他放置衣物）

父亲：你什么时候买的？

母亲：你说唱片吗？还是住在板桥的时候，我背着良多跟到那女人的公寓前，然后从里面传来你的歌声。我不想打扰你们，只好默默回家了。隔天我就在车站的西口的唱片行买了。

这一幕中，父母和次子一家人共进晚餐，父亲突然提到母亲年轻时听音乐会睡着的往事，言下颇有嫌弃老伴儿粗鄙之意。母亲的回击则是直接让儿子拿出一张她收藏的唱片，并和着音乐旋律轻轻哼唱，这一无声的举动令父亲尴尬地沉默下来。父亲与母亲的关系在比较融洽的东方家庭中往往并不会被特别关注。在很多家庭里，似乎一位严父和一位慈母就是最佳组合，能为子女撑起整片天空。良多的父母正好符合这种典型形象。作为一名德高望重的名医，老父亲有着强烈的自尊心和自豪感，他沉默寡言，性格倔强，内心有些瞧不起一辈子没有外出工作的老伴儿。而良多的母亲看起来乐呵呵、稀里糊涂的，却有着独特的精明，她维系整个家庭关系，有着面对各种家庭风暴的智慧和力量。

（妻子和继子在房间里谈话）

良多：我的 T 恤呢？

妻子：妈妈说有准备睡衣。

良多：别管她，又不是非穿不可。

妻子：你妈妈特地帮你买的，你就穿吧。

良多：你在生气吗？我每次回家都是这样子，妈妈特别费心想招待我。

妻子：不是这样子的。

良多：不然是怎样？

妻子：为什么不帮淳史也准备一套，她对淳史的态度也特别客气。

良多：你想太多了，妈妈不够细心而已。譬如说，牙刷就有三把。

对于良多而言，母亲比父亲更加像是一个没有从往事里走出来的人。也许就是这样，她老是把从前和现在混淆在一起，把对故子纯平的思念无可奈何地寄托于眼下的二儿良多。看到妻子生闷气，良多一开始以为是妈妈太过照顾自己让妻子吃醋，妻子在乎的是自己的孩子没有得到应有的关爱，两对母子心中都是在意儿子胜过自己。良多敏感的性格让他能注意到妻子的情感以及妈妈的细节。

(母亲在织毛衣，良多给了她一笔钱)

母亲：收到儿子的零用钱真开心。

良多：放过那孩子吧（长子救下的孩子）。

母亲：为什么？

良多：觉得怪可怜的，他见到我们也不太好受。

母亲：所以我才请他来啊，才十年就忘了太便宜他了。我就是要让他来每年感受一下痛苦，没有人能怪罪才是最痛苦的。每年让他痛苦一回，没有什么不好的吧。

一直忍着悲痛而走了十五年的母亲，依旧不能释怀长子的突然离开。为了缓解自己心中的伤痛，看似内心坚强的女性，实则也有柔弱无助的一面。

(一只黄色的蝴蝶飞进家里，母亲开始入迷地追逐)

母亲：别开门，说不定是纯平回来了。

良多：妈？

母亲：纯平！

父亲：快赶出去，别追了，不像话。

良多：妈，你冷静一点。

母亲：你们看，真的是纯平，它停在了相框上。

母亲过于思念逝去的长子，虽然她知道长子已逝是事实，但还是无法掩饰心中的伤痛。平时看上去乐呵呵、具有智慧的母亲，此时此刻就像一个无助的可怜人。

（五）第二天到结尾

（儿子一家上车后）

父亲：下次过年就会见到了吧。

（儿子一家在车上）

儿子：过年就算了，不回来了，一年回来一次就够了。

妻子：一直让爸妈招待也说不过去。下次当天来回吧。

良多：我昨天就说应该吃了晚饭就走的。啊，我想起来那个相扑选手的名字了。每次都像这样迟了一步。

导演借次子之口说出了全片电影的核心：人生啊，总是像这样慢了一步。

三、结语

影片临近结尾，数年后良多夫妻带着自己的儿女回到老家给父母扫墓。此时出现了一只蝴蝶，宛如哥哥的亡灵飞过。不知不觉中良多把当年从母亲那听说的"蝴蝶如果能够熬过一个冬天，来年就会变成黄色"

的故事说给自己的儿女听。

东方人没有西方人天生热烈的性情，在处理家庭关系时往往会带上隐忍和宽容，家人之间也常常存在着令人捉摸不透的隔阂。

《步履不停》的结尾中，恭平夫妇的背影逐渐消失在台阶之上，在画面短暂定格后采用一段时间的黑屏处理，伴随着旁白得知恭平夫妇过世的结局，观众不免猜想与父母存在隔阂的良多会做何反应。而下一个画面直接跳转到良多一家为父母扫墓的场景，足以证明良多与父母已经和解，并且因没有实现当初对父母的承诺而感到懊悔，体现出影片关于人生路上总是慢半拍的主题。

长子的死、次子的叛逆、父亲多年前的外遇、母亲对长子救人一事的介怀、不得老人喜爱内心又敏感的儿媳、惦记父母老房子的女儿……像所有的家庭一样，这个看似和睦的家庭实则矛盾暗涌，亲人之间微小的误会虽不屑提起，内心的芥蒂却从未消弭，长子的逝去更像丢进众人心湖的一枚石子，波澜扩散，影响着家里每一个成员，成为所有人心底挥之不去的阴霾。

《步履不停》并没有像其他电影一样的高潮和情感宣泄，而是仅仅从客观视角记录了一个普通家庭的平淡琐事。大部分影片都是因为发生了重大事件而产生的，但《步履不停》却是一个什么大事件都没有发生的故事，没有跌宕的故事情节，没有激化的冲突或矛盾，没有激情的碰撞或释放，只有平淡如水的家庭琐事。是枝裕和通过纪实性手法、平淡的语言凸显了平凡生活的欢笑、悲剧与残酷。在时光的慢慢碾磨中让人体味普通家庭的欢乐或痛苦、团聚或离别。在不徐不疾的人物对话中，在祖孙三代厨房、客厅、浴室的进进出出中，在不经意间，将这个家庭十多年来的各种隐痛渐渐显露出来。

◎ 参考文献

[1] 是枝裕和. 步履不停 [M]. 北京：北京联合出版公司，2017.

[2] 戴小清.《步履不停》：家庭伦理电影的叙事风格及画面艺术 [J].

电影文学, 2020 (3).

[3] 陈亚敏.《步履不停》中日本电影的现实主义美学 [J]. 电影文学, 2017 (2).

[4] 张旭. 从日本电影《步履不停》中解读日本现实主义美学 [J]. 课程教育研究, 2017 (22).

[5] 余聪. 是枝裕和电影中的母亲形象 ——以《步履不停》、《比海更深》、《小偷家族》为中心 [J]. 青年文学家, 2020 (19).

[6] 崔国琪. 父权的式微与放逐——论是枝裕和家庭母题电影中的父亲形象 [J]. 电影文学, 2019 (6): 56 - 59.

[7] 褚亚男, 肖扬. 日本传统家庭观念的乌托邦影像——对细田守动画电影风格的探讨 [J]. 电影新作, 2017 (1): 120-123.

跨文化交际视角下的汉英翻译

雷怡昕①

（江汉大学外国语学院　湖北武汉　430056）

摘要：中西方因文化背景、思维模式的差异，在翻译中很容易出现误解。本文主要分析因环境、宗教、思维差异而形成的翻译中社会文化的特殊性和不稳定性特点，并探讨如何通过归化与异化、增译法、意译法等翻译策略进行有效的跨文化交际翻译。

关键词：跨文化交际；英汉翻译；英汉对比

一、引言

翻译的地位不论是对于民族文化的延续，还是对于促进民族文化的更新发展，都是举足轻重的。季羡林提出了这样的观点：中国文化就像一条长河，在这条长河中，水可能会不同程度地减少，但永远不会枯竭，因为它会有新的水源输入，而这种注入的主要方式就是翻译。（董成，2014）一种语言文字中的某些含义，有时候很难通过译文用另一种语言文字传达给读者，而翻译中所失去的恰恰就是跨文化的含蓄与微

① 作者简介：雷怡昕，江汉大学外国语学院学科教学（英语）专业 2021 级研究生。指导教师：焦俊峰，江汉大学外国语学院英语系教授。

妙。因此，翻译需要忠实于原文，无限接近原文。汉英翻译就是将中文和英文两种语言相互转换，实现语言通顺、信息共享。语言是文化的载体并且反映着文化，翻译就是两种语言符号的相互转化。"跨文化交际"这个概念是从英文"intercultural communication"翻译过来的。它通常指一种文化背景的人、群体与另一种背景的人、群体所进行的交际。跨文化交际作为一种社会现象，几乎与人类历史一样悠久，可以追溯到原始部落时期。翻译是文化交流的工具，翻译的本质也是一种文化交流活动，翻译的目的是准确无误地完成信息和文化的交流。现在，人们已经普遍认识到翻译不仅是语言转换，更是一种跨文化转换，所以人们从跨文化的角度来研究翻译，即跨文化翻译。由于文化背景不同，语言也会存在差异，在此背景下要实现翻译的规范化就必须掌握翻译的技巧，丰富主要内容。对于一般性的英语文学作品的翻译，需要先通读全文，再结合当时的时代背景进行翻译。在英语翻译中，不可能每个地方都逐字逐句地翻译，要注意把握重点，用一定的翻译技巧将其表现出来。

二、跨文化交际视角下的翻译

翻译研究被认为是语言学的一个分支。语言学派典型的代表人物卡特福德（Catford，1965）把翻译界定为：用一种语言（译语）中相等值的文本材料来替代另一种语言（源语）。源语和目的语之间的差异归因于两种语言系统之间的差异。翻译的任务是找出两种语言在内容、风格、效果等方面完全一致之处。在西方翻译理论界，最早且较为系统地提出翻译理论研究应属于语言学范畴的，是苏联的费道罗夫。他早在1953 年就明确指出翻译的过程是使用语言的过程，因此在翻译中，语言问题应放在头等重要的位置上。20 世纪 70 年代，伴随着篇章语言学的兴起，翻译研究得到了发展。篇章语言学将文本界定为交际的基本范围和研究的主要目标。翻译工作者认为，语言是用来表达文化的，同时语言本身也是文化的组成部分。翻译最重要的任务就是改变语言的形式，将一种语言的文化内容转换成另一种语言。Mary Snell-Hornby 指出，在我们理解的翻译过程中，这更像是一种文化的转移，翻译行为不再是一种从一个语境到另一个语境的"转码"，而是一种"交流行为"。

三、跨文化交际视角下翻译的特点

（一）社会文化的特殊性

社会文化的特殊性是指一种规范不必要也不可能在同一社会的不同行业或跨越不同文化而得到相同程度的应用。若有相同，也只是巧合而已。在一种文化中不同的亚系统或不同的文化系统之间的接触和交流的结果可能产生某种巧合，相同、相似是交流的结果。翻译的对等观念完全是虚构和妄想，译文不可能与原文同一。译文的字句不同，意义有异。不仅语言随着翻译变化，而且叙述意图、时间、功能和情景全都随之改变。译者的介入不可避免，无法被清除，除非取消翻译或译文本身。翻译受多种规范的制约，必然是混杂的、不透明的和有差异的。不同语种的翻译研究学者难以得到平等对话的平台，国外翻译研究思想难以真正融入我国的翻译研究话语体系，进而阻碍了翻译研究学科的系统性发展。翻译理论研究不能与本国翻译实践相脱节，并不意味着对别国、别的民族的翻译经验或理论研究成果的排斥。（许钧，2021）不同的语言有自身独特的表达方式、表达系统，表面上相似的两个词语，在不同的语境中有其不同的含义。（刘禾，2002）

（二）不稳定性

所谓不稳定性强调变化。不稳定性并非由于规范内在的缺陷，而是规范的本质所决定的，所以规范的变化有时相当迅速，有时相当缓慢。林曼斯批评图瑞在其翻译规范理论中仍然保留对等观念，因为这会使人忽视翻译的不对等方面，掩盖了翻译被操纵的实质。我们不能只指望懂外语的人从外文了解外域思想。外域思想只有被翻译成本国语言文字，也就是说，本国的语言文字中已有词汇可以表达新的思想、新的概念，这种新思想概念才真正化为我们自己的东西，为我们所吸收、所运用，激发我们的研究。原则上，译者必须从原文中推测信息发送者的意图，理解其文本特征，并查阅其他资料。（Nord，2014）苏珊·巴斯内特在其《翻译》中总结道："翻译远不是一种只存在于边缘的活动，它是而且一直是文学和文化再生与变迁的基础。"（Bassnett，2010）

四、跨文化交际视角下的翻译影响因素

（一）环境差异

由于自然环境的影响，不同民族往往会形成不同的行为习惯和生活方式。农业是一个国家赖以生存的产业。由于地理环境不同，在我国是以牛耕为主，所以在我国更多的是和"牛"相关的成语，以牛比喻勤劳肯干的人。但在欧美国家多以马为主要耕地工具。例如"吹牛"的翻译是"talk horse"，"健壮如牛"译为"as strong as a horse"。中国有许多成语都和农业有关，如"斩草除根""顺藤摸瓜"等。而英国是一个海洋岛国，则出现大量有关于航海的习语，如"plain sailing"（一帆风顺）、"still water run deep"（静水流深）等。我们把"be left high and dry"翻译成"陷入困境"；形容花钱浪费，我们一般会说"挥金如土"，而英语则是"spend money like water"。

（二）思维差异

思维模式影响一个人看待事物的方式。思维模式受不同文化、个

人知识结构、社会工作环境及习惯的影响而形成，因此思维模式通常具有深厚的民族文化渊源。受儒家文化的影响，中国人的思维一般是"螺旋式"的，通常不直接表达自己的需求，更注重语言的含蓄性，主张"只可意会不可言传"，而西方人的思维是"线性"的，表达方式更加直接。如果语言缺乏逻辑性，外国人一定听不懂。而中文只需说出关键词，中国人就知道说话者要表达什么。如果不能理解这些思维差异，就很难进行翻译，可能会词不达意。例如，中国人若问"你吃饭了没有"，无需细问，从问话的时间就可以明白所指。但翻译成英语则需将早餐（breakfast）、午餐（lunch）、晚餐（supper）细分。汉语喜欢以具体的事物比喻抽象，而英语中习惯用抽象的概念表达具体的事物，例如"种瓜得瓜，种豆得豆"翻译成英语则是"As you sow, you will reap"。

（三）宗教差异

宗教对各民族的历史发展都有着重大的影响。在中国，佛教、道教、儒教的影响范围非常广泛。与此相关的习语有很多，如"借花献佛""鬼使神差"等。再如"五体投地"这个成语，它的释义为佛教最恭敬的礼仪，两手、双膝和头同时着地。所以许多人把它翻译成"Kneel at the feet"是一种望文生义的错误。这个成语应异化为"extremely admire"才是比较恰当的。在西方，《圣经》是影响最广的，它不仅是基督教的重要著作，也是西方文化的重要载体，西方人认为世界是上帝创造的，世上的一切都是按上帝的旨意办的。与此相关的习语也有很多，如"God bless you""God be with you"。教堂在西方是教徒进行宗教活动的地方，教堂里是没有人吃东西的，因此教堂里的老鼠也没什么东西吃，所以英语中的"as poor as a church mouse"翻译成汉语就是"一贫如洗"。如果翻译者在翻译过程中忽略这些信仰上的差异，就很有可能会在无意中冒犯到对方。

五、跨文化交际视角下的翻译策略

（一）归化与异化

这组概念是由德国翻译家施莱尔马赫于 1813 年首次提出的。所谓异化、归化是就翻译中所涉及的文化转化而言，前者以源文化为归宿，后者以目的语文化为归宿。简单来说，异化提倡译文应该尽量去适应源语的用词习惯，以源语文化为基础，从而让读者能够更深层次地领悟源语使用国家的文化背景和习俗。归化主张应尽量适应目的语的文化习惯，让被翻译的语言含义更加准确地表达出来，替读者扫除语言文化障碍。我国译者在异化、归化问题上的观点如下。异化派认为：（1）有必要让译文读者了解异国文化。（2）译者应相信读者的智力和想象力能理解异国文化的特异之处。（3）异化可以丰富目的语文化和目的语表达方式。异化翻译既保留了源语的形式特征，又向读者传达了源语文化。归化派认为：（1）化即"转化"，即"把作品从一国文字转成另一国文字"。（2）化即"归化"，即将外文用自然流畅的本国文字表达出来。例如 "It means all communication has to be carefully phrased to respect face，both involvement face and independence face."（"这就意味着所有的交流都必须谨言慎行，以尊重面子，包括参与的面子和独立的面子。"）这里将 "be carefully phrased" 译为 "谨言慎行" 是进行了归化处理，更加符合目的语使用者的习惯和表达。既然译文的服务对象是读者或语言接收者，无论是异化还是归化，都应为不同的读者群体架起沟通的桥梁。如果不顾读者的接受能力和目的语表达习惯，一味地试图将源语文化强加于目的语读者，往往得不偿失。综上，跨文化交际视角下的汉英翻译可采用异化的手段作为归化的补充，两者你中有我、我中有你，只有相辅相成，译文才会产生更好的表达作用，理想的汉英翻译应尽量向目的语靠拢，以符合目的语国家的语言表达习惯。

（二）增译法

增译就是通过增加词汇来缓解直译所带来的交际或句法冲突的方法。如果逐字逐句地翻译，可能无法表达出原句的意思，这就需要结合实际情况来适当增加一些句子成分。加词不仅使原文意义连贯，而且使译文更接近原文。例如"The crafty enemy was ready to launch a new attack while holding out the olive branch."（"狡猾的敌人，一边伸出橄榄枝，表示愿意讲和，一边在准备发动新的进攻。"）译者通过增译"表示愿意讲和"表达了"holding out the olive branch"背后的含义。英语在句子成分上十分严格，一个句子如果缺少主语或谓语就是错误的，但中文表达相对随意，很多时候我们会省略主语。再者，英文习惯用连词来表达句子之间的逻辑关系，而中文习惯用语序让对方领悟这种逻辑关系。因此在翻译中要注意这种差异。

（三）意译

意译是指对原文进行深入探索，结合表层意义，重新组织意义，用更深入的语言表达深层意义和文化，但是表达的意义却基本一致。例如"One reason the term 'face' is attractive in communication studies is that it leaves open the question of who is the 'real' person underneath the face which is presented in communication."（"'面子'一词之所以在交际学研究中具有吸引力，是因为它留下了一个悬而未决的问题，即谁是交际面孔下的真正人。"）在这句中"open the question"并没有直译，否则令人费解。这一方式通常用于某些词在目的语中找不到对应或平行的词。对翻译来说，这意味着文本被视为翻译的基本单位，翻译不再是语言符号之间的转换，而是重新建构文本。所以翻译的重心转向了产生文本。源语和目的语之间的差异不仅仅体现在字句结构上，而且反映在超越句子的规律上。Schaffner（1999）认为，翻译的基本单位是文本，译者首先应把握整个文本的宏大陈述，然后将文本划分为较小的单个的可转换的语义单位。他主张文本层次上的对等。为了达到文本对等，译本必须做到"真正的连贯"。Gentzler（2005）强调，"真正的连贯"是翻译较大篇幅的文本应遵循的规范。根据德国功能派翻译理论，翻译行为所要达到的目的决定整个翻译行为的过程，即"目的决定手段"（Nord，2014）。所以在具体的翻译实践中，译者必须根据具体情况采用不同的翻译策略和翻译技巧。

六、结语

在跨文化交际发展的大潮中，跨文化交流显得尤为重要，不仅可以促进语言学科的深入发展，而且能够实现不同文化的深入交流，因此不同语言之间的准确翻译具有重要的战略意义。作为世界上应用最广泛、使用者最多的两种语言，汉语和英语有着不可忽视的地位，汉英翻译的作用及功能也日益凸显。但由于汉英两种语言的思维方式和日常使用习惯的不同，译者在处理这两种语言的逻辑关系时，除了需要翻译表面含义之外，还需结合语言使用习惯，对隐性逻辑进行显化处理，以此保证汉英语言翻译的准确性，从而达到更好的翻译效果。为此，译者需要采取更加有效的手段和翻译策略，灵活运用音译法和其他翻译方法，为中西文化交流提供新的思路。

◎ 参考文献

[1] 郝丹丹. 跨文化交际视角下英汉翻译归化与异化策略选择 [J]. 佳木斯职业学院学报，2021，37（9）：78-79.

[2] 韩英. 探索翻译中的隐喻认知与跨文化交际意识 [J]. 海外英语，2021（9）：166-167，176.

[3] 顾思佳. 浅析《跨文化交际》译评中翻译策略的应用 [J]. 现代交际，2021（6）：56-58.

[4] 张勇. 英语教学中文化导入的重要性 [J]. 天津外国语学院学报，

2003（1）.

［5］董成.跨文化交际视角下的汉英文化意象与翻译策略［J］.东北师大学报（哲学社会科学版），2014（6）：146-150.

［6］王佳思.文化差异视角下英汉隐喻对比［J］.科教导刊（中旬刊），2014（2）：158，190.

［7］朱丽.文化差异与英语翻译教学中跨文化交际能力的培养［J］.语文学刊（外语教育与教学），2011（1）：112-113，136.

［8］霍萌.论跨文化交际翻译［D］.上海：上海外国语大学，2009.

［9］黄峥峥.归化与异化在英汉习语翻译中的运用［D］.上海：上海外国语大学，2008.

［10］许钧.翻译选择与文化立场——关于翻译教学的思考［J］.中国外语，2021，18（5）：1，12-15.

［11］刘禾.跨语际翻译［M］.上海三联出版社，2002.

［12］Gentzler, Edwin. An International and Interdisciplinary View：Translation Studies in China［J］.外国语（上海外国语大学学报），2005（4）：44-55.

［13］Schaffner, Christina. The Concept of Norms in Translation Studies［A］. In Schaffner（ed）. Translation Norms［C］. Clevedon：Multilingual Matters Ltd. , 1999：1-8.

［14］Bassnett, Susan. Reflections on Comparative Literature in the Twenty-First Century［J］. Comparative Literature：East & West, 2010, 12（1）：4-11.

［15］Nord, Christiane. Translating as a Purposeful Activity［M］. Taylor and Francis, 2014.

论英汉俚语文化转换的意象诠释

郑新宇　许雷骜　谈政华①

（江汉大学外国语学院　湖北武汉　430056）

摘要： 作为人们日常交流的重要载体之一，俚语不仅具有重要的应用价值，还蕴涵着深厚的文化价值，同时也能间接反映一个国家的历史文化、风情习俗、宗教信仰等。英汉俚语本源于两种不同的语言，各具特色。本文旨在通过举例论证的方式对英汉俚语间的差异和共同点进行探究，从而将两种语言文化进行串联，更好地推动语言文化交流。俚语的英汉互译过程中常用的意译、直译和意译相结合等翻译方法也在本文中有所呈现和介绍。

关键词： 俚语文化；文化差异；俚语意象

一、引言

俚语是人们在日常生活中常见的一种特殊的语言表达方式，其包含于我们生活的方方面面。随着我国改革开放程度日益加深，和其他国家的文化交流日趋增多，我们可以从电影、报刊中看到许多有关英语俚语

---

① 作者简介：郑新宇、许雷骜，江汉大学外国语学院英语专业 2019 级本科生。指导教师：谈政华，江汉大学外国语学院英语系副教授。

的表达，但也时常会存在一定的语言障碍，这主要是不熟悉英语俚语所导致的。由于俚语大多是和国家、民族的历史文化密不可分，而目前学术界对俚语翻译的研究远远落后于其实际应用（吴瑞成，2007），在翻译的过程当中如果对该俚语不甚了解，便会很容易造成对原意的曲解，这就需要翻译人员在翻译俚语的过程当中充分结合语言环境、联系当地的语言文化进行语义转换，用合适的目的语（source language）巧妙地将语句的原意表达出来（李莉，2017）。可以说，翻译在某种程度上是一种文化创造，因为翻译既是译原文又是译文化（周苏菡，2017）。

本文基于俚语的相关背景知识展开，联系英语俚语的含义和形式，以及内容上的特点进行分析，从翻译学的角度展开讨论，力图探索出一些对俚语翻译有所裨益的原则和方法。

二、俚语的文化诠释

（一）俚语的定义

俚语（slang）是一种民间流行的非正式口语体。参考目前市面上流行的若干权威词典，对于俚语的确切定义作出如下解释：

Very informal words and expressions that are more common in spoken language, especially used by a particular group of people, for example, children, criminals, soldiers, etc. (*Oxford Advanced Learner's English-Chinese Dictionary 9th*)

Very informal, sometimes offensive, language that is used especially by people who belong to a particular group, such as young people or criminals. (*Longman Dictionary of Contemporary English 6th*)

Slang consists of words, expressions, and meanings that are informal and are used by people who know each other very well or who have the same interests. (*Collins COBUILD Advanced Learner's English-Chinese Dictionary*

8th）

综上所述，俚语是一种由词和短语构成的非正式语体，常用于口头表达而非书面用语，并且通常仅限于特定的语境或人群。

通俗来讲，俚语是人们在生活当中约定俗成的具有特殊隐含意义的词汇或短语，在特定情形下，它既可以用于表达某种新鲜事物，也可以赋予旧事物以新的说法。其理解起来通俗易懂、形象生动。

（二）俚语的特点

由俚语的定义可以得知，俚语具有以下两个鲜明的特点：

1. 区域性

俚语是因为方便生活在特定区域或者在特定领域共事的人群交流而产生，故俚语具有较强的地域性和领域性，暂且统称为区域性。

俚语根据地域划分，如中国俚语中有"犄角旮旯儿"（角落）一说，英国人日常交流中常用"Ta"代替 Thank you，美国俚语中有"come on to"（对……轻薄）等；再进行细分还可分为中国南、北方俚语，美国南、北方俚语等种类。

2. 生活化

因俚语大多出自平民百姓的日常对话中，所以大部分俚语所表达的含义都是贴近生活的、能为日常交流提供便利的，俚语使话语更加鲜活生动，充满趣味性而不会显得刻板。例如汉语中想要表达"这件事有什么可值得讨论的呢？不就是很普通的一件事吗？"换种说法再带一点轻蔑的语气，便是我们日常生活中经常用到的俚语"多新鲜呢"，这不就能很好地表达人内心的不懈和轻蔑的态度了吗？由此可见，俚语在日常生活中的确能更好地表达一些隐喻义，同时也能避免很多明面上的人际冲突。

除此之外，俚语还具有其独特的语体特征：

1. 生动性

俚语的生动形象性是其最突出的语体特征之一。俚语大多是直接根据事物的形象特征来进行描述或类比衍生而来，因其在表达形式上的独特性而备受人们青睐。例如 "see eye to eye" 所表达的字面意思是 "互相看着对方的眼睛"，也可以说是当下的一句流行语 "确认过眼神"，但它的实际含义却是 "（两人）观点或看法一致"，"Tom and I have very different characters, but we see eye to eye on most things." （"汤姆和我性格很不一样，但我们对大部分事情的看法相同。"）再如 "fly boy" 和 "bird woman"，人们看字面便会自然联想到 "鸟" 和 "飞" 的含义，自然也就引申出它们的真实含义："男飞行员" 和 "女飞行员"。短语 "get in one's face" 表达的意思可不是 "到某人的脸上去"，而是 "向某人挑衅"，可以大致理解为中文里的 "蹬鼻子上脸"： "Jack is an annoying guy who likes to get in your face from time to time." （"杰克是个讨厌鬼，喜欢时不时来挑衅你一下。"）

2. 幽默性

幽默是俚语的另一语体特征之一。过于正式的语体往往适用于书面或正式场合，而在日常生活中，合理地使用俚语所具有的幽默性便能更好地缓和尴尬的气氛，拉近人与人之间的关系。例如 "have a big head" 这个短语的意思是 "有一个大头" 吗？当然不是！而是形容人 "傲慢"。这就体现了俚语的幽默所在，人傲慢了会怎样？用一句流行语说，就是会 "膨胀"，那不就是 "有一个大头" 吗？比如："Tom has just got praise, and now he is having a big head." （"汤姆刚刚受到表扬了，现在他已经开始飘了。"）

3. 粗俗性

以前俚语仅仅出现在下层社会的粗俗语言中，而在当今社会，俚语为越来越多的人所接受并得到广泛的使用。例如在电影《前哨》中，新兵给长官敬礼，长官回复： "Jesus, Yunger, get your fucking hand down." 战场上有规定，士兵不允许向长官敬礼，这等于是向敌人表明指挥官是谁。在英阿马岛海战中，英军 SAS 侦察部队发现阿军阵地上有人四处奔跑，大喊大叫。英军判断这是敌方战地指挥官，SAS 狙击手击毙此人后，敌人阵地立刻溃败。

三、俚语文化意象的跨文化传递策略

俚语因某个地域或某个领域的人群而被赋予独特的意义，再加之俚语的口语化，因此俚语并不能被归为"标准语言"的范畴，自然而然，俚语通常不能按照其字面意思进行翻译，不然所翻译出来的目的语会令人啼笑皆非。

虽说俚语不属于"标准语言"，但俚语的翻译还是得遵循翻译的标准。在翻译策略中，直译和意译是两种最重要的翻译方法，为了能更好更准确地翻译俚语，我们仍然得依靠这两种普适的翻译方法，力求符合功能对等理论，达到"信达雅"的翻译标准。

（一）意译法

意译是一种只保持原文内容、不保持原文形式的翻译方法。但意译不等于"瞎译""乱译"，它仍旧忠实于源语文本。在实际语言环境中，除了能够通过直译引申法按照其"表意"进行翻译的俚语外，还有大部分俚语并不能够按照这种方法进行翻译，因为这类俚语很难从其字面词语中找到翻译的突破口，若强行翻译，恐怕只会与实际意思大相径庭，造成语言沟通上的障碍与隔阂，甚至产生误会或者激发矛盾。因此，为了能更好地翻译这类俚语，我们可以采用意译的方法。

例如"If You Snooze, You Lose"这一说法，表层意义指"如果你贪睡，你就输了"，深层意义为如果你因为自己一时大意，贪恋床上几分钟的睡眠时间而错过了重要的事情，你就是一个失败者。在汉语中正好有与之相对应的成语，叫"错失良机"。这样一来，冗长的一句话便用四个词概括完，言简意赅。

（二） 直译、意译相结合

直译是一种既保持原文内容又保持原文形式的翻译方法。但在前文中提到，俚语因其常含隐喻义，所以通常不能够按字面意思翻译，故直译法很难在俚语翻译中起到作用，而更多时候是与意译法相结合使用。例如：

Dark horse	实力难测的人或出人意料的人
Old hand	富有经验的人
Bad egg	令人厌恶或品行不良的人
Lose face	丧失体面或出丑

（三） 溯源法

溯源法是在翻译俚语过程中一种独特有效的方法，它是指通过了解该俚语背后的历史背景故事而进行准确的翻译。有些俚语既不能通过其字面意思进行直译引申，因为通过其字面意思根本无法得知其本意，也无法通过意译进行"等价替换"，因为目的语中暂时没有很简明的表达与之对应，但这类俚语是可意会的，因此也存在着与之对应的翻译方法。

一如"play to the gallery"（"迎合低级趣味"）。从 17 世纪中期开始，剧院里最便宜的座位就被称作"gallery"，所以"play to the gallery"便意为"迎合低级趣味"。

二如"cock and bull story"（"鬼话连篇"）。据记载，"cock and bull"最早可追溯到 1620 年，当时指英国一家设在路边名叫"The Cock and Bull"的酒馆。在此夜宿的旅客常聚在一起畅谈言欢，讲述他们各自所经历的奇闻逸事。这其中也不乏添油加醋，甚至是虚构的故事，当然，吹牛讲究的是什么经历离奇就讲什么，什么故事玄幻就讲什么，久而久之，"cock and bull story"就成了"鬼话连篇"的代名词。

三如"Big Wig"（指某领域的举足轻重、具有威望的大佬级人物）。18 世纪，只有最重要的政治人物才可以戴最大的假发，这一说法发展至今用作形容那些具有强大影响力的人。

四、结语

俚语作为语言的重要组成部分，要想研究某种语言的历史文化背景，对其俚语的翻译研究必不可少，本文仅针对英汉俚语，而不再对其他语种间的俚语翻译进行探究。俚语的翻译因在翻译理论上仍存在许多误区，导致译文混乱。而除上述三种方法外，在英语翻译中还有许多其他有效的翻译方法，都能在英语俚语的翻译中使用，根据不同的情况选择合适的翻译方法，便能行之有效地准确翻译俚语表达，在此不再一一列举。

◎ 参考文献

［1］崔涛 . Application of Idioms in Cross-cultural Communication［J］. 中国校外教育，2010（4）：68.

［2］骆世平 . 英语习语研究［M］. 上海：上海外语教育出版社，2006.

［3］张培基，等 . 英汉翻译教程［M］. 上海：上海外语教育出版社，1980.

［4］王艳 . 浅析美国俚语中的基本特征和翻译研究［J］. 英语广场，2017.

［5］华凤丽，赵嘉祺，崔晗 . 浅析美国俚语的语言特点与翻译［J］. 海外英语，2015（18）：99-100.

［6］赵嘉祺，崔晗，华凤丽 . 浅析美国俚语的社会功能与翻译技巧［J］. 现代交际，2016（2）.

［7］曾娅，夏雪，董力源 . 论英语习语的翻译［J］. 智库时代，2018

（6）：179.

［8］李田心.习语、习语翻译、习语翻译方法和策略新论［J］.安徽理工大学学报（社会科学版），2017（1）：91-94.

［9］丁雪.浅谈英语俚语［J］.科技信息（科学教研），2008（20）.

［10］吴瑞成.俚语翻译原则［D］.北京：北京语言大学，2007.

［11］王旭东.英语俚语在语言文化中的理解和使用［J］.鸡西大学学报，2011（11）.

［12］张艳.浅析英语俚语的特征与风格［J］.安徽工业大学学报（社会科学版），2007（9）.

［13］李莉.英语俚语的翻译技巧［J］.海外英语，2017（13）：101-102.

［14］周苏菡.英汉习语的文化差异与翻译［J］.湖北函授大学学报，2017，30（23）：167-169.

四、国别区域研究

法国动物保护立法探析及其
对中国的启示研究

牟萱怡　胡　蒙　周兰馨
李婉婷　陈　媛　童　旭①
（江汉大学外国语学院　湖北武汉　430056）

摘要：早在 19 世纪 50 年代，法国就出台了第一部有关动物保护的法律，直至今日，法国社会对小动物保护的法律规定已形成较为完整的体系，在小动物领养、反虐待动物等方面都形成了良好的法律体系。然而在中国，尚未有一部完整的针对小动物保护的立法，仅有的几部动物保护法律规定主要是从生态平衡角度成文立法，并非以保护动物权利为根本；宠物管理条例等规定的主要目的是规范饲养人的行为，亦不是保护动物福利。这与社会大众对小动物的需求形成了时代断层。本文从环境保护、社会和谐、社会文明进步三方面探讨了小动物保护立法的必要性，并从四个角度分析了完善小动物保护立法的可行措施。

关键词：法国小动物保护法；中国小动物保护立法；法国文化；中法文化对比

---

①　作者简介：牟萱怡、胡蒙，江汉大学外国语学院法语专业 2019 级本科生；周兰馨、李婉婷，江汉大学法学院法学专业 2019 级本科生。指导教师：陈媛，硕士，江汉大学外国语学院法语系副教授，研究方向为法语语言学、对外法语教学；童旭，法学博士，中南财经政法大学法学院副教授，博士后研究人员。

一、法国小动物保护法的发展与现状

1850 年，法国颁布了第一部有关动物保护的刑法（*La Loi Grammont*）。该法规定："那些公开虐待家畜的人将被处以五至十五法郎的罚款，并可能被处以一至五天的监禁罚款。"① 1963 年，法律又确定了虐待家养动物可以构成犯罪的事实。② 在 1976 年的《乡村法典》（*Le Code Rural*）中，动物被视为"有感觉的生物（un être sensible）"③，这也是现行乡村法典中第二百四十一条第四款的前身。而在当年，民法尚未承认这一点，依然将动物归类为财产。

1999 年，法律对贩卖动物的行为以及肇事者采取了更严格的限制和处罚，尤其是"禁止售卖不到 8 周的小狗小猫"④。2015 年 2 月 16 日，法国民法最终承认了动物是有感觉的生物。⑤ 2018 年，由"三千万朋友（动物）基金会"组织编纂的法国第一部"动物法典"汇编诞生了，这也是全欧洲的第一部动物法典。这部法典汇集了成千上万的法国和欧洲其他国家有关宠物、农场动物、野生或驯服动物的条款和主要判例决定。2020 年 1 月，农业部长宣布实施一系列针对动物保护的新

---

① Article unique de la loi Grammont："Seront punis d'une amende de cinq à quinze francs, et pourront l'être d'un à cinq jours de prison, ceux qui auront exercé publiquement et abusivement des mauvais traitements envers les animaux domestiques."

② Art. 453. — Quiconque aura, sans nécessité, publiquement ou non, commis un acte de cruauté envers un animal domestique ou apprivoisé ou tenu en captivité sera puni d'un emprisonne-ment de deux mois à six mois et d'une amende de 2. 000 à 6. 000 F ou de l'une de ces deux peines seulement. En cas de récidive, les peines seront portées au double.

③ Article 9： « Tout animal étant un être sensible doit être placé par son propriétaires dans des conditions compatibles avec les impératifs biologiques de son espèce».

④ La loi du 6 janvier 1999 relative aux animaux dangereux et errants et à la protection des animaux.

⑤ La loi du 16 février 2015, Art. 515-14.

措施，加强打击遗弃宠物的行动，特别是防止冲动购买。2021年11月底，法国参议院几乎全票通过了《反虐待动物法案》，规定从2024年起禁止宠物店出售猫和狗，通过立法的方式强制以领养代替购买，以此来防止遗弃。①

法国现行的有关小动物保护的法律法规仍分散在各法典、法案中。法典方面，法国民法第五百一十五条第十四款规定："动物是有感觉的生物。对法律限度内的动物的保护，依照财产制度。"② 刑法第五百二十一条第一款规定"公开或非公开虐待或残忍对待家畜、驯服或圈养动物的行为，可处以三年监禁和45000欧元的罚款"③。而在乡村法典、环境法等之中，还有众多涉及小动物保护的条款。法案方面，2021年11月30日颁布的《反虐待动物法案》是最新的一部法案。除上文提及的规定外，该法案还规定了"禁止在互联网上提供宠物交易""禁止在未经父母同意的情况下向未成年人出售或捐赠宠物"等，同时加强了对新宠物（NAC）的立法，进一步打击了针对小动物的违法犯罪行为，有利于促进小动物权益得到更好的保障。④ 数据显示，截至2018年，法国约有6200万只宠物，其中55%是鱼，30%是猫和狗。近2/3的法国家庭拥有宠物。⑤ 法国针对小动物保护相当重要的一项政策就是建立

---

① La loi visant à lutter contre la maltraitance animale et à conforter le lien entre les animaux et les hommes（adoptée 18 novembre 2021）：Vente de chiens et chats interdite en animalerie à partir de 2024.

② L. 515-14 du Code civil："Les animaux sont des êtres vivants doués de sensibilité."

③ https：//www. legifrance. gouv. fr/codes/section _ lc/LEGITEXT000006070719/LEGISCTA000006149860? init = true&page = 1&query = animal&searchField = ALL&tab _ selection=code&anchor=LEGIARTI000044389848#LEGIARTI000044389848.

④ Loin° 2021-1539 du 30 novembre 2021 visant à lutter contre la maltraitance animale et conforter le lien entre les animaux et les hommes.

⑤ https：//agriculture. gouv. fr/le-bien-etre-et-la-protection-des-animaux-de-com-pagnie.

宠物身份标识系统。宠物身份标识的作用类似于人类的身份证，只不过是通过不同的方式展示宠物的身份——文身或植入芯片。无论采用哪种方法，原则是为每只动物分配一个唯一的编号，并将其与所有者的联系方式一起注册到国家文件中。

在年龄上，狗从四个月大起必须进行身份识别。对于猫，则是在2012年1月1日之后出生且年龄超过7个月时进行识别。而雪貂从7个月大开始必须进行身份识别。芯片可以帮助主人直接联系到宠物的国家档案，以报告新的电话号码、地址的更换或是宠物的死亡。法律也对宠物身份标识的保护作了规定，例如，破坏猫的身份标识可能被处以四级罚款。另外，法国有许多种针对小动物的保险。这些保险一是帮主人解决了因宠物医疗贵引起的经济问题，二是免去了许多因诬告小动物而产生的纠纷。

由此可见，法国的小动物保护体系已有雏形。相信随着立法者水平的不断提高和大众对小动物保护意识的不断增强，该国小动物保护法的出台和体系的完全形成指日可待。与此同时，法国小动物保护法律体系的逐步形成也为我国乃至世界的立法提供了大量宝贵的经验，可供学习与参照。

二、中法立法态度的差异以及文化传统差别

现如今，选择饲养宠物的人数增加，但我国尚未有一部完整的针对小动物保护的立法，仅有的一部《野生动物保护法》并未对所有动物进行保护；一部分法律法规、政府规章制度管理以及地方行政法规基本以宠物管理条例为主。一般来说，这些规定的主要目的是为了规范饲养人的行为，保护其他公民的权利、健康和人身安全，维护城市的环境和社会治安。例如，防止猫狗咬人、随地大小便，而不是保护狗和猫的动物福利。但也有一些立法规定了动物福利。例如，《北京市养犬管理规

定》中规定不允许狗主人虐待或遗弃他们的狗。①

近些年来，拍摄虐猫虐狗视频到社交平台上者数不胜数，但由于猫狗只是伴侣动物，不能适用《野生动物保护法》，最终也没法对虐待动物者进行量刑。心理学上认为，虐杀动物行为从侧面反映了潜在反社会性人格障碍②、偏执性人格障碍、分裂样人格障碍、攻击性人格障碍、冲动性人格障碍。所有这些行为模式不仅给自身带来痛苦，还会贻害周围。尼采曾经说过："人的道德是有一致性的，一个愿意虐待动物的小孩，以后未尝不可以杀人？"因此用法律约束人的行为，保护正常人的生活，传播社会正能量，杜绝社会负面效应显得尤为关键。

一般认为，先进的动物伦理观与国家的经济发展状况密切相关。法国作为发达国家，动物保护法的产生与其经济基础密不可分。此外，经济水平也决定了动物福利的提高和动物福利立法的产生和发展。同时，"自由、平等、博爱"观念也在法国人的思想里根深蒂固。文艺复兴时期，在人文主义的指导下，人与动物具有相同生命价值的思想观念开始流传，动物不再被视为人类的附属物和奴役的对象。法国启蒙运动时期的思想家卢梭也在其《论人类不平等的起源和基础》一书的序言中概述了动物权利的概念，他认为动物也有感知能力，"它们也应该享有大自然赋予的权利，人类有义务维护这些权利"，他特别强调了"动物有不受虐待的权利"。③ 在西方文化里，一直有主张人类和非人类的动物平等的观念。在中世纪占据主流的宗教法和深受宗教影响的自然法中，

---

① 《北京市养犬管理规定》第十七条第九条例。

② 《当良知沉睡：辨认身边的反社会人格者》的作者为玛莎·斯托特，美国知名临床精神病学专家，书中介绍了七种反社会人格的特征，只要符合三种，就可以被确定为反社会人格者：无法遵守社会规范；惯于欺骗和操纵他人；行事易冲动，无法提前做出计划；易怒，具有攻击性；毫不顾及自身及他人的安危；一贯不负责任；在伤害、虐待他人或偷窃他人东西之后毫无悔意。

③ «Discours sur l'origine et les fondements de l'inégalité parmi les hommes»——Jacques Rousseau

我们都能找到动物福利立法的影子。①

受传统农耕经济思想的影响，中国宠物文化起步较晚，发展尚未成熟。中国自古是农耕民族，古代人民一直把狗视为排在鸡、猪、羊之后的存在，认为动物的实际利用价值（食用价值）远高于它们给人类带来的精神作用。一般来说，动物出于食用目的，而宠物则纯粹出于精神目的，因此，人对动物的认识还停留在农耕和生存工具层面，而未产生与人休戚相关的陪伴价值。

中国现有法律中除了保护濒危物种，像猫、狗这种古老被驯化的动物保护立法少之又少。中国由于庞大的人口基数和辽阔的国土面积，以及经济发展的不平衡，使得动物保护立法难以达成共识。虽然社会上一直有呼吁加快小动物保护法立法的声音，但不少学者认为，中国当前的司法资源和社会资源有限，在社会问题没有得到很好的解决之前，动物立法显得超前。因此，保护小动物立法并没有得到广泛的重视。

并且，由于宠物主人疏于管教，猫、狗伤人或是随地大小便的事情常有发生。因此不少人呼吁，要先立法规范宠物饲养行为，再讨论立法保护动物。种种原因使得动物保护立法进程在中国推进缓慢。

三、我国小动物保护的现状及问卷分析

迄今为止，我国尚未制定保护范围全面的《动物保护法》，刑法及民法典中也没有禁止虐待动物的法律条款。目前，仅有《野生动物保护法》《实验动物管理条例》《动物防疫法》等动物保护法律法规，主要是从动物保护和生态平衡角度成文立法，以维护人类自身利益，并非

---

① 罗马法学家乌尔比安就提出了"自然法"的概念："自然法是自然界教给一切动物的法律。因为这种法律不是人类所持有，而是一切动物都具有的，不论是天空、地上或是海里的动物。由自然法产生了男与女的结合，我们把它叫做婚姻，从而有子女的繁衍及其教养。的确，我们看到，除人之外，其他一切动物都被视为同样知道这种法则。"

是以保护动物福利和动物权利为根本，在动物保护立法方面没有形成一个完整的体系。

有不少人呼吁，应当通过刑法手段来遏制虐待动物的行为，建议在我国刑法中增设虐待动物罪，以彰显我国推进动物福利、维护生态和谐的坚定立场。央视新闻微博上发起过"禁止虐待动物是否应该尽快立法"的投票，参与的 29.9 万人中，有约 28.3 万人表示支持，约 1.1 万人表示不支持。[1] 有网友质疑："为什么制定一部'止恶'的法律这么难？"也有网友表示："人的福利问题都没有解决，反而解决动物福利？"

为了探究中国社会大众对动物保护立法的支持度，我们以大学生为主，对 131 人进行了问卷调查。其中，130 人支持动物保护立法；129 人认为虐待动物的行为十分恶劣，应当制止并予以惩罚；大多数人都认为动物保护中最重要的是反对虐待行为。[2]

早在 2009 年，为遏制虐待动物行为，我国法学专家组成研究小组发布《中华人民共和国反虐待动物法》（专家建议稿）[3]。其中提到"国家禁止虐待和遗弃动物，对待动物的行为，应当人道，尊重社会公德，不得违反法律规定和公序良俗。对动物可能造成痛苦或者伤害时，

---

① 投票博文链接：https：//weibo.com/2656274875/JqmNd7Dtb.

② 调查时间：2021 年 11 月 24 日；调查形式：网络问卷；调查问卷链接：https：//www.wjx.cn/mobile/statnew.aspx？activity＝140021474&reportid＝#1.

③ 制定《中华人民共和国反虐待动物法》（专家建议稿）项目研究顾问专家组由李步云（中国社会科学院法学研究所研究员，中国社会科学院荣誉学部委员，全国人民代表大会常务委员会集体学习讲座专家）、王晓晔（中国社会科学院法学研究所经济法研究室主任、研究员，中国经济法学研究会副会长，全国人民代表大会常务委员会集体学习讲座专家）、孙宪忠（中国社会科学院法学研究所民法研究室主任、研究员，中国法学会理事，中国民法学研究会常务副会长，第二届全国十大杰出中青年法学家）、蔡守秋（武汉大学环境法研究所原所长、教授，中国法学会理事，中国环境资源法研究会会长）、周珂（中国人民大学环境资源法研究所所长、教授，中国环境资源法学研究会副会长，北京市环境资源法研究会会长）、刘仁文（中国社会科学院法学研究所刑法研究室主任、研究员）、芦荻（中国小动物保护协会会长）等人组成。

除法律法规豁免的情形外，禁止从动物活体上摘取器官及其衍生物"①。自 2017 年以来，全国人大代表朱列玉已经连续四年在全国"两会"上提交了有关动物保护立法的建议。② 他表示，立法规范虐待动物行为，可以填补当前法律的真空状态，为该类行为的处理提供法律准绳，从法律角度对此类行为进行公平合法的惩处，也可减少虐待动物行为人与动物保护人士之间暴力冲突事件的发生。

总之，目前我国的动物保护法律体系并不完善，究其原因，观念是首要因素：我们一直重视动物的实用价值，忽视动物的陪伴价值或精神价值，更忽视宠物的生命价值。随着对动物保护认识的深入，我国对动物的保护已经从保护物种逐渐过渡到了保护动物福利、动物权利方面，只是现阶段缺少一部内容详尽、保护对象全面的基本法，来调整人与动物之间的关系。当然，长时间的改变，应该是文化和观念上的转型。

四、对我国小动物保护的启示

（一）小动物保护立法的必要性

对比法国的动物福利法，中国动物保护立法明显处于滞后阶段。许多人对于动物保护仅仅停留在纯粹的"物"的阶段，由于立法和动物保护意识的缺失，很多虐待动物行为时常被合法化、合理化。在国际联系日趋紧密的当代，法律的制定与完善体现着一国的文明程度，也影响着一国的国际形象与国际地位。

1. 环境保护角度

动物作为生物圈的一个重要组成部分，如果生存状况恶劣，也必然

---

① 《中华人民共和国反虐待动物法》（专家建议稿）第五条（反虐待动物的基本政策）。

② 原文链接：http://www.npc.gov.cn/npc/c30834/202203/3ce52511bc5f41b9940e3e8e4b8a256d.shtml.

会伤害到人类。例如，大家熟悉的"SARS""禽流感"等重大公共疾病的产生，无不体现出动物福利与人类生活息息相关。在现实生活中，由于受经济利益的驱动，在进行动物捕获、饲养、运输、屠宰、买卖等过程中，根本不关心动物福利，最终给人类带来消极后果。因此，基于对动物的保护以及人道主义的立场，动物保护立法不仅能促进人与动物之间的和谐相处，更是促进食品安全、发展生产生活、维持生态平衡的需要。

2. 社会和谐角度

不断曝光的虐待动物事件总是会引发社会各界的热烈讨论。由于缺失相关立法的规制，导致"支持动物保护""虐待无罪"，以及持其他看法的群体之间激烈斗争。人们对于保护动物的愿望以及由立法缺失带来的社会矛盾日益凸显。

拿"山西太原男子开水烧烫怀孕母猫"事件来说，施暴者手段极其残忍，但只是被所在的公司解除了劳动合同，没有受到应有的惩罚。事件通过网络迅速传播发酵，公众的愤怒呈现排山倒海之势，很多热心群众自发组织救助行动。但由于没有经过正确的教育与引导，到最后都出现了问题。有些地方甚至出现了暴力对抗和游行的现象，扰乱了社会秩序，也进一步加深了动物保护人士与普通群众间的矛盾。

合理的立法应该传达一种科学的动物保护观念，动物保护并非需要人们牺牲自己的利益，我们只需要善待活着的生命，不去肆意虐待动物，人为给予其死亡。因此，合理立法规制虐待动物行为，对于协调人与动物、人与人之间的关系，化解社会矛盾，维护社会秩序有着重大的意义。

3. 社会文明进步角度

英迪拉·甘地曾说："一个国家的伟大和道德进步的程度可视其如何对待动物来衡量。"① 从微观角度来看，一个人对待动物的态度可以

---

① 谭为之. 虐待动物行为入罪研究 [D]. 长沙：中南林业科技大学，2012.

窥探其个人的品性。

从"山西太原男子用开水烧烫怀孕母猫事件""山东男子给猫塞电线虐打致死事件",再到"南通大学研究生电击虐狗事件"以及最近社交媒体上引起激烈讨论的"活体宠物盲盒事件",虐待动物行为一次又一次地冲击着人们的眼球,令人胆颤心惊。虐待猫狗的视频也在互联网上屡见不鲜,甚至形成了黑色产业链。据相关调查,几十块钱就可以买到上百部的虐狗视频。出价更高者甚至可以得到"私人订制"服务,如提出是否抽打、是否截断指定部位等特殊需求。此类虐待行为会对一些世界观还没有定型的青少年带来不良影响,他们可能会出于好奇或者心情不好而去伤害小动物从而获得情绪上的宣泄和快感体验。一旦养成这种不良习性,经过心理补偿机制,便能形成后天性条件反射,反复多次便可将其行为固定下来,表现"不能自拔""着迷"虐待动物的欲望。① 久而久之,当虐待动物已经无法满足他们发泄的冲动时,他们可能会以公共财产,甚至他人的生命来为自己的欲望买单。

虐待动物展现的是不必要的暴力,以炫耀为目的的血腥,不是一个文明社会应有的景象。禁止虐待动物,表面上是对动物进行保护,实际上反映了人类道德和社会文明的进步。因此将相关动物保护立法正式纳入法律轨道,可以引导人民的道德品行朝着更加健康优良的道路发展,提升社会文明程度。

(二) 完善小动物保护立法

我国动物保护立法必须从国情出发全面衡量,汲取世界立法之精华,形成真正适合中国发展的动物保护法律体系,这样才能成为人们所能接受的动物保护法律制度。

1. 制定完整的动物保护法律体系

现行有关动物保护法律法规中,只有《野生动物保护法》《动物检

---

① 汤世明. 儿童虐待小动物,长大可能会杀人 [J]. 医药与保健,2002 (4).

疫法》《畜牧法》等几部单行法针对一部分的动物管理，余者散见于《森林法》《渔业法》《海洋环境保护法》等若干零散条文中。动物保护的范围过于狭隘，伴侣动物、娱乐动物等非野生动物仍没有法律地位。因此，中国应该制定一部综合性法律把全部动物种类作为保护对象，在平等基础上进行合理限度的保护，按照动物特征给予对应的管理，以期对动物进行系统性的全方位保护，形成完整的动物保护法律体系。

2. 更新立法观念

中国在动物立法方面不仅是缺少一部专门法，更重要的是缺乏真正的动物保护思想：中国现有动物保护的目的是管理动物的使用，保证饲养动物的经济效益。对动物的保护方式都是基于人类利益而存在。

而法国动物立法更加注重动物的福利。2015年，一直将动物视为"动产"的法国民法典将其界定为有感知的生物存在，即使对于以食用为目的饲养动物，在所有饲养和屠宰作业中要考虑到避免动物遭受不必要的痛苦。因此，我国若要在动物立法上有所改善，应该改变"人类中心主义"观念[①]，将动物从人类附属品中抽离，重视动物福利与权利。

3. 加大对虐待动物行为的制裁力度

我国现行的有关动物保护的法律法规对违法者的处罚力度不够，反而可能使虐待者产生犯罪成本微小的观念，再犯可能性大大提高，不能发挥动物保护的真正作用。反观法国，他们对于虐待动物行为的制裁力度明显更强。法国刑法521-1条规定："任何有意折磨、虐待动物者均属于严重心理病态行为，违犯者最多可判处两年监禁并罚款3万欧元。"法国最新通过的《反虐待动物法案》中规定：故意杀害宠物将构成犯罪，不再视为轻微违法行为。虐待动物者最高可判处5年监禁和

---

① 吴逢雨. 动物权利保护研究——以动物权利立法的完善为视角 [J]. 法制与经济，2015（4）.

7.5 欧元罚款，还需参加相关培训课程。

我国可以借鉴的是，动物保护立法应详细列出所有伤害或虐待动物的行为，并根据严重程度设定相对应的处罚；从保护范围上，不能局限于珍贵或濒危的野生动物；从法律责任上，通过行政责任与刑事责任惩罚虐待动物者；建立专门的动物保护行政机关，并给予其行政处罚权限。对各种动物研究、饲养、繁殖、动物食品制品加工等企业事业单位的生产，不符合动物保护标准的责令停产停业。①

此外，应该将动物保护作为专门的一章列入刑法中，以刑法手段为补充，对虐待动物（包括各类动物）行为情节严重的给予罪名并追究刑事责任。欧洲动物保护协会具有法律实施的监督作用②，我们亦可借鉴：鼓励公众参与动物保护，设立由动物学家和法学家为首的动物保护组织，监督指导我国针对动物福利的执行情况。

4. 规范宠物饲养

当今社会，随着人们生活方式的改变，宠物饲养在我国已经相当普遍。由于法律法规不完善导致宠物交易市场混乱；宠物医院管理水平参差不齐，无证经营情况普遍；动物强制性注射疫苗未得到有效落实；遗弃宠物现象频繁发生。

前文提及法国的《反虐待动物法案》，针对"宠物交易，领养捐赠"等相关规定，体现出法国致力于小动物权益的保障。我国应该吸收此经验，强制规定宠物主给宠物登记和注射疫苗；在条件允许的情况下，借鉴法国为宠物设置身份识别码，方便跟踪调查。对于宠物主的资格也应该提出要求，如对宠物主进行经济审查和心理评估，决定其是否有资格饲养宠物等。出台宠物行业法规，对宠物销售场所、医疗救助场所出台营业执照等强制规定。我国还可以制定针对小动物保护的保险，避免宠物主因为高昂的医疗费用放弃救助宠物。

---

①　张佩佩. 我国反虐待动物立法研究 [D]. 青岛：山东科技大学，2012.
②　邹晶. 世界动物保护协会 [J]. 世界环境，2006（5）.

结语

正如托尔斯泰所说："一个人如果向往正直的生活，第一步就是要禁绝伤害动物。"善待动物，既是道德对每个人的要求，也是其对全社会的要求。社会经济带动大众道德水平提高，全世界的人们对于保障小动物权益的呼声日渐高涨。本文分析了法国有关小动物保护的立法现状，探究了其与我国相比的先进之处；综合环境保护、社会和谐、社会文明进步等因素，表明了我国小动物保护立法的必要性和紧迫性。在当前时代背景下，小动物的陪伴堪比家人。何时能在法律条文中安放自己的情感寄托，是众多动物爱好者，也是普罗大众的共同期待。

◎ 参考文献

[1] 王晓文，等. 国内外动物福利立法情况与经济效益比较分析 [J]. 山东畜牧兽医，2017 (3).

[2] 汤世明. 儿童虐待小动物，长大可能会杀人 [J]. 医药与保健，2002 (4).

[3] 吴逢雨. 动物权利保护研究——以动物权利立法的完善为视角 [J]. 法制与经济，2015 (4).

[4] 邹晶. 世界动物保护协会 [J]. 世界环境，2006 (5).

[5] Rousseau, Jacques. Discours sur l'origine et les fondements de l'inégalité parmi les hommes [M]. Éditions Flammarion, décembre 2011.

[6] Marguénaud, J. P et J. LEROY. Le code de l'anima [M]. Éditions LexisNexis, mai 2019.

[7] [美]玛莎·斯托特. 当良知沉睡：辨认身边的反社会人格者 [M]. 北京：机械工业出版社，2016.

[8] Delmas de Grammont, Jacques. La Loi Grammont [N]. 1850.

[9] Le Code Rural［Z］. 1976.

[10] Le Code Civil［Z］. 2022.

[11] Le Code Pénal［Z］. 2022.

[12] Loi n° 2021-1539［Z］. 2021.

[13] 谭为之. 虐待动物行为入罪研究［D］. 长沙：中南林业科技大学，2012.

[14] 王子昂. 反虐待动物立法研究［D］. 南京：南京师范大学，2019.

[15] 张佩佩. 我国反虐待动物立法研究［D］. 青岛：山东科技大学，2012.

从当代中国青少年喜爱的动漫类型看其价值取向

——以 2016—2020 年播出的日漫与国漫为对象

刘雅婷　蒋传臻　常　梅①

（江汉大学外国语学院　湖北武汉　430056）

摘要：动漫是年轻一代成长过程中离不开的伙伴，更是许多人放不下的回忆。本文以 2016 年至 2020 年播出的日本动漫及国产动漫为对象，通过线上数据和线下问卷调查两种方式，统计当代中国青少年（14~28 周岁）喜爱的日本动漫和国产动漫类型，将两者对比后探究其原因，并进一步研究当代青少年对于动漫作品的价值取向。

关键词：动漫；青少年；中日对比

一、引言

动漫，即动画和漫画的合称，指动画与漫画的集合，主要在中国大陆地区被广泛使用。

"动漫"这一合称的出现主要是因为日本的动画和漫画产业联系紧

---

① 作者简介：刘雅婷、蒋传臻，江汉大学外国语学院日语系 2018 级本科生。指导教师：常梅，硕士，江汉大学外国语学院日语系讲师。

密，所以日本动画和漫画在中国传播的过程中，出现了《动漫时代》这类综合了日本动画和漫画资讯的杂志。因此，"动漫"最早主要在日本动漫爱好者群体中使用，用来指代日本的动画和漫画。但随着国产动画和漫画产业的发展，用来指国产动画和漫画的场合也逐渐增多。

在青少年的成长轨迹中，始终离不开动漫的陪伴，动漫不仅成为一个和友伴交往的话题，更成为青少年的"秘密花园"。在这里，他们拥有绝对的自主权，可以尽情选择喜爱的动漫，用二次元的方式进行线上线下的互动，基于想象构建出一个个理想中的"自我"。同时，青少年群体如今作为中国高速发展时期的新生力量，其心理状态一直是学术界关注的重点之一，借助与青少年息息相关、不加掩饰的"动漫花园"来探求他们的内心，不失为一个可取的角度。

二、动漫发展现状

（一）日本动漫发展

日本的动漫产业一直十分发达，并且早已成为了支柱产业之一，这也使得日本得到了"动漫之国"的美称，其巨大的影响力遍布全球各地，美国甚至将"Anime"一词，用来专指日本动漫，由此可见一斑。日本动漫从 20 世纪 80 年代初进入中国并迅速风靡，可以说伴随着 20 世纪 80 年代出生的一代人一起成长。

20 世纪末开始，《灌篮高手》《海贼王》《哆啦 A 梦》等优秀日本动漫作品凭借其创造性风靡世界。例如《灌篮高手》，它见证了一代青少年人的成长，至今为止，其中澎湃的青春热血仍未被时间所稀释，年代越久远，它对"80 后""90 后"的意义就越重要。《灌篮高手》的影响力也不存在空间上的次元限制。它的取景地早就被粉丝总结成了一条"朝圣路线"，可以说，每当人们走在这条"朝圣"路上就是回忆了一次自己的青春时代。与其说《灌篮高手》里有自己的青春，不如说是井上雄彦创造了一个理想的、值得回忆的青春。以至于连看《灌篮高手》这件事，都成了人们青春里的精彩记忆。

时至今日，随着互联网技术的不断进步和动漫爱好者群体的壮大，日本动漫产业已不仅仅满足于线上，线下关联周边产业发展迅速，并成为日本动漫产业链中重要的一环。关于动漫产业发展前景的调查分析报告中显示，动漫产业已经成为日本第三大产业，年营业额达 230 万亿日元。不仅如此，目前日本已经成为世界上第一大动漫作品出口国，占国际市场的 6 成，在欧美市场的占有率更是达到了 80% 以上。根据日本动画协会的统计，2016 年日本广义动画市场已突破 2 万亿日元，协议动画市场规模也已达 2301 亿日元；2017 年则达到约 2.03 万亿日元，同比增长约 2%。总而言之，动漫产业已经成为日本的一项标志性产业，其中日本政府的高度重视和大力支持起到了关键性的推动作用。

（二）中国动漫发展

如今的中国，动漫产业是极具生机和活力的新兴文化产业。发展动漫产业对于满足国民精神文化需求、传播先进文化、丰富群众生活、促进青少年健康成长、进一步优化产业结构、扩大消费和就业、培育新的经济增长点都具有重要意义。

动漫产业近年来是我国大力支持发展的文化产业之一。在《文化部"十三五"时期文化发展改革规划》中提到，加快发展动漫、游戏、创意设计、网络文化等新型文化产业；支持原创动漫创作生产和宣传推广，培育民族动漫创意和品牌，持续推动手机（移动终端）动漫等标准制定和推广；推进国家动漫产业综合示范园建设。除了在政策上提出支持发展动漫产业外，我国自 2009 年便开始对动漫企业进行认定工作。截至 2019 年，全国共有 924 家国家认定的动漫企业。此外，在 2010 年、2012 年和 2013 年分别有 18 家、16 家和 9 家被国家认定为重点动漫企业。

蒸蒸日上的日本动漫行业不断地刷新着视觉上的震撼，而那强烈的光芒亦催生着我们国产动漫新芽的萌发。当初接受日本动漫冲击的人们，有的早已不再关注动漫行业，有的则投身于此，以自己手中的画笔在这技术不断发展的时代大展拳脚。

由此，无数优秀的国产动漫纷至沓来，无论是运动、热血还是美食，在日本动漫多方面涉猎的领域中，属于国产动漫的那份新兴力量同样也在悄然进军，无数优秀的作品碰撞出百家争鸣的激烈火花，涌现出许多能与日本动漫平分秋色的国产动漫，例如《镖人》《一人之下》等优秀国产动漫，甚至已被翻译成日语版本并在日本广受好评。

三、青少年喜爱的动漫的调查

（一）线上数据调查

本文通过国内弹幕视频网站"哔哩哔哩""AcFun"上 2016 年至 2020 年日本动漫及国产动漫的真实数据，来探究中国青少年喜爱的日本动漫和国产动漫类型。以 2016 年至 2020 年每年播放量最高的 50 部日本动漫及 25 部国产动漫为分析对象进行研究，将日本动漫和国产动漫大致分为六个类别，分别为日常、战斗、搞笑、恋爱、奇幻及热血。

在被选取的 50 部日本动漫中，占比最高的类别为战斗类，共计 22 部，剩余依次为奇幻类 20 部、热血类 15 部、搞笑类 14 部、日常类 9 部及恋爱类 8 部；25 部国产动漫中，占比最高的同样为战斗类，共计 15 部，其余排序为热血类 11 部、搞笑类 9 部、奇幻类 7 部、日常类 4 部及恋爱类 0 部。

由此可见，这五年间最受中国青少年喜爱的动漫类型无疑是战斗类。热血类的动漫在近几年一直深受大家的喜爱。与《约会大作战》《LOVE LIVE!》等女性角色众多且各具特色的动漫不同，热血战斗类动漫的受众度更高，能够引起不同人群的兴趣和喜爱。

值得一提的是，恋爱类国产动漫虽然数量本就不多，但就几乎没有广受好评的作品这一点来看，恋爱类国产动漫还是存在许多问题，有着很大的进步空间。

（二）线下问卷调查

除了通过"哔哩哔哩"和"AcFun"等弹幕视频网站进行的线上数据调查之外，我们同时还进行了以问卷调查形式为主的线下调查。

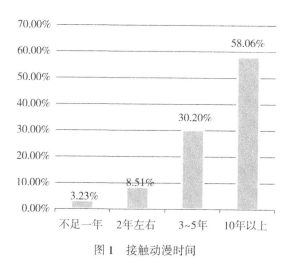

图1　接触动漫时间

参与本次线下调查的青少年共60名。在这60名青少年里，仅有5名对动漫的喜爱程度较低。而从表1列出的数据中可以得知，在接触动漫的时长上，绝大多数人接触动漫超过2年，50%以上接触动漫超过10年，而其中大多数人更喜欢日漫而非国漫。除此之外，半数受访者一天仅花半小时左右在动漫上，另一半受访者则选择一天花费1小时及以上的时间在动漫上。

通过问卷调查得知，绝大多数受访者的动漫启蒙作是《名侦探柯南》《火影忍者》《海贼王》等早早传入国内的知名作品。联系调查参与者对动漫类型的喜好偏向，本文认为一个人的动漫启蒙作将会有一定概率影响到今后对动漫类型的喜好偏向。

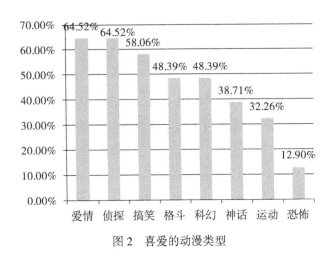

图 2　喜爱的动漫类型

　　除此之外还发现，对动漫类型的喜好偏向与参与调查者的性别并没有直接关系。参与调查者中有许多男生在"喜欢的动漫类型"一项问题中投票给"爱情"类；相对地，有许多女生投票给了"格斗""侦探""科幻""运动"等动漫类别。

　　在"更喜欢日漫还是国漫"的问题中，喜欢日漫的人数远超喜欢国漫的人数。进一步询问后，大致可以总结出以下几点原因：国漫的画面精致程度目前还是有些难以超越日漫；听多了日语配音，不太适应国漫配音风格；觉得大部分国漫的故事情节单调；好的国漫几乎只局限在个别类型里，例如"格斗""爱情"等。

　　由此可以看出，其实大部分受访者更喜欢日漫的原因可以归结为日漫现在已经发展完善，而国漫还有待进一步发展。由此猜想，等到国漫发展逐步跟上甚至超越日漫时，会有更多青少年倾向于国漫而非日漫。

（三）青少年的价值取向

　　通过图 2 的调查数据可以发现，现在的青少年对动漫类型的喜好更偏向于爱情、侦探、搞笑、格斗、科幻五个类型。

以《鬼灭之刃》为例，这部作品是战斗类与热血类的结合，作为一部2019年开播的日漫，却在很短的时间内从"前辈们"的背影下脱颖而出，创造了销量奇迹。《鬼灭之刃》讲述了在大正时期的日本，心地善良的卖炭少年炭治郎的故事。有一天他的家人被鬼杀死了。而唯一幸存下来的妹妹祢豆子变成了鬼。被绝望的现实打垮的炭治郎，为了寻找让妹妹变回人类的方法，决心朝着"鬼杀队"的道路前进。途中，炭治郎和他的伙伴们经历了多次战斗，每一次都逢凶化吉，消灭了鬼。也因此发现了这些鬼背后的故事，他们中大部分在成为鬼之前其实都是身世可怜的人类，因为走投无路、家破人亡等原因，堕落成为了鬼，但其实他们的内心深处仍然渴望光明和救赎。炭治郎的亲人虽然都被鬼王鬼舞辻无惨杀害，但他没有迁怒于其他鬼，也没有心怀怨恨，伺机报仇，反而在鬼临死前给予他们解脱。由此可见，男主角的形象善良温柔强大而不优柔寡断。这部日漫情感表达十分细腻，无论是鬼还是人的故事都很感人，其他角色人设也十分讨喜，深受观众喜爱。

分析众多大受欢迎的动漫中主人公的人物设定，都能在他们身上找到很多闪光点，他们大多拥有坚强、勇敢、智慧、不惧挑战等属性。其中几乎每位都拥有"坚强"的属性。无论遇到多么大的困难，遭受了怎样非人的折磨，或者被认定是"菜鸟"、被人们鄙视，主人公都能一一克服，实现自己的最终目标。

可以认为，目前青少年对于动漫作品的价值取向为，题材新颖，且作品中人物设定拥有积极向上的优良品质，能够满足青少年在动漫中的审美和情感需求等。

四、结语

日本在全球的动漫市场上占据较大份额，相较于日本，中国的动漫市场还有待进一步发展。近些年中国网络动画发展迅猛，在动画产业市场方面也在逐步发展中。中国的动画产业大多面向低龄儿童，内容吸引力不足，且缺乏文化内涵，题材选择往往比较单一，在制作上也缺乏创新，情节简单、细节匮乏，无法激起观众的共鸣。

总而言之，我国动漫行业的从业者和研究者应该继续研究和掌握日本动漫的成功规律，尽力为青少年的健康成长创造优秀的作品和营造有利的环境。

◎ 参考文献

[1] 胡纯．中日动漫文化产业对比分析 [J]．企业改革与管理，2021（2）．

[2] 袁尧宇．动漫文化对青少年的影响 [J]．青年时代，2020（3）：227-229.

[3] 杨超，乔玲．动漫对青少年心理发展影响文献综述 [J]．动漫研究，2021（1）：252-255.

[4] 张晓彤．浅析中日动漫产业的发展 [J]．戏剧之家，2019（15）．

[5] 孙菁．中日动漫产业对比分析及对中国的启示 [J]．知识经济，2016（17）：94-95.

[6] 陈元朔．青少年动漫文化流行及其影响的思考 [J]．社会科学（文摘版），2017（25）．

[7] 倪聪奇．青少年动漫文化流行及其影响分析 [J]．中国市场，2016（8）．

[8] 李常庆．日本动漫产业与动漫文化研究 [M]．北京：北京大学出版社，2011.

日本制造业危机的警示与思考①

张浩然　代方萱　周　鸣②

（江汉大学外国语学院　湖北武汉　430056）

摘要：20世纪70年代以来，日本的制造业一直处于世界领先地位，"日本制造"以诚信、严谨、精细著称，成为高品质的代名词。然而，随着日本人开始热衷于金融，忽略了技术升级和研发，泡沫经济的破裂加剧了企业业绩的下滑，导致收益逐年减少。企业为维护资本市场的估值，走上了数据造假的歪路。本研究首先从日本企业文化和日式经营的主要特征入手，考察其利弊得失，再结合数据从内因和外因两方面分析导致日本制造业衰败的要因，并简述对中国企业的启示。　．

关键词：日式经营；数据造假；造假要因；启示

一、日本企业文化与日式经营

（一）日本企业文化

日式经营离不开日本企业文化的熏陶，而日本独特的文化直接形成

---

①　本文为江汉大学2021年度学生学术科技项目一般项目（项目编号2021yb283）成果。

②　作者简介：张浩然、代方萱，江汉大学外国语学院日语专业2019级本科生。指导教师：周鸣，硕士，江汉大学外国语学院日语系副教授，研究方向为日语教育、中日文化比较。

了日本企业文化。本文从三个层面论述日本企业文化。

一是武士精神。日本文化中的武士精神是指忠诚、勇猛、仁义、敢打敢拼等，在封建时代为武士阶层所崇尚的精神。武士们甚至不惜以"刨腹自尽"等极端的方式来捍卫自己的"尊严"。时至今日，仍被很多企业人士推崇，形成了不惜铤而走险来维护利益的企业文化。在武士精神的影响下，20世纪绝大多数日本企业采取终身雇佣制。这种制度让员工有稳定的收入来源，为其提供了殷实的生活保障，提升了员工的忠诚度，让员工能够死心塌地地为企业作贡献。

二是协作精神。日本是岛国，因地理环境封闭、资源匮乏，他们在很多情况下不得不抱团取暖，集体协作。日本企业文化中，集体主义是不可或缺的核心思想。在集团主义意识形态中，虽然集团利益高于个人利益，但并不意味着集团主义意识形态要以牺牲个人利益来维护集团的利益，而是个人利益与集团利益融为一体。并且在这种以集团为重的意识中，企业不但允许个人之间有竞争，且十分鼓励小团体之间的竞争，个人的贡献往往是在小团体中表现出来。以集体之间的竞争为重就会分化出各个不同专业化的分支产业。因此，这些专业化程度高的分支往往会独立成新的部门或分公司。

三是求知精神。日本文明的成长较为缓慢，为了快速适应时代和社会发展，日本特别注重对外来文化的学习与借鉴。日本企业管理制度就是在一种不断试错的环境之下成长起来的，日本不仅学习了发达国家特殊的经营模式、生产思维和新型设备的技术，而且更注重企业管理文化的学习，通过不断地取长补短最终形成了自己的一套企业管理模式。

（二）日式经营的核心

日式经营最为核心的精神就是集团主义。集团内部通过小团体的良性竞争分化出专业程度较高的子部门，再对子部门进一步专业化培养，就形成了累计开发资源的日本企业经营战略模式——阿米巴经营模式。这种经营模式最大的一个特点就是，不拘泥于短期收益率的高低，而是像阿米巴变形虫那样通过积累获得成长。企业为确保能够像阿米巴变形虫那样不断积累扩大，注重培养员工的一般适应力，要求员工在更多的实践中提升自己适应环境的能力，而不提倡特殊的能力。对内部人力资源的长期培养，导致企业需要更多的时间去适应环境。由于企业是自下而上积累形成整体较为统一的结构，员工的固化性培养严重，整体结构很难适应外部环境急剧的变化。

二、日本企业数据造假及其要因

20世纪50年代开始，日本政府主导实施"质量救国"战略，提倡被日本制造业奉为圭臬的"工匠精神"，经过多年的积累，成就了日本制造业在全球的领先地位。然而在泡沫经济破裂之后，日本企业出现了长达20年的衰退，从财富世界500强的榜单上看，日本企业1996年有99家上榜，在20年后的2016年，日企上榜数锐减一半，仅剩52家。经济的不景气使得许多企业走上了不归路，在制造业不断地有丑闻爆出的同时，仍有不少企业因为走得太远，而忘记了"初心"。

近年来日本制造业爆出的主要"丑闻"

企业	造假丑闻	具体原因
东芝	偷税漏税、伪造财务报表	2008年金融危机后，制定目标与实际不符
三菱汽车（三菱电线工业、三菱伸铜和三菱铝业）	燃效数据造假，产品检验数据造假	负责行驶测试的"部长"以口头形式指示通过作弊取得优于实际的燃效数
神户制钢	篡改部分铝、铜数据，以次充好	冒充达标产品流向市场，技术工人不足、降低成本
丰田召回事件	油门踏板、部分零件不合格	全球扩张战略下追求数量，忽视质量

如上表所示，日本制造型企业的造假体现在财务数据和产品数据两方面，本文拟从内因和外因两个层面对此进行分析。

从内因来看，根据数据造假的相关媒体资料，受访人员都提到了"管理层的要求""工期需要""劳动力"等问题。不论是东芝制定的超额目标，还是三菱、神户、丰田的篡改数据、以次充好，问题都出在管理层和劳动力方面。即日本在经济不景气的同时，还面临着中国、韩国等国新兴产业的低成本挑战和智能化转型的挑战。在没有转机前，就没有对策来扭转现状，只能采取制定高目标、减少成本等方式，虚报业绩，维持股价。科尔尼管理咨询公司日本业务负责人梅泽高明说，日本制造业的问题在于没有推动业务战略和盈利模式的升级，而仅仅只是改变了达到目标的管理模式。制定的高额目标，外加监管不当，为了完成任务就容易使用造假手段来达成目的。据日本《东洋经济》报道称，"利益至上主义"已成为东芝的企业文化，是造成这次事件的"病根"。如今"利益至上"已经不再只是东芝的"病根"，而是日本制造业的"病根"。另有相关学者认为，日本制造业的经营模式和理念已经逐步向欧美靠拢，更加注重股东利益、利润报表和投资回报。并且企业管理层腐败的同时，日本企业还面临着劳动力不足的挑战。

对于日本来说，随着经济的高速发展，传统的终身雇佣制的缺点越来越凸显，劳动力成为了一种固定的投入，如今成了尾大甩不掉的弊端，特别是当企业进行大规模转型时，或者从某一领域撤出，终身雇佣制就成为了障碍，在很长一段时间里大企业只能在传统的家电领域打转，不能跟上时代的步伐。同时，终身雇佣制必然带来的就是人口老龄化，对于现代化跟进，拥有大量老年人的企业不利于对新事物的学习，若是进行产品创新就需要雇用一批新人才，这又成了企业的一笔巨额支出。

在年功序列制的影响下，一些有才华的年轻人会被束缚，既然熬工龄就可以涨工资，就不必牺牲自己的时间去创新。另外，一些专业性高的老员工如今不断地"白领化"而远离一线，无法把握现场情况，难以培养专业性高的技术工人。据日本厚生劳动省统计，日本企业的临时员工、派遣员工的数量在2014年就超过了员工总比例的40%，而1989年其非正式雇佣员工仅为817万人，26年间增长了2.4倍。而2014年仍在工作的满65岁人口增加了45万人，达到681万人，其中234万人为钟点工或临时工。可见，由于终身雇佣制以及年功序列制的影响，许多企业无法培养更多的技术人才，再加上临时工的增加，在生产上更容易出现数据造假的现象。

从外因来看，日本企业过于自信，未能适应经济全球化。

20世纪90年代后，世界经济发生巨变，以往实行产业集聚和技术积累的产业竞争模式，而在信息化时代，数字机械生产技术使后来者可在质量和数量上轻松赶超前者。在过去的20年里，中国的家用电器行业在信息化生产上得以迅速发展，在成本和品质上，日本都不占优势。2008年以后，日本从家电出口国成为进口国，2011年日本家电的三大巨头索尼、松下和夏普分别亏损4566亿日元、7721亿日元和3761亿日元，而中国出口额仍不断增长，出口额达358.5亿美元，同比增长13.2%。不仅如此，与发达国家相比，日本最具竞争力的汽车、机床等传统产业也在信息化、网络化运用等领域中落后。以神户制钢为例，其产品是制造业的基础物资，在整个日本乃至世界制造业中可谓牵一发而动全身，其影响波及全球500多家企业，甚至号称零事故的"新干线"也在其中。虽说神户制钢在全球位列前茅，技术以及市场积累早已成型，但其盲目自大使其失去了转型的时机，没有跟上经济全球化的步伐。

在技术方面日本制造业具有很大的优势，另外，"高品质、高信任、高性能"的垂直型一体化生产模式具有压倒性竞争力。但是，随着20世纪90年代信息技术的发展，国际市场不再依赖传统的经营模式，在大数据、人工智能等进入制造业的背景下，产业的分类逐渐模糊，产业间相互交叉更具竞争力。企业充分应用ICT（信息通信技术）进行经营已是常态，而日本传统制造业推崇精工制造，不转型难以发挥自身优势。因此，日本制造业中与 IT 相关的多个产业的竞争力均落后于欧美企业。

日本企业不但相信自己的技术，更是执著于自身的技术。20 世纪 80 年代，日本提出"技术创新立国"战略，就对技术有一种特殊的追求。日本技术研发上的支出位于世界前列，但长期以来，日本企业往往忽略了市场，忽视了消费者体验。如当年索尼通过运营商垄断了全日本的手机市场，致使海外手机不能向国内流入，国内的手机研发几乎全是针对日本人的消费需求而设计，久而久之，导致日本手机厂商跟不上国际形势而失去了海外市场。

三、启示

目前，中国制造业正处于赶超阶段，各行各业都在以"中国制造 2025"为导向，以制造业大国向制造业强国转变为目标共同努力。就邻国日本而言，虽然制造业由盛转衰，曾经风靡一时的经营模式与企业制度，如今却成为了企业创新与产业结构转型的绊脚石，但是中国依然可以从其失败以及近几年成功的经验中借鉴并优化自己的产业。

（一）提高人才培养力度，优化人力资源分配

根据中国科协调研宣传部和中国科协创新战略研究院 2018 年发布的《中国科技人力资源发展研究报告——科技人力资源的总量、结构与科研人员流动》，我国科技人力资源总量理论上达到了 10154.5 万人，其中大学本科及以上学历 4094.1 万人，占比 40.3%，远远超过了美国的科学家和工程师数量。但就企业而言，仍然面临着高端人才不足、人才流动性低及人才创新力度不足的问题。

改革开放四十多年来，我国制造业在高级技能人才的需求上出现了缺口。据统计，美国有 80% 左右的人才都集中在企业，相比之下，我国有很大一部分的人才集中在机关、高校和科研院所，科研人员过多地

分布在企业之外，远离市场。2020 年以后，国家公务员考试报名人数逐年飞升。据统计，2022 年国家公务员考试人数达 200 万人，与 2021 年同期相比增长 51.4 万人，增幅 34%。面对这一情况，政府一方面应培养更多技能人才，并推动符合当下时代的人才雇佣制度，构建人才配套流动机制；另一方面要多鼓励培养创新型人才。而对于企业而言，也更应推动科学系统的培训体系，让人才适应各部门所需、适应市场所需。

（二）信息化与工业化相融合

第四次科技革命中，各国都有所规划，美国的"再工业化"，德国的"工业 4.0"，"中国制造 2025"等都提出了对未来制造业的目标。然而，日本虽然也有所规划，但其制造业未能在信息化、数字化等新领域中得到发展，导致日本整体的工业脱离时代的步伐。因此中国制造业应积极利用新科技，要尽快适应新竞争模式并将信息技术与工业技术进行融合，促进企业的发展。

创新是制造业发展的不竭动力，与西方专利强国相比，我国制造业核心技术发展仍然比较落后，阻碍了我国制造业自主创新能力的提升。决定竞争优势的各种因素也会在动态环境中不断变化，所以必须提升企业适应能力，才能在变化的局势里面得以生存，否则就会落后就会被淘汰。在此基础上，还要创新企业的经营模式，使企业更好地发展，改革与创新和新商业模式相匹配的企业经营制度。

◎ **参考文献**

[1] 金仁淑，孙玥. 日本制造业："丑闻"频发，竞争力下降 [J].现代日本经济，2019：56-71.

[2] 曹煦. 神户制钢造假案：日本制造业为何"堕落"[J].中国经济周刊，2017（11）.

[3] 谢松燕. 神户制钢玩砸"日本制造"[J].英才，2017（6）.

[4] 陈馨. 现阶段日本临时工问题探析 [J]. 沧桑, 2014 (6).

[5] 庞云霞, 张有林. 日本车企再曝排放数据造假 [J]. 生态经济, 2018 (10).

[6] 杨湘文. 日本文化对日本企业管理的影响探析 [J]. 中国市场, 2021 (8).

[7] 神户制钢丑闻: "日本制造" 神话再遭重创 [N]. 经济参考报, 2017-10-27.

[8] 刘敏. 当前我国人力资本发展现状和主要问题 [EB/OL]. http: //www. sic. giv. cn.

浅析日本酒文化

沈　哲　梁紫苏①

（江汉大学外国语学院　湖北武汉　430056）

摘要：我国的酒文化源远流长。在历史上，说起英雄就会联想起美酒，酒在人们的心目中也有着特殊的地位，相比之下，邻国日本的酒文化有相似的地方，也有其自身的显著特点。本文旨在从日本酒的沿革、衍生文化和特色三个方面分析酒在日本的发展史，并通过与中国酒文化的比较研究，分析日本酒文化的独特之处。

关键词：酒；日本酒；文化

纵观全球，酒在各个文明中都可谓源远流长。中国是世界上酒的发源地之一，而邻国日本也深受中国酒文化的影响，又融入了西方酒文化的精髓，形成了自己独特的酒文化。

一、日本酒的沿革

（一）日本酒的起源

关于日本酒的最早记载源于西晋时期陈寿所编《三国志·魏书》

---

①　作者简介：沈哲，江汉大学外国语学院日语系 2019 级本科生。梁紫苏，博士，江汉大学外国语学院日语系讲师，研究方向为中日关系史、日本文化研究。

中，"东夷传"的"倭人"部分，也被日本人称为《魏志倭人传》。文中写道："倭人……始死停丧食十余日，当时不食肉，丧主哭泣，他人就歌舞饮酒……父子男女无别，人性嗜酒，见大人所敬，但搏手，已当跪拜。"即那时的日本人在出丧时会饮酒起舞，且有嗜酒的习俗。

在日本本土，与酒有关的痕迹最早可以追溯到绳文时代。在绳文时代遗址中，人们发现了含有果蝇蛹的大量发酵种子，这可能表示当时日本地区的人们已经在利用发酵制作某种含有酒精的东西。而在本州岛长野县的绳文时代遗迹中出土的"有孔锷付土器"，作为考古学家们发现的日本最早的酿酒器具也证实了这一点。

日本酒的原料是稻米、米麹（即酒曲）和水，人们推测其出现的时间与水稻传入日本是同一时期。对于日本酒诞生的时间，目前较为可信的说法是在绳文时代晚期至弥生时代初期，随着定型水田耕作的形成，出现了以米作为原料的酿酒技法。由于稻米是在绳文时代的晚期（约 2600 年前）从中国经由九州北部传入日本的，因而也有说法认为日本酒最早起源于九州岛的近畿等日本西部地区。

在日本神话中，最初的酒是须佐之男为了杀死八岐大蛇所制作的，他利用八桶酒使八岐大蛇的八个头醉倒而将其杀死。这一古老的神话故事也出现在了《古事记》和《日本书纪》之中。有说法认为须佐之男制作酒所用的原料并不是米，而是树的种子和其他一些野果。在稻米出现之前，是否已有利用其他果实酿酒的技术仍是个谜。

（二）日本酒的发展

在日本流行的酒多种多样，其中最受欢迎的大致有这几种：（1）清酒。被认为是日本的国酒，其由来已久，酒精度低，风味独特，清冽可口，深受日本民众喜爱。（2）烧酒。以番薯、土豆、小麦等为原料，以蒸馏法制成，酒精度一般在 25 至 45 度不等，也是相当受欢迎的酒品。（3）啤酒。日本人最喜欢喝啤酒，其酒精度低，价格实惠，男女皆宜，在日本有大量的啤酒馆。（4）威士忌。日本人喜欢在威士忌里

加冰，调和后饮用，这种技法也被称为水割り（みずわり mizuwari）。

（5）绍兴酒。即中国的黄酒，清酒的酿制方法便是由黄酒的酿制方法演变而来的，也有相当一部分的日本人爱喝绍兴酒，一年约需进口 700 万升。其熟成时间长，熟成时间越长越有价值，入口先苦而回甘，风味浓郁。

日本本土的酒大致有如下的类型和发展过程：

第一，口嚼酒。根据史书《大隅国风土记》中的记述，日本历史上最早用大米来酿制酒的方法，是将加热过的米含在口中充分咀嚼，用唾液中的淀粉酶使其糖化，吐到容器中后再利用空气中的野生酵母使其发酵。最后得到的酒液，便是"口嚼酒"。据说这种酒是为了祭祀神明所作，因此只能由神社的巫女来完成，这一行为也成为了一种十分神圣的仪式。自此以后，酒成为了一种献给神祇和天皇的圣物，人们开始用心钻研改进酒的酿造方式。

第二，清酒。在日本的大和时代（250—538 年），宫内省设立了被称为"造酒司"的机关部门。当时的酒全部由朝廷管理，一般百姓根本接触不到。酒宴也只对贵族召开，普通百姓甚至被禁止吃鱼，更别提饮酒了。在《古事记》和《万叶集》中，对当时的酒也有各种不同的称呼，例如御酒或神酒（ミキ miki）。由于当时尚未发明过滤法，因而其形也并非液体，而是如筷子状的长条形固体。所以人们更多地将其作为食物，而非饮品。到飞鸟时代（592—710 年），根据公元 681 年天武天皇颁布的《飞鸟净御原令》，宫内省的造酒司成立了"酒部"，负责整顿朝廷内的酿酒体系。写于奈良时代（710—794 年）的《播磨国风土记》中，记载了干饭加水以产生霉菌酿酒的酿造法，而这正是现代清酒的雏形。麹（こうじ kouji）即酒曲，也是在这个时候从中国传到了日本。据《古事记》记载，有一个叫须须许里（すすりこ susuriko）的人自百济归化而来，他把从中国带来的加无太知（かむだち kamudati），即酒曲，做成了酒并献给天皇，以此为契机，用酒曲酿酒的方法就普及开来了。古代日本称酿酒为"かもす（kamosu 发酵）"，据说就是源于"かむだち"这个词。到了平安时代（794—1192 年），醍醐天皇下令编纂的法律实施细则《延喜式》中详细记录了平安时代中期宫廷里清酒的酿造方法。除了最基础的用米、酒曲和水来酿酒，还记载了超过十种酿酒技法。11 世纪之后，朝廷的支配力减弱，在镰仓、京都出现了制造商品酒的"酒屋"，且数量逐渐增加。甚至当时的镰仓幕府还出台了"沽酒禁令"来限制武士们饮酒。另外，据应永 33 年（1426 年）的京都《北野天满宫文书》记载，要缴纳"酒屋役"这一税种的酒屋和土仓数量高达 347 处，可见酒业在当时的繁盛。

值得一提的是，日本酿酒技术主要始于寺院僧侣的巧思。他们开发了以绢过滤的"酿造诸白（清澈的清酒）""三段酿造"等新技术。在《多闻院日记》一书中，收录了自 1478 年以来 140 年间的酿造记录。在永禄十一年（1568 年）元旦的记录中提到了终止发酵的技术"火入"。这一技术可以杀灭细菌，做到防止酿造酒腐败的效果，比 19 世纪后期法国微生物学家路易斯·巴斯德（Louis Pasteur）发明的低温灭菌法更早。清酒的酿造经过上述 1000 多年的发展，其间一边从中国参考、学习酿酒技术，一边将这些技术改善成更适应日本本土环境、气候的方式。直到江户时代（1603—1867 年），现代清酒的制成技术才算趋于完美，清酒也在本土全面普及并发展壮大。

第三，烧酎。烧酎（しょうちゅうsyoutyuu），即烧酒，与酿制酒的清酒不同，属于蒸馏酒的一种。日本烧酎源流在中国，即中国的白酒。李时珍的《本草纲目》记载："烧酒非古法也，自元时始创其法。"说明蒸馏酒在过去并不存在，是元朝时期才出现的。也有说法认为蒸馏法在宋朝时就有了，只是在元朝时期更为普及化。

日本烧酎自中国烧酒技术传入后发展至今才 500 余年，目前分为甲类烧酎和乙类烧酎（本格烧酎）。乙类烧酎使用的是简单的立式蒸馏器，能根据不同的原料制作出拥有不同的香气与特色的烧酎。而甲类烧酎使用的是明治二十八年（1895 年）左右从英国传入的连续式蒸馏器，虽然酿造效率高，但却容易丢失原料的风味。二者工艺虽然各有不同，但总体给人的感觉是色清、香淡、味平、尾轻。其原因在于，日本酒税法规定，除冲绳地区的传统古酒"泡盛"①的市场销售度数可以达到43度之外，其他烧酎都必须控制在36度之内，且高于25度要大幅加税。这也导致了市场上常见的烧酎一般都在25度。一些日本的产品广告和宣传中都称烧酎为"生命之水"，称其饮用后可以舒筋活血，消除疲劳，减少肥胖和心血管疾病的发生率，所以烧酎很受消费者的青睐。

二、日本酒的衍生文化

（一）祭祀与庆典文化

《周礼·天官酒正》记载："辨三酒之物，一曰事酒，二曰昔酒，三曰清酒。"这里的清酒指的就是祭祀之酒。清酒也被称为神酒，自古以来一直是日本神社举行神道仪式的重要物品。它的存在不止是为了喝醉或是为了追求快乐，更是为了达到与神同在的必要道具。比如在神社举行的祭神仪式上献上清酒，在仪式结束之后作为撤下的祭品，使人获得与神同在的感受。清酒对日本人而言，是能够与神明达成联系、非常重要的存在。在日本，1875年以后酒开始被征税，且酿酒需要取得酿酒许可证，自由酿酒开始被限制，奈良的春日大社和大御神社率先取得了酿酒许可证。目前全日本具有酿酒许可的神社一共有四家，其中之一就是供奉天照大神的伊势神宫，伊势神宫祭礼酒一共有白酒、黑酒、甘酒、清酒四种，由负责祭祀的僧侣酿造。

而在婚礼仪式上，新郎和新娘通过"三三九度"交杯仪式达成誓约，各种建筑落成、生日庆典、长寿庆典等场合，清酒也是必不可少的待客佳品。此外，日本的青年人会在成人仪式上来到神社祭拜，祭拜结

---

① 泡盛，冲绳地区特有的烧酎，以泰国香米为主要原料，并添加黑曲菌所制成的酒糟再经过蒸馏而成，其方法或是日本蒸馏技术的源头。

束之后他们会饮下一杯清酒，作为与自己青涩的少年时代的告别。日本人饮酒非常讲究时节，且各个时节饮用的酒都各有不同。他们在樱花盛开的时节所饮的酒被被称为"花见酒"，赏月时饮的酒被称为"月见酒"，初雪时饮的是"雪见酒"，清酒也寄托了日本人对四季的丰富情感。

（二）居酒屋文化

如今的居酒屋起源自镰仓时代的民间造酒屋，形成于江户时代。起初，在镰仓时代日本各地出现了贩卖自酿酒的酒屋，有时客人买了酒之后会直接在店内饮用。到了江户时代，应一些客人的要求，酒屋也会提供一些食物。直至江户时代中期，这些提供酒和食物的酒屋就被称为居酒屋了。在明治维新时期，西方文化大量传入日本，日本人的饮食习惯和生活方式发生了巨大的变化。日本人开始喝起了洋酒，因而居酒屋不仅提供传统的清酒和烧酎，也有外来的洋酒。现代的居酒屋与一般的餐厅和酒馆又有所区别，它除了提供酒和食物之外，还具备一定的娱乐功能。

居酒屋一直以来深受日本民众的欢迎，入夜之后，街边的居酒屋一开门，大多座无虚席。以前的居酒屋只是男性职员喝酒的地方，后来，被这里提供的美食所吸引的女性也逐渐增多了。自1980年起，随着居酒屋的连锁化以及居酒屋的低价和便捷，居酒屋变得大众化。此外，居酒屋内的和风设计也是日本人选择它的另一大原因，大红灯笼、日式门帘、屏风的设计以及暖黄色的灯光都会让来到这里的人感到非常地温馨和放松。这里不仅是朋友聚会的好去处，更是一种释放压力的途径，对于工薪阶层的人们而言更是如此。

三、日本酒文化的特色

酒是最佳的佐餐饮品。日本作为一个被海包围的岛屿国家，食物中自然少不了新鲜的海产品。在日本人的食品加工理念中，食材的新鲜程度是十分重要的。料理的工序并非越复杂越好，最重要的是将食材本身的风味充分发挥出来。生食就是日本饮食中极具特色的文化，比如各种各样的刺身，即生鱼片。这种加工方式在保持食材新鲜度的同时，最大程度上限制了营养物质的流失。而清酒和烧酎口感清冽的特点能够很好地保护食物本身的味道，可以说日本酒与日本美食相得益彰。在食客的餐桌上也常常能看到生鱼片、寿司等美食与清酒的搭配。

酒是各类文艺作者灵感的来源。例如中国唐代诗人李白，就有人用"斗酒诗百篇"的诗句来描写他。而日本文化的推进同样少不了酒的功劳。日本诺贝尔文学奖获得者川端康成的很多作品就来自饮下清酒后的灵感迸发。

酒是释放压力和增进交流的重要工具。日本是全世界工作压力最大的国家之一。尤其是在像东京这样的大城市，很多人无法负担公司附近昂贵的房租，每天的通勤时间都要花费两三个小时。不仅如此，公司内的工作强度也非常高，员工需要长时间保持注意力高度集中的状态。因此，在工作结束之后，日本人通常会去居酒屋喝上一杯，以缓解一天的压力。

自古以来，日本深受儒家思想的影响，形成了一种以家为本的"家文化"。而在日本文化中还存在着一种独特的观念，那就是"内外意识"。二者结合之下，便出现了日本独有的企业文化。日本的公司很多都是终身雇佣制，公司在招人时对于有过多次辞职经历的求职者甚至都会低看一等。把公司当作自己的家，为了公司努力工作，把公司里的所有人都当作家人，员工要忠于公司，同时公司也会忠于员工。如此一来，公司之内的人就是"内"，是自己人，而公司之外的人就是"外"，是外人。而自己人之间关系融洽是十分必要的，因此去居酒屋喝酒聚餐成为了一种特定的公司活动。

在过去，日本的公司中这样的酒会可能每天都有，而且常常有上司强迫下属参加的情况。在阶级关系森严的日本公司里，员工们是不敢违抗上司的命令的，时常会因为上司的要求而导致宿醉。这样的情况持续了许久，直到 20 世纪 90 年代初，日本的泡沫经济破灭，经济大萧条，导致公司不得不放弃终身雇佣制，因而涌入了大批兼职派遣员工和女性员工。一度被认为能够帮助员工建立职场人际关系的酒会，也因为其带有的半强迫性质被认为是职场骚扰而逐渐减少。

近年来，日本企业的上司害怕自己邀请部下喝酒会被认为是职场骚扰，因此此类活动急剧减少。与此同时，也有一些日本年轻人反而怀念起过去的职场环境，认为和上司一起去喝酒能作为拉近关系的一种手段，有时还会邀请上司一起去喝酒。

在平日的工作中，日本人非常注意上下关系，下属对上司必须用敬语，而且如果上司责问，即使错不在己也要先道歉。但在居酒屋里的酒桌上，上司往往会与部下打成一片，大家都互相开着玩笑，即使是略有失敬的行为言语也会被很快原谅。

在聚会上，通常会有一个人作为领头人，带领大家走进居酒屋，等大家就坐之后，自己再坐在靠近出入口或是服务员上餐的位置，并且会根据每个人的口味来点酒和饮品。一般坐在酒桌最内侧，或是入口正对面那个位置上的人就是在场人员中地位最高的人，这样进来的人一抬眼就能看到对方的位置，向其寒暄问好。

此外，喝酒时也有各种礼仪。在中国常常会见到主人劝客人多吃、多喝，十分热情。而日本人则秉持尊重对方的理念，大家随意就好。在斟酒时也有讲究，日本人会觉得给自己斟酒不太雅观，因此都会为坐在旁边的人斟满酒，随后旁边的人也会接过酒瓶，反过来为对方斟酒。如此一来，就展示出了双方平等的关系和相互的敬意，即使是上下级的关系也是如此。

四、小结

日本作为中国的邻国，两国的酒文化中有许多异同之处，而随着经济全球一体化进程的快速发展，了解日本酒及酒文化，尊重日本的饮酒习俗，必将促进中日两国人民友好交往的扩大与深入。

◎ 参考文献

［1］周江．日本酒文化散论——以居酒屋为例［J］．河南农业，2018（18）．

［2］李陆洋．浅析日本的酒文化［J］．环球人文地理，2014（12）：136-137.

［3］林开福．浅淡日本的酒文化［J］．法制与社会，2008（10）．

［4］汪彦孜，李东辉．从起源及饮酒方式看中日酒文化的差异［J］．酿酒，2021（2）：133-135.

［5］［日］宫崎正胜．酒杯里的世界史［M］．陈柏瑶，译．北京：中信出版社，2018.

［6］杨荣华．日本清酒的历史［J］．酿酒，2005（1）：98-100.

［7］陈处达．日本烧酎漫谈［J］．酿酒，1994（6）：45-48.

［8］萧柳絮．中日酒文化的对比研究［J］．山西农经，2017（8）：86-87.

［9］赵杉杉．中日酒文化比较［J］．中外企业家，2016（6）：256.

中日饮食文化差异研究

——以中国豆豉和日本纳豆为例①

文灵巧 吴燕芳 卢 莹 梁紫苏②

（江汉大学外国语学院 湖北武汉 430056）

摘要：中日两国一衣带水，中日文化自古以来就有着深厚的渊源。中国饮食文化作为中国文化重要组成部分之一，对日本产生了深远影响。因此日本的饮食与中国有许多相同之处，但也存在很大差异。本文以中国豆豉和日本纳豆为例，从两者的历史来源、分类入手，分析了两者在制作选材、营养价值、常用配料和食用方法及地位方面的差异，并从地理原因、历史原因、气候原因、民族原因、观念原因等方面分析了中日饮食文化差异产生的原因。

关键词：中日饮食文化；中国豆豉；日本纳豆

豆豉是中国传统发酵食品，历史悠久，在我国和其他亚洲国家饮食中占有重要地位，受到世界很多国家青睐。纳豆在日本餐桌上的地位举足轻重，是日本普通民众每日必不可少的食物之一。本文拟通过比较中国豆豉和日本纳豆的来源及异同，认识两国饮食文化的历史来源和差异

---

① 本文是江汉大学 2021 年度学生科研项目一般项目成果。

② 作者简介：文灵巧、吴燕芳、卢莹，江汉大学外国语学院日语系 2019 级本科生。指导教师：梁紫苏，博士，江汉大学外国语学院日语系讲师，研究方向为中日关系史和日本文化研究。

问题，在尊重两国文化差异的同时，促进中日文化的相互理解和交流。

一、中国豆豉和日本纳豆的历史来源

（一）中国豆豉的历史来源

豆豉最早创制于春秋战国时期。《楚辞·招魂》记载"大苦（注：豆豉）咸酸"。还有一说认为先秦文献没有豆豉的记载，初始记载是在秦汉时期出现的。另外，《史记·货殖列传》中有关于豆豉的记述，《齐民要术》中亦载有制作豆豉的技法。豆豉古称幽菽，宋代周密的《齐东野语·配盐幽菽》一书有载："昔传江西一士，求见杨诚斋（杨万里），颇以该洽自负。越数日，诚斋简之云：'闻公自江西来，配盐幽菽欲求少许。'士人茫然莫晓，亟往谢曰：'某读书不多，实不知为何物？'诚斋徐检《礼部韵略》'豉'字示之，注云：'配盐幽菽也。'然其义亦未可深晓。"豆豉在东汉时期便开始入药，之后历代食籍、药籍等都有关于豆豉的记载。时至今日，豆豉是中国人餐桌上的重要调味料之一。

（二）日本纳豆的历史来源

纳豆起源于中国。日本古书《和汉三才图会》记载："纳豆自秦汉以来开始制作。"日本平安时代文人藤原明衡（989—1066）所著《新猿乐记》中称纳豆为唐纳豆，在日本奈良时代由遣唐使以及东渡日本的鉴真和尚等将纳豆的制作方法从中国传播到日本，纳豆在日本得到发展，一度成为了僧侣们常吃的食物。此后中国的豆豉在日本有了新的变化。日本人在饮食上口味清淡，酱制的豆豉对于日本的僧侣而言口味太重，于是他们就将其变成了发酵的豆子。当时日本寺庙里的厨房名为"纳所"，因此日本人就将这种发酵后的豆子称作"纳豆"。

二、中国豆豉与日本纳豆的分类

（一）中国豆豉分类

中国豆豉有多种分类法，例如按加工原料分类可分为黄豆豆豉和黑豆豆豉；按口味分类可分为淡豆豉、咸豆豉、酒豆豉；按发酵微生物分类可分为毛霉型豆豉、曲霉型豆豉和细菌型豆豉；按产品形态分类可分为干豆豉和水豆豉。豆豉结合了中国的地域特点、地理气候和地方饮食文化，形成了以下三大流派：

流派一，永川豆豉。永川豆豉属于毛霉型黄豆湿豆豉。永川豆豉起源于重庆永川区家庭作坊，已有三百多年历史。由于川东、重庆等地多山，气候湿热，加上重庆独特的码头文化，使得永川豆豉呈现出不拘一格的风采。作为国家级非物质文化遗产，永川豆豉风味独特，在保留传统工艺与风味的基础上，又演变出新的特点，与新的川菜、渝菜相融合。西派永川豆豉以佐传统名菜为主。其味道肥而不腻，酥而不烂。制作时把熟料送入曲室内自然发酵，使其发酵结饼。待毛霉生长出来后，分解成颗粒状，再与食盐、高粱白酒、醪糟等混合拌匀，装入坛内密封保存即可。

流派二，阳江豆豉。阳江豆豉属于曲霉型黑豆干豆豉。阳江豆豉是广东省阳江市特产，中国地理标志产品。阳江豆豉生产历史悠久，其外观颗粒饱满，以当地特产黑豆为原料，皮色乌黑油润，豉肉松化，味道鲜美可口，余味绵长。在高温浓缩下，豉味更加浓香。粤菜讲究调味，豉汁菜式早已是粤菜佳肴中的一个重要系列。

流派三，贵州豆豉。随着时间的推移，豆豉逐渐由四川传入与之相邻的贵州等地，并逐步向西南方向推广。豆豉与贵州的独特地理、气候、饮食相融合，以麻辣味、辛辣味、甜酸味三大类别为主，呈现出味厚、味重、味丰的典型特征。贵州豆豉有干豆豉、湿豆豉、水豆豉之分。原生态的豆豉是湿豆豉。黄豆蒸熟，冷却后"渥"于恒温下，待黄豆发霉，散发阵阵香味，黄豆黏手便可食用。晒干后形成各自独立的颗粒豆豉，颜色呈褐色，即干豆豉。用湿豆豉或干豆豉浸泡于酒水中，加适量盐、姜、蒜末，密封数日，开启后即成水豆豉，味道尤其鲜美。贵州豆豉具有味厚香浓、辣鲜刺激的特点，能够做到百菜百味。

（二）日本纳豆分类

日本纳豆分为盐辛纳豆和拉丝纳豆两类。纳豆为细菌型豆豉，主要发酵微生物为枯草芽孢杆菌。纳豆始于中国的豆豉。日本古书《和汉三才图会》有载：纳豆自秦汉以来开始制作。由于豆豉在僧家寺院的纳所制造后放入瓮桶贮藏，后由禅僧传播到日本寺庙，所以纳豆首先在寺庙得到发展，亦称为"唐纳豆"或"咸纳豆"。拉丝纳豆最早出现在15世纪时的文学作品中，起源并不确切。而拉丝纳豆就是把煮好的大豆包在水稻秸秆里保存后，秸秆中富含的纳豆菌就能使之自然发酵而形成。

三、中国豆豉和日本纳豆的差异

（一）制作选材差异

中国豆豉是以黄豆或黑豆为主要原料，其制成方式为通过毛霉、曲霉或细菌蛋白酶的发酵作用，分解大豆中的蛋白质成分，当分解达到一定程度时，再采取加盐、加酒、干燥等方法抑制酶的活力，延缓发酵过程。日本纳豆是以黄豆或大豆为原料，与纳豆菌接种之后，在高温发酵的作用下经多种工序制作而成。日本纳豆这种通过发酵制成豆制品的方式源于中国，纳豆逐渐成为日本人日常的营养食品和调味品，味道类似中国的发酵豆或怪味豆。

（二）营养价值差异

豆豉在中医药学上是一味中药，也是中国的一种传统的发酵大豆食品。李时珍在《本草纲目》中说：豆豉有开胃增食、消食化滞、发汗解表、除烦平喘、驱风散寒、治水土不服、解山岚瘴气等疗效。并对豆豉与其他药物配伍作用有详尽介绍。"黑豆性平，作豉则温，故能升能散，得葱发汗，得盐能吐，得酒则治风，得薤则治痢，得蒜则止血，炒熟又能止汗。"

纳豆在日本是一种有名的健康食品，本身含有非常丰富的微量元素、碳水化合物、矿物质等有效成分，经历多种多样产品的研发与生产，对人体的功效也是十分地多。据 18 世纪日本《本朝食鉴》所载，纳豆可调整肠胃、促进食欲、解毒。20 世纪 30 年代的研究发现，纳豆还可以治疗白癣，并应用于霍乱、伤寒、赤痢等的预防和治疗。坚持服食纳豆还可以有效预防和治疗各种各样的心脑血管疾病，提高人体免疫力，增强抵抗力，还可以有效提高记忆力，对老年人来说多食用纳豆能够有效地预防老年痴呆。

（三）常用配料和食用方法差异

豆豉是我国传统发酵豆制品，常用配料丰富，食用方式多种多样，主要有四种食用方法：做小菜；烹制炒菜；烹制蒸菜；调制豉汁。日本纳豆的食用方式与中国豆豉不同，是先将纳豆加上酱油或日式芥末，之后沿一个方向搅拌至丝状物粘稠状，即可食用。日本人常将拌好的纳豆置于白饭上食用，称为纳豆饭，也可将纳豆和生鸡蛋、萝卜、柴鱼、金枪鱼葱等各种食材一起混合，增加食物的风味。在北海道和日本的东北地区有时也将纳豆和砂糖调和，还有加蛋黄酱的创新吃法。由于纳豆激酶不耐热，因此不宜加热食用，可以把它当作调料拌着蔬菜吃，而且晚餐吃纳豆保健效果最好。纳豆之所以需要搅拌后食用，是因为纳豆的"纳豆氨"有刺鼻的气味，搅拌而出的粘性物质佐以酱料、葱、芥末能有效抑制气味，增加适口度。

（四）地位差异及其原因

豆豉在我国饮食中占有重要地位，但主要用作调味品。其主要原因是中国地大物博，可替代品众多。豆豉虽然历史久远，但制作方法仍然没有较大改进。豆豉的风味主要取决于添加的各种香辛料，因为加入大量食盐，不但将豆豉中的细菌消灭，连活性酶也几乎破坏殆尽。豆豉发酵是利用空气中的细菌发酵，所以豆豉中含有多种细菌，其成分具有多样性和不确定性。为了保证食用安全，豆豉必须加热食用，炒熟或炖熟来彻底灭菌，如果吃了含有有害霉菌的豆豉，还会引起食物中毒。随着时代的发展和经济水平的提高，人们健康意识逐渐提升，对于豆豉的负面看法较多。豆豉的盐含量很高，是不宜经常食用的。在今天，随着科技的发展，人们已经不再千方百计延长食物保质期，更崇尚吃新鲜的食物。保质期长的豆豉虽然有独特的风味，但也不可避免地产生一些不利于健康的有害物质。同时，人们忽略了豆豉作为中医药的价值，认为其在现代健康饮食原则背景下的深度开发价值小。

纳豆被称为日本国宝级美食，从历史角度看，纳豆制作方法在日本奈良时代由遣唐使和鉴真等僧人从中国传播到日本，并不断发展。日本纳豆可以说是对传统文化的一种传承和创新。科技的发展为纳豆创造了保存条件。纳豆加工时间短，保质期短。最初是日本关东以北地区的食物，因为其发酵和保存都需要适宜的温度，所以温度和湿度都相对高一些的日本西部地区并不适合纳豆菌的繁殖，所以在日本西部地区并不普及。科技发展使冰箱得以普及，方便了食物的保存，这样纳豆才慢慢在日本全国范围普及。科技的发展也实现了全自动化纳豆制造工厂技术，促进纳豆普及。日本人喜欢纳豆的原因之一是由于纳豆本身营养价值较高，可完全满足人们对蛋白质和脂肪的需要。另外，由于纳豆菌对各种各样的病原菌有杀菌作用，每日少量食用纳豆，在品尝其独特风味的同时还有一定的生菌效果，可帮助人体增加食欲、促进消化。因此纳豆是日本料理健康性不可或缺的一部分。纳豆作为日本的一种保健品，不仅支撑了日本长寿之国的地位，同时日本纳豆的海外输出也起到了一定的文化输出作用。

四、中日饮食文化差异原因

中日饮食文化差异的形成可归结为以下几方面原因。首先是地理原因。中国地大物博，物产丰富，地形多种多样，高原、山川、平原、丘陵、盆地均有分布，不同地理环境有着不同饮食习惯，沿海地区多食用海产品。日本是一个四面环海的岛国，地理面积相对较小，食物缺乏丰富性，最鲜明的特点就是生食海鲜。其次是历史原因。中国作为世界四大文明古国之一，有着5000多年的悠久历史，文化底蕴深厚，其中饮食文化也丰富多彩。在漫长的历史长河中，不同的历史时期形成了不同的饮食特点，创造了多样的饮食，到现在已有四大风味八大菜系。而日本在与中国的文化交流过程中饮食方面也受到中国影响，所以两国饮食文化有相同之处。但随着时代的发展，日本受到欧美文化影响，饮食习惯产生了变化。再次是气候原因。中国国土面积大，南北纬度跨度大，气候特点多种多样。潮湿地区的人们喜欢辛辣，干冷地区的人们重油腻。日本是海洋性气候，日本人口味清淡。另外还有民族原因。中国自古以来就是长期统一的多民族国家，在以汉族为主多民族交流融合的过程中汲取各家所长形成了独具民族特色的饮食文化。而日本是单一民族国家，四面环海的岛国，其饮食文化相对趋同。最后是观念原因。中国饮食注重色香味俱全，民以食为天；日本饮食强调新奇鲜，注重营养养生。

五、结语

中日两国是一衣带水的邻邦，日本文化自古以来受中国文化的深远影响，有其同源性。本文以中国豆豉和日本纳豆的对比为切入点，从两者的历史来源、分类及制作选材、营养价值、常用配料和食用方法及地位等方面的差异，认识中日两国的饮食文化与地理环境、历史文化是密不可分的。饮食文化是国家文化的重要组成部分之一，本文通过了解中日饮食文化差异及其原因，有利于更好地理解两国文化背景和包容差异，促进中日文化交流，增进中日两国人民友谊。

◎ **参考文献**

［1］廖国一，钟林芷.中国广西与日本冲绳饮食文化比较研究——以横县鱼生和冲绳刺身为例［J］.农业考古，2015（3）.

［2］王会玲.浅谈中国食文化差异——以中日两国日常料理为例［J］.科教文汇，2016（367）.

［3］吴海兰，吴春生，丁晓雯.日本传统发酵食品味噌与中国豆豉的比较［J］.中国调味品，2014，39（2）.

［4］张佳琪，吕远平，谭敏.三种大豆发酵食品——豆豉、纳豆及天贝的比较［J］.食品工业科技，2012，33（9）.

［5］宋永生，张炳文.中国豆豉与日本纳豆的功能成分的比较［J］.中国食品与营养，2004（4）.

江汉大学学生日本观探析

——日语专业与非日语专业学生的对照研究①

杨梓琪　周　鸣②

（江汉大学外国语学院　湖北武汉　430056）

摘要：本研究以先行研究为基础，通过思维导图对江汉大学的日语专业和非日语专业学生进行调查，通过统计分析调查数据，分析日语专业和非日语专业学生日本观的异同，并探究其原因。通过本研究的结论，能够大致把握当代大学生对日本的认识和态度，了解日语学习者与非日语学习者对日印象的差异。

关键词：大学生日本观；思维导图；自由联想；聚类分析

一、研究的背景与目的

由于近现代战争的影响，以及"教科书问题""靖国神社问题"等，中国大学生普遍对日本印象不佳。但不可否认，随着以日本动漫为代表

---

① 本文是江汉大学 2021 年度学生学术科技项目重点项目（2021zd093）的成果。

② 作者简介：杨梓琪，江汉大学外国语学院日语专业 2019 级本科生。指导教师：周鸣，硕士，江汉大学外国语学院日语系副教授，研究方向为日语教育、中日文化比较。

的日本文化在国内的蔓延，近年来社会上有部分年轻人出现了"哈日"的现象。在全球化背景下，世界各国文化领域交流不断升温。在我国，日本文化备受青少年追捧。据调查，截至 2019 年 12 月，索尼 PS4（索尼公司推出的家用游戏机）的中国用户约为 350 万人；主流视频站点日本动漫的平均订阅量达到 119 万。由此可见，日本文化对青少年一代影响力较大。新冠肺炎疫情期间，中日两国的守望互助也温暖了中日两国人民的心，"山川异域，风月同天"让中日两国的"距离"拉近了不少，那么，中国当代大学生的日本观是否有所变化呢？日语专业学生与非日语专业学生的日本观是否有差异呢？本研究拟通过思维导图进行聚类分析，并得出结论。

二、实证研究过程与结果

（一）研究过程

本研究通过思维导图的方式，对江汉大学外国语学院日语专业学生和非日语专业学生进行问卷调查。根据激活扩散理论，让受访者对"日本"这个词进行自由联想，通过聚类分析，统计最能代表"日本"的特征词。调查问卷主要采用线上调查的形式，采用不记名方式，由被调查者根据"日本"这个词填出 5 个联想词汇，有更多想法者可在"其他"一栏中自由发挥，最后收集整理问卷结果，对回收的数据进行统计分析，对日语专业与非日语专业学生进行比较研究。

问卷数据按照文化（文化又细分为：传统文化，包括日本风俗活动、传统节日和建筑特点；衍生文化，包括近年来日本社会下催生出的近现代流行文化现象；动漫文化，包括动画作品、漫画作品：服饰文化；影视文化，包括近现代热门的影视作品；语言文化；礼仪文化；文学作品、景色（包含日本的标志性建筑和城市）、美食、战争历史问题、人物（包括日本的文学家、创作家、政治家以及娱乐圈明星）、自然灾害、工业、时事热点，以及对日印象（对日印象包括对日本人以及日本社会的认知和印象）。

问卷调查数据整理如下：

（1）在江汉大学日语专业学生和非日语专业学生的协助下，完成有效问卷 212 份，其中日语专业学生占 16.98%，非日语专业学生83.02%。日语专业学生的问卷调查中共收集 182 个有效关键词，回收率为 84.26%；非日语专业学生的问卷调查中共收集 904 个有效关键词，回收率为 85.61%。

（2）日语专业组与非日语专业组的前十位词汇如下表所示：

日语专业组与非日语专业组高频词汇（Top10）统计表

日语专业组	数量	比例	非日语专业组	数量	比例
樱花	18	9.9%	樱花	104	11.5%
动漫	15	8.2%	动漫	89	9.8%
和服	14	7.7%	和服	51	5.6%
寿司	9	4.9%	寿司	48	5.3%
歌舞伎	7	3.8%	富士山	47	5.2%
核废水	6	3.3%	日语	25	2.8%
日本料理	5	2.7%	抗日战争	25	2.8%
二次元	4	2.2%	核废水	22	2.4%
东京	4	2.2%	东京	17	1.9%
日语	4	2.2%	南京大屠杀	14	1.5%

（出处：笔者根据问卷调查结果制作）

如上表所示，日语专业组与非日语专业组的高频词汇有七个是一致的，但日语专业组的负面词汇只有一个，而非日语专业组则出现了三个。日语专业组学生的负面词汇未出现战争问题，而非日语专业组的学生对日本发动的侵华战争更为敏感。两组学生自由联想的多数词汇都反映出日本文化对江汉大学学生的影响，多数学生都对日本文化，尤其是大众文化持有喜爱、赞赏的感情。

（3）日语专业学生（图1）和非日语专业学生（图2）调查数据的聚类分析图如下：

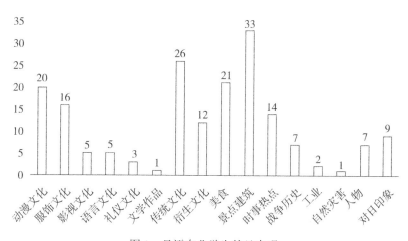

图1　日语专业学生的日本观

（出处：笔者根据问卷调查结果制作）

陈生洛（2006）指出当今中国大学生的日本观基本上是以反日情绪为主导的，即便大学生们能够对日本战后经济的发展和日本的某些民族精神作出积极的评价，但以厌恶情绪为主导的日本观仍被多数大学生所坚持。但从图1和图2可以看出，无论是日语专业组还是非日语专业组的学生，他们对日本的文化，尤其是大众文化关注度都很高。两组数据分布大致相似，不仅历史文化的影响延续至今，当代的流行文化也大放异彩，"动漫文化""服饰文化""传统文化"与"衍生文化"是两组数据中均出现频率较高的词汇，可见日本文化对江汉大学学生已产生了较大影响。根据查阅资料显示，目前日本动漫占据了世界动漫市场的三分之二，逐渐成为全球主流娱乐产品。而在"传统文化"这一分类中，日语专业组明显高于非日语专业组，这与日语专业学生接受的专业

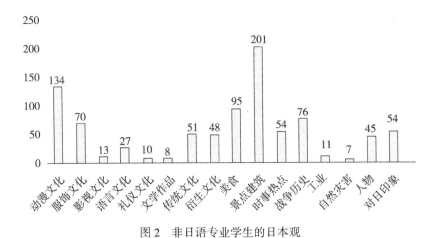

图 2　非日语专业学生的日本观

（出处：笔者根据问卷调查结果制作）

教育有关，日语专业学生学习和接触日本文化知识的机会和时间多于非日语专业学生。

　　除日本文化外，"景点建筑"在两组数据中也排位靠前，问卷中不少同学提到"日本旅游业发达，想去日本旅游"，这反映出去日本旅游对大学生有着强大的吸引力。对于战争更为敏感的非日语专业学生景点建筑词汇类的比例为22%，比日语专业高出4%，这表明，非日语专业学生对日本的认知还是较为理智的，并未因为战争等对日本进行全盘否定，这也体现出我国的教育是多元化的、是包容的。而在上文曾论证过的非日语专业学生的反日情绪高于日语专业学生在图1和图2中也得到了进一步的证明，非日语专业学生在"战争历史"这一分类的比例上高出日语专业学生4.56%，这也体现出了两类专业的学生对日印象上的差异。除了此处的差异，两类专业学生都体现出对日本的时事热点的极高关注度，而其中最热门的话题当属"核废水"，两类专业学生都对核废水的排放和污染问题表现出不同程度的关心，这从一个侧面表明江汉大学学生紧跟时代潮流，关心国内外时事热点，以及他们对环境保护的重视。

（4）日语专业学生与非日语专业学生对日印象的差异：

这里的"对日印象"收集到的回答是多种多样的，既有"残忍、粗鲁、变态、不知耻""细心、谨慎、认真、和蔼"等性格特点的评价，又有"丑、矮小、留着八字胡的男士""日本女性长相可爱、精致"等对日本人外貌做出的评价，还有"小日本、日本鬼子"这样的刻板印象和对日本社会、男女社会地位、日本民族精神等多方面对日本人做出的评价。如图3和图4所示，日语专业的学生对日印象褒义高于贬义，而非日语专业则恰恰相反。这说明了非日语专业学生对日本存在较大偏见，加之上文分析的非日语专业学生在"战争历史"这一词汇分类中比例更高，可以推断出非日语专业学生对日本的偏见有很大一部分因素是战争和历史的影响，除此之外，还有"核废水""核污染"等时事热点的影响。但是日语专业的学生对日印象也并不全是褒义，同时非日语专业学生对日印象也并不全是贬义，这也体现了两组学生存在对日本客观的评价，一方面基于历史等原因抱有敌意，另一方面对于日本文化，尤其是大众文化有较大兴趣。

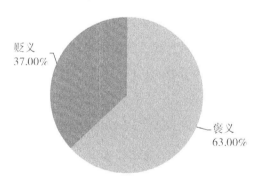

图3　日语专业学生对日印象

（出处：笔者根据问卷调查结果制作）

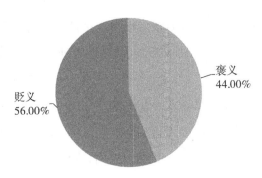

图 4　非日语专业学生对日印象

（出处：笔者根据问卷调查结果制作）

（二）研究结果

1. 构建批判性思维

中国学生对日本的认知缺乏正确、客观的引导，仅凭教师、媒体进行简单直接的"灌输"，导致个体对日本的认知是被动地、片面的、主观的。学生缺乏对社会现象的观察，缺乏对事物的独立判断和思考，容易出现"人云亦云"之现象，导致日本观的不稳定，极易受"外力"影响。因此，要注重学生知识体系的建立，让学生在正确思维的指引下形成客观、辩证、全面的日本观，既要牢记日本在历史上的罪行，也要直面日本在经济、文化等方面的长处。

2. 客观正确的宣传

充分利用好思政课程和课程思政阵地，深刻认识战争和日本右翼势力的挑衅行为，介绍日本文化、民俗、经济、科技等领域的同时，不能忽视对其政治、外交和意识形态的介绍。只有全面了解日本，才能引导大学生理性地表达爱国情怀。

3. 增加民间交流

要积极发展中日民间交流组织，大力支持两国学生的文化和学术活动，全方位了解彼此，从而增进两国普通民众的感情，为大学生创造更多承担社会责任的机会，让青年一代成为推进两国关系和谐发展的后继力量。

三、结语

本文通过问卷调查形式对江汉大学日语专业与非日语专业学生的日本观进行了调查和聚类分析，总结了日语专业与非日语专业学生日本观的差异及产生差异的原因，并对大学生客观认识日本提出了建议。中国当代大学生对日本的认知还是比较理智的，即使对日本侵华战争充满了反感甚至愤怒，他们也并没有过于情绪化，大多数学生对日本文化、科技、旅游等方面持有尊重和肯定的态度。希望在各方努力下，当代大学生能正确、客观、全面地认识日本，传递维系中日友好的正能量。

◎ 参考文献

[1] 王英英. 中国大学生的日本观 [J]. 现代国际关系，2011（12）.

[2] 吴咏梅. "80 后"中国年轻人眼中的日本流行文化 [J]. 日语学习与研究，2010（4）.

[3] 王勇. 新冠肺炎疫情防控时期的中日守望互助 [N]. 公益时报，2020-05-19.

[4] 刘俊民，徐冰. 新中国文学中的日本人形象——基于教科书收录作品的考察 [J]. 东北师大学报，2011（5）.

[5] 张勇. 日语专业学生对日本人的定型印象及其成因 [J]. 日本学研究，2009（19）.

[6] 徐梓然. 论日语专业与非日语专业学生的心理观差异 [J]. 全国商情，2010（11）.

[7] 吴晓亮. 大学生正确日本观的培养 [J]. 黑河学刊，2012（7）.

［8］金熙德．千变日本：中国人眼里的日本形象［J］．世界知识，2007（9）.

［9］卢德平．中国大学生的日本观［J］．中国青年政治学院学报，2006（6）.

［10］张璇．我国非日语专业对日本人的定型印象——基于以非日语专业学生为对象的问卷调查［J］．时代文学，2004（9）.

［11］陈生洛．中国大学生的美国观与日本观比较［J］．中国青年政治学院学报，2006（6）.

［12］陈生洛．中国大学生对日本的看法［J］．青年研究，2003（11）.